JOUER LE RÔLE DE SA VIE

Révision: Maryse Barbance et Sylvie Massariol
Infographie: Johanne Lemay
Montage du DVD: Myriam Morisseau
Duplication du DVD: Umen Digital

DISTRIBUTEURS EXCLUSIFS:

Pour le Canada et les États-Unis:
MESSAGERIES ADP inc.*
2315, rue de la Province
Longueuil, Québec J4G 1G4
Téléphone : 450-640-1237
Télécopieur: 450-674-6237
Internet: www.messageries-adp.com
* filiale du Groupe Sogides inc.,
filiale de Québecor Média inc.

Pour la France et les autres pays:
INTERFORUM editis
Immeuble Paryseine, 3, allée de la Seine
94854 Ivry CEDEX
Téléphone : 33 (0) 1 49 59 11 56/91
Télécopieur: 33 (0) 1 49 59 11 33
Service commandes France Métropolitaine
Téléphone : 33 (0) 2 38 32 71 00
Télécopieur: 33 (0) 2 38 32 71 28
Internet: www.interforum.fr
Service commandes Export - DOM-TOM
Télécopieur: 33 (0) 2 38 32 78 86
Internet: www.interforum.fr
Courriel: cdes-export@interforum.fr

Pour la Suisse:
INTERFORUM editis SUISSE
Route André Piller 33A, 1762 Givisiez - Suisse
Téléphone : 41 (0) 26 460 80 60
Télécopieur: 41 (0) 26 460 80 68
Internet: www.interforumsuisse.ch
Courriel: office@interforumsuisse.ch
Distributeur: OLF S.A.
ZI. 3, Corminboeuf
Route André Piller 33A, 1762 Givisiez - Suisse
Commandes:
Téléphone : 41 (0) 26 467 53 33
Télécopieur: 41 (0) 26 467 54 66
Internet: www.olf.ch
Courriel: information@olf.ch

Pour la Belgique et le Luxembourg:
INTERFORUM BENELUX S.A.
Fond Jean-Pâques, 6
B-1348 Louvain-La-Neuve
Téléphone : 32 (0) 10 42 03 20
Télécopieur : 32 (0) 10 41 20 24
Internet: www.interforum.be
Courriel: info@interforum.be

Données de catalogage disponibles auprès de Bibliothèque et Archives nationales du Québec

02-16
Imprimé au Canada

Dépôt légal: 2016
Bibliothèque et Archives nationales du Québec

ISBN: 978-2-7619-4644-5

Gouvernement du Québec - Programme de crédit d'impôt pour l'édition de livres - Gestion SODEC - www.sodec.gouv.qc.ca

L'Éditeur bénéficie du soutien de la Société de développement des entreprises culturelles du Québec pour son programme d'édition.

Conseil des Arts du Canada — Canada Council for the Arts

Nous remercions le Conseil des Arts du Canada de l'aide accordée à notre programme de publication.

Nous reconnaissons l'aide financière du gouvernement du Canada par l'entremise du Fonds du livre du Canada pour nos activités d'édition.

Arnaud Riou

JOUER LE RÔLE DE SA VIE

S'ouvrir à la communication du cœur

LES ÉDITIONS DE L'HOMME
Une société de Québecor Média

Arnaud Riou donne des conférences et anime des séminaires et des stages :

- en entreprise, sur les thèmes de la communication, du management, de la négociation,
- pour les particuliers, sur les thèmes du couple, de la confiance en soi et de l'affirmation de soi.

Il reçoit également en séances individuelles à Paris.

Pour le contacter : Arnaud RIOU
Les Éditions de l'Homme, Immeuble Paryseine
3, allée de la Seine
94854 Ivry-sur-Seine cedex
France

Adresse de courriel : contact@riou-communication.com

Programme des stages et des conférences : arnaud-riou.com

Réalisation du film : Myriam Morisseau - rezozen.com

À Claire, ma fille
Ne laisse pas la vie encombrer tes rêves,
Alors tes rêves inspireront ta vie...

AVANT-PROPOS
DE LA NOUVELLE ÉDITION

Dans la douceur d'une soirée parisienne, je dîne avec mon éditeur à la terrasse d'un restaurant de Montparnasse. « Cela fait dix ans que ton premier livre est sorti, me dit-il. Nous envisageons de le rééditer. Qu'en dis-tu ? » Dix ans déjà ? 2006/2016. Que s'est-il passé durant ce temps ? Quelques autres livres, certains voyages ici et là, des rencontres, des ruptures, des retrouvailles... La vie... Cette existence humaine aussi fugace que les battements d'ailes d'un papillon.

Nous traversons la vie comme sur une grande scène de théâtre. Parfois nous subissons les événements, parfois nous avons l'impression de les créer. Comme un auteur, nous écrivons nos dialogues, les rebondissements, nos rencontres et nos expressions ; nous mettons l'œuvre en scène en empruntant le ton de la tragédie ou celui du Vaudeville. Nous l'interprétons avec plus ou moins de conviction. Nous sommes figurants dans la vie des autres – ou nous apprenons à jouer le rôle de notre vie.

Depuis dix ans, j'ai continué à accompagner les hommes et les femmes dans leur cheminement personnel à incarner pleinement qui ils sont. Aujourd'hui, je reprends ce manuscrit pour le rajeunir et l'enrichir de mon expérience. En replongeant dans l'écriture, je ressens à quel point la vie est plus belle lorsque nous passons de l'autre côté du rideau, lorsque nous prenons conscience que nous pouvons donner à notre existence la couleur qui fait du bien à notre âme...

AVANT-PROPOS

CET INSTANT QUI A TRANSFORMÉ MA VIE

Il arrive que certaines expériences aient une influence déterminante sur le sens que nous donnons à notre vie. Celle que je vais vous raconter en fait partie. Elle n'a pourtant duré qu'une poignée de secondes et m'est arrivée il y a presque trente ans. J'avais alors 24 ans. Je vivais au jour le jour sans me poser de questions existentielles. Jeune acteur, j'étais surtout préoccupé par ma carrière et par les rôles que je dénichais au théâtre et à la télévision pour gagner ma vie. Je ne me suis pas rendu compte de suite que non seulement cette expérience allait modifier le regard que je portais sur le monde, mais aussi qu'elle allait inspirer, en grande partie, les activités qui nourriraient ma carrière d'acteur, de metteur en scène et, aujourd'hui, de ***coach*** et de formateur.

Le monde, tel que je le vois désormais, ressemble à un grand théâtre. Au fil de nos rencontres, de nos métiers, de nos relations, nous y jouons en alternance des tragédies et des comédies. En fonction des circonstances, nous incarnons des personnages plus ou moins proches de nous. Certains vivent leur vie comme un drame, enchaînant les accidents et les conflits ; d'autres nagent dans le bonheur en toute circonstance et malgré les épreuves de leur parcours.

Au-delà de ces rôles, au-delà du théâtre, au-delà des costumes et des masques que nous portons, il existe un espace qui nous réunit tous. Un espace de vérité et d'unité. Ce royaume peut être découvert par chacun de nous. À mes yeux, tant que nous occultons cet espace, nous nous débattons, victimes des conjonctures qui nous dépassent, figurants dans la vie des autres. Nous nous coupons d'une dimension fondamentale de l'existence et nous

nous condamnons à reproduire des comportements répétitifs sans accéder au sens profond de notre vie.

Mais avant d'aller plus loin, laissez-moi vous raconter cette expérience… Nous étions au milieu du mois de juillet, une année de canicule. Je roulais vers le Portugal où j'allais en vacances. Malgré la fatigue — je conduisais depuis une dizaine d'heures —, j'étais impatient de retrouver les plages de l'Algarve. Je les imaginais et il me semblait entendre le bruit des vagues… Dans cette succession de lacets de montagnes qui traversent les Pyrénées espagnoles, je n'ai pas pris conscience de mon épuisement. Tout en tenant le volant de la main gauche, j'ai attrapé, de la droite, le thermos. Je m'apprêtais à me servir un verre d'eau. Je n'imaginais pas me souvenir de ce geste toute ma vie. L'accident s'est joué durant les six secondes qui ont suivi. Pour éviter un camion en débordement dans un virage, j'ai donné un coup de volant trop brutal et j'ai quitté la route ; j'ai vu alors la voiture filer vers le ravin. À cet instant, une parenthèse s'est ouverte : j'avais l'impression que deux films d'une même scène m'étaient projetés simultanément à partir de deux angles différents. Sur un écran, je tenais le volant comme d'habitude ; sur l'autre, je me regardais tenir le volant. Mon esprit semblait flotter au-dessus de la scène. Il assistait au déroulement de l'accident depuis un autre espace. Je voyais la vie choisir, à travers ma propre histoire, la suite à donner. Je me suis vu partir tellement clairement que je n'avais presque plus peur.

Je me souviens exactement de toutes les sensations que j'ai eues, de toutes les images qui me sont apparues durant cet après-midi de juillet. J'en étais en même temps le personnage, l'acteur et le spectateur. Une partie de ma conscience se trouvait au volant, l'autre assistait au film de mon existence avec un recul et une lucidité qui étaient totalement inimaginables pour moi quelques minutes auparavant. J'ai alors fait l'expérience d'une lumière puissante et j'ai vu mon passé défiler par dizaines de flashs aussi rapides que les battements d'ailes d'un papillon rappelant la fugacité de l'existence. Presque toutes les préoccupations, les priorités que j'avais alors m'ont semblé d'une futilité affligeante. La découverte de la vive lumière qui provenait de l'autre côté du film captait toute mon attention. Le temps était suspendu. J'ai ressenti comme la présence d'anges autour de moi. Puis il m'est apparu que ce n'était pas l'heure de ma mort. C'était un faux départ, une répétition générale. La vie en avait décidé autrement. La pièce ne faisait que commencer. Je pouvais reprendre la route. La parenthèse s'est refermée. L'un des deux films s'est arrêté. J'ai réalisé que j'étais vivant. La voiture s'était immobilisée, presque intacte. Miraculeusement. Juste couchée sur le côté droit. Alors que le ravin tombait à pic, un arbre, un seul, un olivier poussé là à moins de dix mètres en contrebas, avait arrêté la chute. Extérieurement, aucun dégât, aucune séquelle. Intérieurement, tout avait changé.

Cette expérience intime m'a permis d'aller voir de l'autre côté, sur l'autre rive, où j'ai découvert un espace illimité. Comme un acteur qui quitterait la scène pour aller quelques minutes dans la salle et à l'extérieur du théâtre, j'ai quitté le film de mon existence routinière et eu accès à l'autre côté de l'écran, à un sentiment d'éternité qui ne m'a jamais plus quitté.

Aujourd'hui, des années plus tard, cet espace est à nouveau voilé par mes émotions. Comme chacun, sur le plan visible, j'incarne un rôle dans un monde où des personnages défilent, se rencontrent, se rapprochent et se quittent. Je joue l'acteur, le formateur, l'homme amoureux, l'homme en colère, l'homme heureux, avec tellement de conviction que je crois encore que ce théâtre est réel! Je m'identifie régulièrement à mes rôles, à mes émotions, à mes opinions et à ma personnalité. Les intrigues, comme les décors, se succèdent dans la grande comédie de la vie. Sur le plan invisible, en revanche, mon regard sur le monde est à tout jamais transformé. Le sentiment ne me quitte plus selon lequel ce décor n'est qu'une apparence.

Ce double regard me donne souvent la sensation d'être en même temps complètement présent et totalement ailleurs, tel un acteur qui interpréterait son personnage en se regardant jouer. C'est à travers ce double regard — qui a inspiré ce livre — que j'ai découvert que nous pouvons être ***acteurs de notre vie***. Depuis, mon existence s'est éclairée et a pris tout son sens.

CHAPITRE 1

LE RÔLE DE VOTRE VIE

L'hypothèse que je propose est la suivante : évolue sur la scène de notre vie celui que j'appelle ***le personnage en nous,*** soit celui que nous croyons être. Ce personnage est limité par son rôle. Il est à l'aise dans un décor familier, mais il ne s'autorise pas à voyager dans l'espace. Il ressemble alors à un héros de tragédie désemparé parce qu'il se retrouve sur une piste de cirque. Pour se sentir en sécurité, il passe donc son existence à reproduire ses expériences en s'aidant de la partition qu'il connaît déjà.

Et puis, il y a ***l'acteur en nous.*** L'acteur incarne notre conscience supérieure. Il sait que les rôles qu'il joue ne sont que des rôles ; aussi peut-il s'en libérer, changer de registre et de répertoire. Il est témoin des différentes situations que traverse son personnage principal. L'acteur pose sur l'existence un regard plus lucide.

Le personnage est comparable à celui que nous sommes à l'état de rêve. Dans nos aventures oniriques, nous courons sur des centaures, combattons des dragons, mourons sur des nuages, sans même être conscients que nous rêvons. Et puis, à notre réveil (ou durant la nuit si nous nous sommes entraînés au rêve conscient), nous réalisons que ces aventures n'étaient que des rêves ! Pourtant, les émotions, elles, ont réellement été ressenties et se sont imprimées dans notre psyché.

Lorsque l'acteur en nous n'a pas accès à la conscience supérieure évoquée, notre vie ressemble à un rêve que nous ne contrôlons pas. Elle se rétrécit. Nous sommes heureux quand les circonstances sont favorables, malheureux lorsqu'elles ne le sont pas. Nous sommes ainsi balancés par les vents. Nous contemplons l'existence par la fenêtre étroite de nos personnages, sans imaginer qu'avec du recul, nous pourrions faire exploser les murs et modifier le cours de notre vie. Tout personnage est étriqué quand il n'est pas conscient des limites de son théâtre. Son regard sur le monde n'embrasse pas le monde. Ce rôle égotique que joue ponctuellement le personnage, c'est la part de nous qui ne veut pas souffrir.

Pour se protéger du renouveau et parce qu'il vit dans l'inquiétude, le personnage invente, on va le voir, toutes sortes de stratagèmes. Alors que, profondément, notre acteur veut s'épanouir, notre personnage, pour ne pas disparaître, passe son temps à se définir, à se limiter. Les blessures de l'existence nous conduisent petit à petit à nous méfier, à nous défendre, à nous crisper. La culpabilité, la peur de la punition, la crainte de déplaire, de décevoir, de choquer, entament notre spontanéité et nous empêchent de jouir de la vie avec l'émerveillement d'un enfant. Que de frustrations parce que nous n'osons plus exprimer nos sentiments de cœur à cœur et d'âme à âme, communiquer de tout notre être en toute simplicité ! Dans la grande comédie de la vie, pour les besoins de la pièce, chacun joue son rôle. Mais il ne s'agit que d'un rôle ! Au-delà du personnage en nous, notre esprit est bien plus vaste. Nous pouvons accéder à l'infini à condition de cesser de considérer que le petit théâtre de notre existence constitue l'infini. Shakespeare nous y a invités dans ***Comme il vous plaira*** :

> « Le monde entier est une vaste scène
> Hommes et femmes, tous n'y sont que des acteurs
> Chacun fait ses entrées, chacun fait ses sorties
> Et notre vie durant, nous jouons plusieurs rôles. »

PERSONNAGE ! JE NE T'AI PAS DANS LA PEAU

Au théâtre, de nombreux spectateurs attendent à la sortie des loges, impatients de voir à quoi ressemblent les acteurs une fois qu'ils ont quitté leur personnage de scène. Ils sont surpris de constater que tel acteur semblait plus grand sous les projecteurs, que telle actrice est moins souriante dans la vie que sur la scène ou que ce comédien qui jouait le tueur a l'air sympathique. Le public aime confronter les hommes et les femmes qu'il voit sortir des coulisses aux personnages de la pièce à laquelle il vient d'assister.

Une question est posée régulièrement à l'acteur qui enlève son postiche : « Comment faites-vous pour entrer dans la peau de vos personnages ? » Cette peau en question, si le partenaire la pince, qui crie ? Le personnage ou le comédien ? Pour ma part, j'ai souvent eu l'impression, en jouant, de me découvrir un peu plus, mais jamais de rentrer dans la peau d'un autre.

« C'est d'un amour sincère que je t'aime »

Lors des répétitions de ***L'Amour fou***, je devais, dans le rôle de Cyprien, faire une déclaration d'amour à Estelle. Or, je n'avais pas d'affinités particulières avec la comédienne qui jouait ce rôle, au contraire. Nous étions de sensibilité très différente et, dans les coulisses, restions plutôt éloignés. Je rassemblais donc toute ma sincérité pour que les mots sonnent juste malgré cette distance, pour que Cyprien, à travers moi, exprime un amour sincère à Estelle.

Après plusieurs heures de répétition et avec la complicité du metteur en scène, j'ai réussi à lâcher prise et à plonger totalement dans le sentiment amoureux. Je ressentais pour cette comédienne – qui m'agaçait quelques heures auparavant – un amour que je pouvais faire valoir comme authentique. Émerveillement, pétillement, désir, je cultivais sincèrement, pour mieux les ressentir, tous les symptômes de l'amoureux qui s'épanouissait en moi. Je paraissais très crédible lorsque je disais à Estelle : « Mon amour pour toi n'est pas feint, et c'est d'un élan sincère que je t'aime. » À l'issue de la représentation, lorsque les spectateurs me faisaient partager leur enthousiasme en me disant : « Vous êtes tellement sincère, on sent que vous vous aimez vraiment tous les deux », j'avais du mal à retenir mon fou rire. Pour ne pas les contrarier, je ne dévoilais rien des rapports réels et farouches que cette actrice et moi entretenions l'un pour l'autre dans la vraie vie.

Le soir même, en rentrant chez moi, je retrouvais ma compagne que j'aimais sincèrement ! Je la prenais dans mes bras. Mais alors que je m'apprêtais à dire à cette femme combien elle m'était chère, les réminiscences du travail de l'après-midi me revenaient bien malgré moi. Résonnaient dans ma tête toutes les façons possibles de dire : « Je t'aime. » Lorsque, enfin, je lui confiais, en le ressentant sincèrement : « Je t'aime et je suis tellement heureux d'être dans tes bras ce soir », elle me répondait : « Es-tu vraiment sincère ? Je suis méfiante avec un acteur ! »

Le sentiment amoureux est comme l'empathie, la patience ou la curiosité : c'est un muscle qui s'entretient. Les acteurs le savent. Ils doivent savoir jouer à être en colère, amoureux, tristes, sur mesure. Même si ce qui déclenche l'émotion est artificiel, sur scène, l'émotion, elle, est authentique. Nous pourrions de la même façon nous entraîner à ouvrir notre cœur, à tomber amoureux. Les couples dont le feu s'éteint n'entretiennent pas cette gymnastique. Lorsque nous sentons le désir ou la tendresse faiblir, il nous est toujours possible, comme au théâtre, de modifier notre regard sur l'autre et notre vocabulaire. Lorsque nous changeons nos à priori, contemplons l'autre avec un regard neuf, déconditionné ; alors, progressivement, notre comportement, notre rythme, notre attention à l'autre évolueront – et la relation s'améliorera. Peu importe ce qui provoque ces sentiments nouveaux, le principal est de les ressentir d'une manière fraîche.

Dans le yoga du rire, nous musclons les zygomatiques, nous renforçons notre respiration ventrale, notre souffle. Par moments, c'est très douloureux. Nous ne sommes pas habitués à rire autant, et les stagiaires rient difficilement les premiers temps. En revanche, en pratiquant ce yoga du rire régulièrement, nous retrouvons l'entrain, la joie et l'enthousiasme tout au long de la journée et rions pour un rien. Les émotions positives s'entretiennent ; le désir, l'amour, la tendresse ne demandent que notre soutien pour s'épanouir en nous.

Le personnage entre dans la peau de l'acteur, non l'inverse

Les acteurs de l'Actors Studio s'entraînent beaucoup à l'intelligence émotionnelle. Ils doivent être capables de pleurer, de rire ou de vivre une colère sur un claquement de doigts. Pour eux, c'est un entraînement quotidien que d'exprimer spontanément ces sentiments.

Il nous faut trouver la distance juste avec notre personnage. Lorsque nous jouons au théâtre et que notre personnage pleure, nous puisons ces larmes en nous-mêmes. Nous allons à la rencontre de notre propre chagrin. Et puisque nous allons à sa rencontre tous les soirs, il est utile de savoir où ce chagrin se cache et comment le débusquer. Si le déclencheur qui provoque l'émotion est artificiel, ce qui est nécessaire puisque celle-ci doit s'exprimer à heures fixes et quelles que soient nos humeurs, l'émotion, elle, est authentique. Sur scène, l'artiste dramatique qui ressent la colère de son personnage est conscient de son niveau de colère. Il est conscient du personnage en lui qui joue. Il peut accentuer ses pleurs, forcer sa voix, accélérer son débit, appuyer ses silences, tout en restant crédible. Il apprend ainsi à se connaître en étant pour lui-même son premier spectateur.

Hors de scène, les émotions nous décentrent généralement. Sous le coup de la colère, nous nous sentons hors de nous. Nous pouvons toutefois nous rapprocher d'elles si nous les traversons avec la conscience de l'acteur.

Quel sympathique salaud !

Pendant de nombreuses années, j'ai joué au théâtre des personnages qui se ressemblaient beaucoup les uns les autres. Comme j'avais un visage pétillant et une humeur vive, les metteurs en scène me confiaient essentiellement des rôles sympathiques, drôles, qui inspiraient confiance. Je travaillais beaucoup dans ce registre. Je m'enfermais dans cet emploi, tant sur la scène que dans mes relations. Un hiver, un metteur en scène m'a proposé de travailler le personnage d'Angelo, un homme d'Église pervers et lâche dans

Mesure pour mesure de Shakespeare. J'étais très étonné de cette proposition, car je ne me sentais ni pervers ni lâche et je ne pensais pas en avoir le physique... D'un point de vue scénique, quel suspens, pourtant, que le traître ait un visage inspirant la confiance ! Du point de vue du travail d'acteur, il m'a fallu non pas inventer un personnage, mais découvrir que j'étais aussi lâche et manipulateur. J'ai ainsi été amené à déterrer ma perfidie et ma cruauté. Durant les répétitions, en étant Angelo, je ne jouais pas à être un autre, je découvrais une partie de mon ombre que j'avais reniée jusqu'ici. Ce fut éprouvant. Pour l'acteur, cette découverte de ses personnages de contre-emploi est assez proche du travail thérapeutique de découverte de ses personnages sombres.

Plus nous cherchons, avec sincérité, à savoir qui nous sommes, plus nous découvrons que nous abritons en nous les facettes les plus paradoxales et de multiples personnalités. « C'est à force d'impersonnalité qu'on construit une personnalité », enseignait Louis Jouvet aux élèves du Conservatoire de Paris. Un grand acteur est en contact avec toutes les facettes de lui-même. Il peut jouer, avec la même sincérité, le raffinement d'un amoureux romantique et la perversité d'un tueur en série, car il est conscient que l'essence de chacun de ces personnages vit en lui. Il ne tient qu'à lui, l'acteur, de s'emparer du personnage, de lui insuffler sa vitalité pour le faire évoluer sur scène.

Dans mon parcours d'acteur, il m'est arrivé de jouer des valets malicieux et pétillants. J'entraînais, pendant des mois, mon esprit à être vif, attentif et léger ; lors des répétitions, je déployais mon sens du contact, ma curiosité, ma joie de vivre et mon humour. La saison suivante, je jouais un personnage très introverti et plutôt taciturne. J'élargissais mon espace intérieur, j'apprivoisais le silence, j'étais davantage à l'écoute de mes sensations ; mon goût de la solitude s'intensifiait. Au fil de ma carrière, j'ai interprété des personnages profondément antipathiques, pervers et manipulateurs. J'ai été un père de famille bienveillant, optimiste et très conservateur ; un loubard sans foi ni loi ; un médecin observateur et silencieux ; un poète marginal ; un vieux garçon maniaque et obsédé ; un valeureux guerrier ; un jeune premier romantique. J'ai appris à dire les alexandrins et à parler le langage précieux des marquis, à user du verbe des banlieues et de celui des soldats. Je me suis entraîné à me mouvoir, tantôt avec agilité, tantôt avec lenteur. J'ai attrapé des tics de langage, fait miens des expressions de visage, des mimiques et des accents. J'ai porté la barbe, la moustache et la perruque. Je suis entré en contact tant avec ma délicatesse qu'avec ma grossièreté. Je me suis entraîné, non pas à jouer des rôles, mais à découvrir avec curiosité tous les personnages qui vivaient en moi.

Lorsque je quitte la scène, je continue à dialoguer avec ces personnages d'emprunt. Ils me surprennent à l'occasion. Il m'arrive même de m'inspirer d'eux dans ma vie quotidienne pour jouer des rôles paradoxaux au fur et à mesure des situations que je traverse. Je joue consciemment à être le formateur compétent, le père de famille dépassé, l'amoureux éperdu, l'auteur branché, l'organisateur rigoureux, l'artiste fantaisiste, cela en fonction des besoins de la pièce… Je joue ainsi quantité de personnages différents. Il m'arrive d'adopter une attitude vertueuse, presque monacale, lorsque je passe une semaine dans un centre spirituel, et de transgresser nombre de convenances et d'interdits la semaine suivante. Certains gardent de moi l'image d'un homme timide ; d'autres, le portrait d'une personne exubérante. Je suis plein de confiance pour les uns et inquiet pour d'autres ! Je suis un rustre et un homme délicat. Certains me connaissent pointilleux et méthodique ; d'autres, désordonné et anarchique. Les uns comme les autres ont raison. Ils n'ont simplement pas assisté aux mêmes représentations.

Nous avons tous en nous une grande quantité de personnages que nous laissons dans les coulisses. Nous n'osons pas les interpréter, souvent par peur du regard de l'autre. C'est ce qu'a fait Christian, directeur financier, qui a découvert en stage qu'il se sentait profondément poète, mais avait réprimé ce personnage pendant des années car il avait associé la poésie à l'amateurisme. Il en était devenu triste et toujours sérieux. En osant incarner le poète en lui, il est devenu du jour au lendemain bien plus souriant, imprévu, surprenant, puisque bien plus vivant.

Quel authentique manque de personnalité…

À ce stade, peut-être vous interrogez-vous : « Comment rester authentique si l'on joue un rôle un jour et son contraire le lendemain ? Ne finit-on pas par ne plus savoir qui l'on est vraiment ? » Profondément, nous aspirons tous à avoir de la personnalité, à être unique. Pour moi, ces opposés, qui existent en chacun de nous, ne sont pas des contradictions, mais des richesses qui nous permettent d'accéder à notre répertoire dans sa globalité. Avoir de la personnalité, être authentique, ce n'est pas être uniforme. Vous ne pourrez pas être une personne entière en ne vivant qu'une partie de vous-même. Il n'est pas question pour autant de chercher à jouer un rôle qui ne vous ressemble pas. Nous autoriser à jouer tous les rôles qui viennent à nous nous permet de nous sentir plus légers, plus vivants, plus créateurs de notre vie. Pour Carl Jung, il ne s'agit pas d'être parfait ; il s'agit d'être complet.

Beaucoup d'hommes et de femmes ne savent pas qui ils sont vraiment. Ils se cherchent pendant des années, s'efforçant de développer leur personnalité pour faire leur place dans le monde. Une fois qu'ils se sont trouvé un personnage, ils s'y accrochent et le revendiquent comme étant eux. Ils se retrouvent très vite prisonniers de leur image, de leur personnalité. Ce n'est pas de cette façon que l'on se rencontre soi-même. La recherche de la personnalité est une recherche vaine. Nous n'avons pas besoin de personnalité pour vivre, nous avons besoin de conscience. C'est très différent : la personnalité nous enferme dans une image, alors que la conscience nous en libère. C'est la conscience qui nous permet de savoir qui nous sommes vraiment, qui nous éclaire sur les personnalités paradoxales qui vivent en nous.

Nous sommes entiers lorsque nous entrons en contact avec toutes les facettes de nous-mêmes et faisons l'expérience de notre globalité. Quand nous accueillons nos contradictions, notre horizon s'ouvre. Nous nous sentons libres dans tous les décors et avec tous les partenaires.

Un PDG dans la peau d'un SDF

Récemment, un chef d'entreprise a choisi de passer une semaine dans la peau d'un sans domicile fixe. Il a vécu en mendiant, en dormant sur des cartons, en connaissant l'humiliation et l'indifférence que sécrète la rue. Cette expérience extrême l'a mis en contact avec son humilité, son courage et sa patience, mais aussi avec son arrogance coutumière. Il s'est rendu compte dans cette expérience que tous ses rapports humains reposaient sur un échange marchand : pour se faire du bien, il devait toujours payer. Payer le coiffeur, payer le restaurant, payer pour recevoir des massages. Bien que son compte en banque fût fourni, il s'appauvrissait de l'intérieur. Cette expérience a été salvatrice pour lui, notamment en ce qui concerne sa sincérité.

La découverte – de l'intérieur – des différentes parties de soi crée beaucoup de tolérance. Elle constitue un formidable moyen pour accéder à la compréhension des autres, non pas une compréhension intellectuelle mais une véritable empathie qui nous rapproche de nos congénères. Nous entrons en contact, au-delà des personnages de PDG ou de SDF que nous jouons, avec la nature humaine à l'état brut, libérée des caractéristiques culturelles, sociales et religieuses auxquelles nous nous raccrochons d'habitude pour nous donner l'illusion d'exister. Nous sommes prisonniers dès lors que nous ne pouvons pas changer de décor, de costume ou de style de théâtre.

Beaucoup d'entre nous observent le monde à partir d'un point de vue extérieur. À partir d'indices archétypaux, ils définissent le profil de l'égoïste, celui du traître ; ils attribuent une étiquette à ceux qui les entourent afin de les identifier : untel est un menteur, tel autre un pervers, etc. Leur esprit critique les empêche ensuite d'entrer en relation avec celui-ci ou celui-là. Bien souvent, ils craignent son contact car ils n'ont pas reconnu la part d'eux-mêmes qui est menteuse ou perverse. Il leur est difficile de s'ouvrir à cet autre, car il leur est inconnu.

Certaines personnalités sont particulièrement redoutées : les pervers, les manipulateurs, les gourous, les menteurs, les fourbes.

Actuellement, nous parlons beaucoup des pervers narcissiques et cherchons par tous les moyens à nous en protéger. Nous craignons ces personnages marginaux, nous appréhendons de les croiser sur notre route : « Si j'en rencontre un, comment faire pour le reconnaître, pour m'en protéger ? » nous demandons-nous. Nous connaître nous-mêmes dans toute notre complexité est une façon adroite de nous protéger, car en identifiant sincèrement la partie de nous qui manipule, nous nous libérons définitivement de toute possibilité d'être manipulés à l'avenir par d'autres.

Lors de mes stages, je forme des industriels, des commerciaux, des artistes, des comptables, des fonctionnaires, des coiffeurs, des garagistes, des chimistes, des enseignants, des patrons et des syndicalistes. Certains sont décrits comme des manipulateurs ; d'autres, comme des arrivistes ou des égoïstes. Puisque je m'adresse à la personne humaine et non à sa fonction, je laisse de côté mes convictions et mes divergences d'opinions. Pour que le courant passe, je m'entraîne à me sentir à l'aise dans leur milieu, à découvrir leurs habitudes, leurs conditionnements, le cadre dans lequel ils évoluent, comme je le ferais d'un nouveau décor de théâtre. J'adapte mon vocabulaire, mon rythme. J'apprends à des syndicalistes à mieux négocier en me faisant syndicaliste, puis, la semaine suivante, je deviens patron en accompagnant des patrons. Ce sont autant de personnages de mon théâtre intérieur auxquels je permets d'exister. J'apprends chaque fois à me sentir des leurs, car au-delà des fonctions et des rôles que nous interprétons pour les besoins de la scène, nous sommes avant tout des acteurs humains.

Cette ouverture à mes propres personnages intérieurs me permet de me sentir plus ouvert vis-à-vis de la galerie d'hommes et de femmes que je rencontre sur mon chemin. De la même façon que j'ai pris contact avec ma lâcheté pour approcher le personnage d'Angelo, il m'est plus facile d'être à l'écoute d'un stagiaire que j'aurais jugé égoïste ou machiste si j'ai déjà reconnu la partie de moi qui est égoïste et machiste. Tel un chercheur intrépide, l'acteur en moi apprend à se réconcilier avec toutes les parties de lui.

Fougueux comme Achille, amoureux comme Roméo, traître comme Iago, intrépide, original, insolent, bienveillant, romantique, vicieux, avare ! L'acteur accepte tout, sinon, comment rendre crédibles Arnolphe, Harpagon, Méphistophélès ? Comment rendre humaines les plus belles compositions du répertoire, c'est-à-dire les plus colorées ? La clé pour accepter ces parties souvent sombres de notre être est de ne pas nous identifier à elles ; il s'agit de les explorer avec curiosité tout en conservant notre « métaposition » (c'est-à-dire une « position qui dépasse »), qui permet de voir que nous ne sommes ni notre personnalité, ni nos costumes, ni nos opinions ; que notre être est beaucoup plus large que ça. Cette connaissance de soi – et cette estime des différentes parties de soi – est, nous allons le voir, la clé de l'ouverture à l'autre et à l'amour de l'autre.

Un rôle « simplement complexe »

Par crainte du paradoxe, beaucoup d'hommes et de femmes refusent d'incarner certains de leurs personnages et laissent dans l'ombre la moitié d'eux-mêmes. Pourtant, sous le feu des projecteurs, chaque rôle produit son ombre. C'est justement en révélant à la lumière cette doublure oubliée dans les loges de notre inconscient que nous développons notre profondeur. Plus vous reconnaîtrez et accueillerez avec bienveillance vos personnages de l'ombre, vos paradoxes, plus vous pourrez vous en libérer. Quatre catégories de rôles oubliés se partagent les coulisses.

Les rôles antagonistes

Les premiers à avoir contribué à l'élaboration de nos rôles sont nos parents, puis sont venus les enseignants, les amis... Identifiez toutes ces phrases que vous avez entendues étant enfant, phrases parfois dévalorisantes : « Tu es un imbécile », « Tu es un égoïste », « Tu es un fainéant ». Tous ces qualificatifs vous ont tant collé à la peau qu'aujourd'hui ils vous polluent encore. Lorsque ces images nous ont trop conditionnés, nous réagissons en opposé pour nous en détacher. C'est ce que le psychiatre Boris Cyrulnik appelle la

« résilience ». Nous recherchons essentiellement les réussites, le succès.

Ainsi, que nous soyons médecins, enseignants ou acteurs, il arrive que certaines circonstances soient à ce point favorables que tout nous réussit. Ces périodes d'embellie renforcent notre créativité. Nos interlocuteurs s'en rendent compte et nous félicitent, ce qui améliore notre estime de soi et notre confiance en nous-mêmes. Nous voilà dans une bonne passe ! Nous offrons alors une image valorisée de nous-mêmes : nous sommes un grand médecin, un bon professeur, un brillant acteur, un amant hors pair. Ce rôle se voit confirmé à chaque nouveau succès, si bien que le cliché se précise. Nous nous prenons bientôt pour cette image déformée de nous-mêmes.

Durant cette période, nous nous coupons du négatif de la photo. Nous avons même peur de la rencontrer, car cette image est moins flatteuse. Nous oublions l'imposteur ou l'incompétent qui sommeille en nous et que nous sommes aussi. J'ai ainsi connu des consultants très prisés qui, du jour au lendemain, étaient rattrapés par le syndrome de l'imposteur et qui n'osaient plus afficher clairement leur tarif trop cher. Or, si nous ne nous amusons pas de cette partie de nous-mêmes, sans doute moins acceptable, elle nous surprendra un jour : à la suite d'un échec, d'une erreur, d'un moment de fatigue, elle sortira des loges à grand fracas.

En lisant ce livre, certains lecteurs pourraient se faire de moi l'idée d'un expert en communication, d'un spécialiste des relations humaines. C'est en effet l'un des personnages de mon répertoire. Ces lecteurs seraient peut-être étonnés de constater qu'il m'arrive d'être démuni dans d'autres circonstances personnelles. Certains pourraient crier à l'imposture ! Car, en effet, j'ai aussi, dans ma galerie de personnages, celui de l'homme fragile. Je joue, dans certaines circonstances, le rôle d'un homme démuni face à des conflits familiaux ou amoureux ; dans d'autres, celui d'un professionnel qui maîtrise suffisamment les outils de la relation pour les transmettre. Cette cohabitation de deux personnages antagonistes peut surprendre le spectateur, mais elle ne doit pas troubler l'acteur que chacun de nous est. Notre accomplissement ne naît pas de la perfection avec laquelle nous jouons notre rôle principal, mais de la simplicité avec laquelle nous acceptons de jouer tous nos rôles ! C'est pourquoi, lorsque nous nous permettons d'incarner simultanément les rôles antagonistes de notre répertoire, et pas seulement les plus avantageux (l'homme sûr de lui ***et*** le petit garçon fragile, l'honnête homme ***et*** l'imposteur, le gagnant ***et*** le perdant), notre humilité nourrit notre puissance.

Les rôles de composition

Dans leur carrière, beaucoup d'acteurs se trouvent prisonniers des mêmes rôles. Ils n'évoluent plus au bout de quelques années. Le public s'habitue à les voir dans les mêmes personnages. Leur carrière stagne. Il en est de même dans notre vie, dès lors que nous nous laissons enfermer dans un rôle. Dans les entreprises, je vois beaucoup d'hommes et de femmes qui se sentent coincés par un costume, un vocabulaire et une fonction. Ils se laissent enfermer et ne s'autorisent plus beaucoup de fantaisie.

La distribution d'un nouveau rôle peut perturber l'équilibre entre les personnages que nous jouions jusqu'alors : de sérieuses responsabilités troublent l'homme léger que nous interprétions, une infraction au code de la route contrarie l'homme intègre que nous pensions être, une rencontre amoureuse imprévue déstabilise notre marionnette de mari honnête…

Parmi ces rôles de composition, celui de parent est l'un des plus difficiles à tenir. Bien souvent, il occupe, à lui seul, tout l'espace. Alors que nous nous étions identifiés au célibataire disponible, au voyageur libre ou à l'amoureux volage, l'arrivée d'un nouveau-né ébranle notre équilibre et nous oblige à jouer le parent. Comme nous voulons « bien » éduquer nos enfants, nous sommes contrariés lorsque nous n'arrivons pas aux résultats attendus. Lorsque l'enfant est difficile, lorsqu'il ne nous écoute pas, lorsqu'il ne semble pas heureux, nous n'arrivons plus à croire à notre personnage de bon parent. C'est ainsi qu'à la naissance de l'enfant, beaucoup de jeunes parents s'investissent totalement dans leur rôle de parents. Ils le prennent très au sérieux. Ils veulent avoir un avis sur tout ce qui concerne la vie de leur enfant. Ils en deviennent graves… Puis, au bout de quelques mois, c'est le ***baby blues***. Ils prennent conscience qu'ils sont devenus trop sérieux.

L'un des freins à une éducation harmonieuse est justement que nous investissons trop d'efforts dans le rôle unique du bon parent et pas assez d'énergie dans la qualité du lien authentique. Nous nous durcissons derrière le masque figé de l'autorité parentale: « Un parent doit montrer l'exemple », « Un parent ne doit pas faire d'erreur ». Nous ne nous autorisons plus à établir d'autres rapports avec nos enfants. Cette exclusivité crée beaucoup de tension. Pourtant, l'enfant se détend lorsque nous nous montrons à lui comme un parent intimidé ou un parent déstabilisé et que nous le lui disons. De même, nous présenter dans notre costume de père, d'homme, de mari, au fil des circonstances de la journée, lui donne des repères. L'enfant comprend mieux, par nos changements de costumes, à quel moment nous sommes disponibles et à quel moment nous ne le sommes pas.

Les rôles secondaires

Au matin de Noël, mon amoureuse a choisi de m'offrir un cadeau qui m'a déstabilisé. Au pied du sapin, j'ai reçu un petit mouton en laine. C'était l'une de ces peluches très douces que l'on offre généralement aux nouveau-nés. La surprise m'a laissé silencieux quelques secondes. Mon personnage d'homme sérieux était perplexe. Le coach des directeurs d'entreprises recevait, le jour de Noël, un petit mouton en peluche d'une infinie douceur, qui semblait le fixer dans les yeux.

La surprise passée, le personnage du petit garçon en moi n'a pas pu résister à l'élan de tendresse qui l'envahissait. J'ai pris le mouton dans mes bras, je l'ai serré sur mon cœur, posé sur ma joue. Je repris ainsi contact avec toute la tendresse et la naïveté de mon enfant intérieur dont je m'étais éloigné du fait de l'accumulation de rôles sérieux. Ce câlin m'a fait un bien immense. Avec ce jouet, ma compagne m'offrait de retrouver des sensations d'enfance si délicieuses. Dans cet exemple, j'ai opposé à une idée préconçue («Un adulte ne joue pas avec des peluches») ce que je ressentais («Ce petit mouton réveille ma tendresse»). Nos conflits internes naissent du refus du paradoxe. Lorsque nous sommes coupés de l'enfant que nous avons été, ce sont notre tendresse qui nous échappe et notre spontanéité qui s'affaiblit. Nous perdons le goût de rire sans raison, de faire des câlins. Nous pouvons alors être gênés de rentrer en contact avec les enfants qui, eux, sont restés spontanés, tendres et portés par leurs émotions.

Entre conceptualisation et sentiments, interpréter aussi nos rôles secondaires démultiplie ce nous pouvons être et ressentir.

Les rôles historiques

Les rôles historiques sont les rôles que nous avons joués à un moment donné de notre histoire, mais comme nous sommes passés à autre chose, nous avons l'impression de nous en être débarrassé. L'exemple précédent illustre pourtant qu'un rôle qui a compté pour nous dans l'enfance a laissé son empreinte dans les coulisses de notre inconscient.

L'enfant que nous avons été a porté lui-même une quantité de masques: enfant timide, enfant confiant, enfant révolté, enfant désabusé, enfant abandonné... Cet enfant a eu peur, s'est accroché à des rêves, a traversé des désillusions. Notre enfant intérieur a fait preuve de naïveté, d'innocence, mais aussi d'insolence, de courage et d'imagination.

L'adulte qui reçoit une peluche, comme ce fut mon cas lors de ce Noël, est souvent désemparé pour exprimer l'émotion de son enfant intérieur. Encore plus s'il est un homme! Le personnage historique de l'enfant tendre oublié dans les loges ne lui semble plus compatible avec l'adulte mûr qu'il est devenu. C'est donc avec un souci de cohérence, de vérité historique, qu'il laisse de côté l'ancien personnage qu'il a été ou, pire, qu'il le renie, l'abandonne sur le trottoir de son théâtre. Or, un personnage vécu dans l'enfance ne disparaît jamais complètement, il laisse une trace indélébile en soi, un goût dans la bouche, une empreinte, une façon de regarder le monde. C'est son regard qui se réveille lorsque la tendresse de l'enfant est de nouveau sollicitée vingt ou trente ans après.

Cédric, un journaliste de 45 ans, était toujours gêné lorsque sa mère et son grand frère continuaient à l'appeler « Bibou » lors des repas de famille. Pour eux, ce solide gaillard d'un mètre quatre-vingts resterait à tout jamais le petit garçon de trois ans auquel ils avaient donné ce sobriquet. Jean-Paul, le grand frère, adoptait toujours un regard protecteur envers Cédric, une attitude faite de conseils et de jugements. Il n'avait pas intégré le nouveau personnage du cadet : un homme mûr, père de famille et autonome. Pour la famille, Bibou était un surnom, un diminutif, un terme affectueux. Cédric, lui, souffrait de ces rapports faussés sans pour autant réussir à imposer le personnage qu'il incarnait au présent. Dès qu'il entendait son sobriquet, son cœur se resserrait.

Dans le couple, lorsque les rôles historiques ne sont pas à leur place, la femme se plaint de ce que le conjoint réagisse comme un gamin, alors que c'est un homme viril qu'elle espère. Le mari, lui, est agacé de jouer le rôle du père avec sa femme.

Dans les entreprises, régulièrement, les restructurations modifient les rôles des uns et des autres. Après une restructuration, le chef de l'un peut devenir le collaborateur de l'autre. Un jeune ingénieur peut avoir à diriger son ancien directeur. Cela arrive fréquemment. Lorsqu'ils se sont identifiés à un certain rôle, avec les avantages qui y sont liés, les salariés ont beaucoup de peine à incarner le nouveau rôle qui leur est imposé. Ils se raccrochent à l'ancien. J'accompagne ainsi beaucoup de travailleurs qui ne savent pas comment être les chefs de leurs anciens collaborateurs. Ils restent dans un passé figé et semblent incapables de faire évoluer la relation naturellement, d'aller au-delà des personnages que chacun joue en entreprise.

Se souvenir de ses beaux rôles

Si notre mémoire oublie, notre corps, lui, se souvient. C'est pour cette raison que, fréquemment, le parent se sent déstabilisé au contact de son enfant. L'enfant ravive en lui la mémoire de sa propre enfance. Difficile pour une mère d'offrir de la tendresse à sa fille si elle-même n'en a pas reçu suffisamment de sa propre mère. Cyrielle s'était sentie abandonnée lors de la séparation de ses parents. Elle avait alors huit ans. Bien plus tard, elle s'est sentie impuissante à répondre aux besoins affectifs de sa propre fille qui entrait dans sa huitième année.

Le corps conserve à jamais les traces de tous les personnages incarnés au fil du chemin. Une odeur de mimosa qui nous surprend au cours d'une balade, un goût de réglisse et la sensation d'être bercé à l'arrière d'une voiture, l'odeur du chlore à la piscine, voilà autant de souvenirs qui remontent à la mémoire du personnage que nous jouons aujourd'hui. Tous les personnages qui ont été vécus créent du relief, de la contradiction aussi, de la vie surtout.

L'acteur est animé de tous les personnages d'un théâtre qui n'en finit pas de se remplir au fil des expériences. Notre richesse naît de notre capacité à accueillir tous ceux que nous avons été à un moment ou à un autre : les personnages de notre enfance, les figures de notre adolescence, les facettes de l'adulte que nous sommes aujourd'hui. Si nous avons abandonné des personnages à la porte des loges, ils perturberont tôt ou tard notre représentation. Au contraire, si nous les avons gardés en nous ou si nous les accueillons à présent avec bienveillance, nous devenons complètement celui ou celle que nous sommes.

La plus grande guérison que vous puissiez vous apporter aujourd'hui consiste à ne laisser sur terre aucune trace de votre souffrance ; à revisiter votre histoire pour aller accompagner ces moments de vous où vous vous êtes senti petit, minable et à accueillir ces parties mal considérées hier par votre entourage afin de les bercer de votre propre amour. Ces sous-personnalités aussi font partie de vous.

Jouer en conscience

Sur scène, s'il ne veut pas y laisser sa peau, l'acteur doit prendre du recul par rapport aux émotions qu'il est censé éprouver. Pleurer, rire, être en colère, être violent ou être glorieux, ce ne sont « que » des émotions qui se succèdent dans sa carrière, tels des nuages traversant le ciel bleu. À la fin de la représentation, l'artiste se démaquille dans sa loge. Il laisse son costume jusqu'au lendemain. Iphigénie, qui vient d'être sacrifiée sur l'autel, quitte la scène, salue et va prendre sa douche. Le valeureux Achille, adulé comme un héros, demande qui peut le raccompagner au métro. Quant au cruel Tirésias, il offre à ses partenaires des macarons qu'il a rapportés de sa maison de campagne ! Les masques sont tombés et chacun a compris que c'est pour les besoins de la pièce qu'il avait revêtu son costume.

Le grand théâtre de la vie

La situation se gâte quand, dans la grande comédie de la vie, nous nous identifions à un rôle unique. Nous nous limitons alors aux traits d'un seul et même personnage et nous nous privons de la dimension théâtrale de l'existence. Revenons à l'exemple du mouton de Noël : c'est pour préserver leur image d'homme sérieux que beaucoup d'hommes refusent d'entrer en contact avec l'enfant plein de tendresse qui vit en eux ; ils en deviennent tristes, graves. Les masques de Tirésias, d'Achille, d'Iphigénie, de Roméo ou de Vincent que nous portons sont produits par la cristallisation de nos expériences passées. Mais ils ne sont pas nous !

En vivant sous les traits d'un seul personnage, nous reproduisons sans cesse la même façon de penser et des schémas comportementaux identiques. Même si nous nous trouvons avec des partenaires différents et dans des décors différents, nous sommes prisonniers d'un certain mode de fonctionnement mental et émotionnel. Imaginez un petit tas d'épices en forme de pyramide sur lequel vous laissez tomber une goutte d'eau, puis une autre et ainsi de suite. Assez rapidement, l'eau va créer un petit sillon dans lequel les autres gouttes vont circuler. C'est ainsi que se forment les rivières. C'est aussi ainsi que se forment les connexions neuronales de notre cerveau. À force d'emprunter les mêmes attitudes dans les mêmes circonstances, à force de suivre les mêmes itinéraires, d'aller vers les mêmes destinations, de prendre les mêmes places à table, nous nous coupons de la partie la plus vivante de notre être, celle qui peut encore nous surprendre.

Développer la conscience de son jeu

Pour jouer nos personnages, sans perdre de vue la présence de l'acteur en nous, il existe une méditation étonnante qu'enseignait le Bouddha. Elle date de quelque deux mille cinq cents ans. Dans les écoles d'art dramatique, un exercice théâtral est enseigné pour stimuler la présence scénique. Curieusement, ces deux pratiques se ressemblent, c'est pourquoi j'aimerais vous les décrire.

La méthode est celle de l'arrêt soudain. Nous consacrons une énergie démesurée à des activités inutiles sans comprendre le sens profond de notre existence. Lorsque survient une bonne nouvelle, notre moral monte en flèche. En revanche, nous perdons souvent nos moyens face à une faillite professionnelle, à la maladie, à la vieillesse ou à la mort. Les personnages qui nous habitent sont sujets aux fluctuations de l'extérieur. C'est ce qui nous donne la sensation que notre vie est trépidante alors qu'elle manque de profondeur. En revanche, l'acteur en nous garde sa stabilité en toutes circonstances. C'est son état d'esprit qui nous relie à notre âme et à sa vocation sur terre. La méthode de l'arrêt soudain permet de garder le contact avec cet acteur qui vit en nous.

Telle que l'enseignait le Bouddha, cette méthode consiste, dans les moments d'euphorie ou de chagrin, à s'interrompre subitement quelques secondes et à visualiser l'opposé de ce qui arrive. Si on vous offre un objet, rappelez-vous qu'il se perdra un jour; si vous recevez de l'argent, imaginez que vous ne le garderez pas. Au contraire, lorsque vous devenez malade, que vous tombez en panne sur l'autoroute ou que vous vous perdez en chemin, identifiez la situation opposée et rappelez-vous que tout état est impermanent. Pour que cette méditation fonctionne et ne soit pas vécue comme un déni, respectez le ***timing***. Prenez quelques secondes pour observer la situation telle que vous la vivez, respirez profondément, puis visualisez la situation opposée. Ce faisant, vous entrez en contact avec la partie de vous qui n'est pas sujette aux variations : votre être profond. Vous regardez les événements à partir de ce témoin éclairé. Cette méditation stabilise notre esprit et nous permet de traverser les obstacles inévitables de l'existence avec plus de sérénité.

Bien qu'elle n'ait pas été inventée aux mêmes fins, une version théâtrale de la pratique de l'arrêt soudain existe. Elle est enseignée notamment à l'Actors Studio de New York : tandis que le comédien est sur scène et répète son rôle, le metteur en scène lui donne des indications, mais, de temps en temps, il le coupe au milieu d'une réplique pour lui demander s'il a mis des pièces dans le parcmètre ou dans quel magasin il a acheté ses chaussures. Alors que l'acteur est plongé dans l'émotion du personnage, qu'il est plein de colère, de tristesse ou de sentiment amoureux, le metteur en scène lui demande ce qu'il a mangé hier midi. Cette interruption habitue l'acteur à s'investir totalement dans les émotions de son rôle tout en restant conscient qu'il est au théâtre. Cette technique renforce sa présence et sa disponibilité.

Dans ces deux pratiques, notre ego (le personnage) s'investit totalement dans l'activité qu'il entreprend, tandis que notre moi profond (l'acteur en nous) se renforce et se stabilise.

Se distancier de son personnage

Le théâtre enseigne la distanciation : être à la fois témoin de ce qui se joue, et acteur de l'acte de jouer. Au théâtre, le drame est un art, car il est vécu avec recul. C'est l'art dramatique. Dans ce contexte, chaque obstacle est l'occasion d'un enseignement précieux, chaque situation est liée au divin, chaque épreuve transcendée permet au héros de l'histoire de révéler sa véritable nature. Depuis les tribunes, le spectateur distingue plus facilement le jeu des protagonistes et leur émotion ; il peut extraire de la plus cruelle des tragédies un message qui l'aidera à construire sa vie.

Dans le théâtre antique, en plus de servir de porte-voix, les masques des acteurs présentaient des traits grossiers pour que le public puisse identifier de loin les archétypes de la situation : les satyres étaient en rouge, les femmes en blanc… Plus tard, le théâtre italien a mis en scène les figures de la commedia dell'arte : Arlequin, valet malin, Pantalon, vieux marchand radin, Colombine, Brighella, Sméraldine, Zerbinette. Ces archétypes n'ont qu'une couleur. Ils ne sont pas capables de variation et ne connaissent pas leur ombre. Le masque limite les expressions de l'acteur de façon à renforcer la caricature du personnage. Ainsi, les personnages se réunissent par familles, les jeunes premiers, les vieux radins… Les protagonistes des différentes familles ont beaucoup de mal à se comprendre les uns les autres, car ils ne s'appuient pas sur le même répertoire. Il en est de même sur la grande scène de la vie : lorsque nous ne connaissons pas ou que nous refusons une partie de nous, nous la projetons sur l'autre.

Le miroir a trois formes. C'est ainsi que nous pouvons avoir du mal avec trois types de personnalités :

Ceux qui nous ressemblent : parfois, certaines personnalités nous gênent parce qu'elles incarnent l'ombre que nous refoulons. Nous ne supportons pas cette personne autoritaire car c'est notre propre partie autoritaire que nous ne supportons pas ; ou notre partie manipulatrice, ou égocentrique ;

Ceux qui incarnent ce que nous réprimons : parfois, l'autre nous dérange car il s'autorise à incarner une partie de nous que nous réprimons. « Quelle audace, il porte une chemise rouge et un pantalon bleu ! Il y a quand même d'autres couleurs, il pourrait s'habiller en gris ou en noir comme tout le monde ! »

Ceux qui nous rappellent quelqu'un : parfois, certains personnages nous dérangent, car ils nous rappellent une figure de notre répertoire, par exemple un parent, un aïeul, avec qui la relation n'est pas apaisée.

Dans ce jeu, parfois, le miroir s'inverse et nous sommes, au contraire, fascinés par notre ombre projetée et attirés par ceux qui nous ressemblent, qui incarnent ce que nous réprimons ou qui nous rappellent quelqu'un.

Dans le canevas traditionnel de la comédie italienne, le comique naît du fait que les personnages masqués sont confrontés à la situation qu'ils redoutent le plus. Imaginons, au théâtre, une femme qui trompe son mari ; la situation est plus drôle si le mari trompé est un vieillard jaloux qui a passé tout le premier acte à se vanter d'être un amant extraordinaire ! Comme un masque en cuir dur ne peut changer d'expression, la caricature se trouve renforcée. Le personnage ne vit qu'une partie de lui-même et refuse de traverser la situation que la vie lui propose. Plus il résiste, plus il donne de la matière à l'intrigue. C'est ce refus qui crée la drôlerie sur scène et le drame dans la vie.

Dans le théâtre de nos vies, en effet, nos émotions nous font souffrir lorsque nous refusons de quitter notre masque. Nous nous identifions au personnage que nous jouons. Les spectateurs de nos destinées rient de nos souffrances ou compatissent en fonction du degré d'intimité qu'ils ont avec nous. Mais un souffle nouveau nous accompagne pour peu que, comme au théâtre, l'acteur en nous accueille tous nos rôles. Chaque nouvelle aventure devient alors l'occasion de sensations agréables. Lorsqu'elles sont vécues en conscience, ces sensations agréables sont plus colorées – comme sur la scène !

Pour Osho, maître spirituel, la vie n'est pas un problème à résoudre, c'est un mystère à explorer. C'est à cette posture d'explorateur des sensations que la vie nous invite.

CHAPITRE 2

AU CŒUR DE NOS ÉMOTIONS

À l'issue de ses trois années de conservatoire, une comédienne s'était félicitée auprès de Louis Jouvet d'avoir fait disparaître son trac. Alors qu'elle attendait comme une récompense un mot chaleureux du maître, celui-ci la cloua sur place par une de ses petites phrases assassines: «Ne désespérez pas mademoiselle, le trac viendra, lorsque vous serez vivante sur scène!»

LES TROIS COUPS DU BRIGADIER

Quelques secondes avant le lever de rideau, dans les coulisses, le régisseur tape avec un manche à balai les trois coups du brigadier. Ces trois coups sont en fait onze coups frappés rapidement suivis de trois coups espacés. Les onze premiers coups sont un hommage aux disciples du Christ, les douze moins Judas. Les trois coups suivants sont une invitation à aligner le corps, la parole et l'esprit. L'acteur en coulisses aligne ses émotions à sa parole, le public dans la salle se prépare à se laisser toucher sincèrement par les émotions de l'histoire pour mieux en assimiler le message; pas seulement à écouter l'histoire, mais à se laisser toucher dans son cœur et dans son corps. C'est à cette posture qu'invitent les trois coups.

Depuis vingt ans que j'exerce le métier d'acteur, j'ai vécu plus de deux mille fois dans les coulisses de nombreux théâtres l'attente des fameux trois coups du brigadier qui annoncent le début de la représentation. Dans ces moments, mon rythme cardiaque s'accélère, et je suis saisi d'une excitation enfantine à laquelle se mêle une terrifiante peur du vide. L'expérience n'y fait rien : toujours, au moment de monter sur scène, derrière le rideau rouge, j'ai le trac. Pour me concentrer, je détends mon visage, ma nuque, ma mâchoire et mes mains. Je reviens aux sensations du moment présent, sans chercher à me projeter dix minutes ou une heure plus tard. J'écoute mon souffle aller et venir dans mes poumons. Je suis attentif à ce que j'entends, à ce que je vois, à ce que je ressens, ici et maintenant.

Certains acteurs ont, avec les années, élaboré un rituel avant d'entrer sur scène : ils regardent un moment le ciel, fument une dernière cigarette, serrent sur leur poitrine un objet fétiche ; d'autres font le signe de croix ou boivent un verre d'eau, un verre de vin, un verre de rhum... Ces rituels évoquent les dernières volontés du condamné qui s'engage dans le couloir de la mort. Notre personnage joue toutes les émotions de son histoire : peur, colère, désir, amour, etc. Plus les histoires sont colorées, plus les émotions sont intenses. C'est pourquoi l'acteur qui développe sa stabilité sort plus vivant de chaque histoire.

Surmonter leur trac est la préoccupation majeure de toutes les personnes qui affrontent le public. Dans l'univers professionnel, l'émotion – que l'on prend souvent, à tort, pour de la faiblesse – est malvenue. C'est pourquoi nous voulons acquérir des techniques permettant d'être plus à l'aise, de paraître détendu, d'avoir l'air « normal », moins vivant.

« J'ai peur ! Que puis-je faire ? »

Depuis quelques années, les stages de gestion du stress font recette auprès des cadres d'entreprise. Ils se multiplient sous toutes les formes. Nous voulons contrôler la vie, la calibrer, la rendre homogène. Nous voudrions croire que nous fonctionnons tous au même rythme, que nous avons tous les mêmes réactions face à l'agressivité, à la peur ou au désir. Cela nous rassurerait. Nous voulons gérer le stress, gérer les conflits, gérer l'agressivité, gérer notre couple, gérer ce qui, par nature, est ingérable...

Dans une relation, ce n'est pas le fait d'exprimer ses émotions qui crée le conflit ; c'est même souvent l'inverse. C'est le jugement que nous portons sur elles qui suscite en nous l'envie de les contrôler. Qu'une femme pleure, et on dira qu'elle est sensible. Si c'est un homme qui pleure, on estimera qu'il est faible. Si une femme est en colère, on lui reprochera vite d'être hystérique. Lorsque l'homme se met en colère, c'est qu'il est puissant, dit-on.

C'est rarement l'émotion en elle-même qui nous dérange, mais notre impuissance à l'accueillir. Combien d'hommes critiquent ou jugent la colère de leur femme, plutôt que d'admettre simplement qu'ils sont déstabilisés par les larmes et par les cris ? Face aux pleurs d'un enfant, combien de parents, décidant pour lui que « ce n'est pas grave », coupent son élan vital et l'empêchent de faire son apprentissage des émotions ? Combien de fois ai-je entendu, alors qu'un enfant pleurait, « Calme-toi, ce n'est pas dramatique, ça va passer » ?

Lorsque l'enfant pleure, le réflexe du parent est soit de le calmer, soit de le rassurer. Ces attitudes sont généralement motivées par le confort du parent – surtout si la crise a lieu en public – plutôt que par le bien-être de l'enfant. Si les parents ont du mal à parler d'eux, s'ils ne savent pas dire : « Je suis gêné par tes pleurs », ils préfèrent couper court en réprimandant : « Arrête de pleurer, tu es ridicule, ça ne changera rien. »

Avant d'être intellectualisée, l'émotion a besoin d'être exprimée. Elle est un flux d'énergie qui ne peut s'apaiser que par l'expression physique. Toute intervention visant à raisonner l'enfant avant de l'accueillir, freine l'élan de l'enfant. Notre habitude de penser sur un mode analytique – identifier le problème pour proposer une solution – déteint sur notre fonctionnement émotionnel : l'enfant pleure, il faut le consoler ; il a peur, il faut le rassurer ; il est en colère, il faut le calmer. Ce raisonnement en termes de « solutions » à apporter dès qu'un « problème » surgit, nous prive de traverser deux étapes fondamentales : ressentir et partager.

Avant d'être un problème à résoudre, la peur est un stimulant qui nous avertit d'un danger. Elle oriente le cerveau vers la réaction la plus appropriée. Chaque consolation, telle que « N'aie pas peur »,

« Ne sois pas accablé », est intrusive, car elle renie la part vivante de l'être. Cette intrusion est accentuée lorsqu'elle est suivie d'une proposition de solution avant même que l'émotion ait été accueillie : « Ne sois pas triste, viens au cinéma avec nous, ça te changera les idées ! »

Les émotions ont naturellement besoin d'être exprimées, à défaut de quoi elles nous laissent des séquelles. Le premier travail des psychologues qui interviennent après les attentats est d'encourager les victimes à parler, à crier s'il le faut, à pleurer, de façon que leur corps ne soit pas l'objet d'une tension trop forte ; une tension toujours susceptible de resurgir malgré soi des années plus tard. Vos émotions sont comme les voyants sur le tableau de bord de votre voiture. Lorsque le voyant rouge s'allume, c'est qu'il manque d'huile dans votre moteur. Nier une émotion correspondrait à mettre un ruban-cache sur le tableau de bord pour occulter le voyant.

Vos émotions vous sont utiles. Elles vous signalent que l'un de vos besoins fondamentaux n'est pas satisfait. Lorsque l'émotion se manifeste, alors que vous l'exprimez, prenez le temps de ressentir quel besoin est affecté : besoin de sécurité, d'intimité, de cohérence, d'espace, d'affirmation… Avec l'expérience, en affinant votre écoute, vous distinguerez à chaque émotion quel besoin est concerné.

Sois un fils, mon homme !

Dans l'univers de la politique – comme dans tous les domaines dits masculins où l'homme se coupe de ses émotions pour imposer son pouvoir –, le trac et toutes les formes de peurs sont perçus comme des signes d'incompétence, d'immaturité et de faiblesse. Diriger une entreprise, administrer une communauté ou mener un pays n'est pas conciliable, croit-on, avec les émotions, que l'homme viril est censé réserver à l'univers des femmes et des enfants. Les grands enfants, dans leurs costumes d'hommes, affichent fièrement qu'ils n'ont peur ni de leurs adversaires, ni de la défaite, ni des terroristes, ni de la guerre, ni des cataclysmes.

Dans un débat électoral, une émotion authentique est immédiatement perçue comme une faille ; la sensibilité devient un symptôme de fragilité, et donc d'incompétence. Pour être crédible, l'homme politique est contraint de ravaler sa colère, de nier sa jalousie, de refouler sa peur et sa tristesse, d'afficher une insensibilité d'apparat. Or, l'intelligence émotionnelle n'est pas une aptitude à nous couper de nos émotions, mais au contraire, une aptitude à les écouter, à comprendre leur signal et le besoin qui y est associé, et à les exprimer.

Les dieux modernes n'ont plus peur

Dans la Rome antique, Mercure, Apollon et Diane inspiraient les foyers. Aujourd'hui, les nouveaux dieux du panthéon civilisé, soit les ministres, les députés, les chefs de partis, jouissent d'une forte influence médiatique et servent de modèles à une société émotionnellement aseptisée.

Dans son documentaire, ***Fahrenheit 9/11,*** Michael Moore filme George W. Bush le matin du 11 septembre. À ce moment-là, le président des États-Unis visite une école. Son conseiller l'informe à l'oreille que deux avions viennent de s'écraser sur les Twin Towers au cœur de New York. Le président sait qu'il est filmé. Aussi, émotionnellement, il ne réagit pas. Son sourire est impassible, pas un cil ne bouge, il gère son trac à merveille. Sa grande expérience des médias lui permet de continuer à raconter aux enfants l'histoire qu'il avait commencée avant l'attentat ! Mais alors que cette absence de réaction se veut rassurante (« Je ne pleure pas, j'ai donc la situation en main »), elle inquiète. L'enfant lui-même serait effrayé s'il avait conscience que l'homme qui le tient sur ses genoux reste insensible à l'annonce de la mort de milliers de ses semblables ! Un homme coupé de ses émotions est coupé de son énergie vitale. Il en devient effrayant.

Certes, on nous a appris qu'il était important, en tant que parents, de maîtriser nos émotions face à nos enfants. Il est vrai que la peur peut détruire si elle n'est pas canalisée. Mais un enfant est rassuré de voir son père pleurer, avoir peur, être en colère, exprimer son trouble dans certaines situations. Rester de marbre en toutes circonstances n'est pas un bon exemple à lui donner.

Snif ! Surtout ne pas pleurer

Au cours d'un séminaire, un souvenir était remonté à la mémoire de Léonard, un directeur commercial âgé de 40 ans. Il avait été marqué, jeune, par la vue de son chien renversé par une voiture. L'enfant qu'il était avait fondu en larmes. Son père était alors apparu. Froidement, il avait entrepris d'enterrer le chien dans le quart d'heure qui avait suivi, tout en philosophant sur la vie et la mort pour consoler son petit. Or, plutôt que d'apaiser Léonard, cette réaction glaciale l'a traumatisé pendant des années. Il n'osait plus compter sur le soutien de son père pour accueillir ses manifestations émotionnelles.

Au contraire, en voyant ses parents réagir en fonction de leurs émotions, un enfant ne considérera plus son chagrin ou ses peurs comme anormaux.

Le vestiaire de l'entreprise ne ferme pas à clé

Dans la vie professionnelle, il n'est pas toujours facile de poser les limites justes entre ce qui est privé et ce qui ne l'est pas. Il y a d'un côté la vie personnelle, partagée par les amis, la famille, les intimes. C'est dans cette sphère que nous exprimons nos émotions, nos sentiments, en un mot notre vie. Et de l'autre, il y a l'entreprise, qui, sous prétexte d'efficacité, accueille mal notre vulnérabilité. Nous laissons dormir la part la plus vivante de nous à l'endroit où nous passons l'essentiel de notre journée. Quel dommage !

« Laissez vos émotions au vestiaire », entend-on régulièrement lorsque la colère et la frustration transpirent à l'occasion d'un conflit entre collaborateurs. « Volontiers, Monsieur, mais le vestiaire ne ferme pas à clé », pourrions-nous répondre. La séparation entre la vie professionnelle et la vie privée est en effet poreuse. Lorsque nous communiquons avec un collaborateur, il ressent l'intégralité de notre message. Nous ne lui transmettons pas que nos idées. Par notre respiration, notre attitude, notre regard, nos gestes, nous lui indiquons si nous avons peur, si nous avons passé une bonne nuit, si nous sommes amoureux ; à notre contact, il ressent si nous éprouvons du désir, de la jalousie, du mépris, de la peur. Nous ne pouvons nous empêcher de partager ces émotions.

Ce qui est privé, ce sont les faits de notre intimité. Nous ne sommes pas tenus de rendre compte du détail de nos soirées, de faire état de notre bulletin de santé ou de notre régime alimentaire. Notre espace intime est précieux. En revanche, nos émotions, même les plus personnelles, gagneraient à être nommées. Cela nous permettrait d'identifier par des mots ce que nous pressentons intuitivement et, ainsi, de limiter les malentendus. Les émotions qui ne sont pas nommées perturbent la relation.

Notre attitude est plus parlante que nos mots

En animant mes séminaires en entreprise, j'ai souvent été frappé par la coupure qu'entretiennent de nombreux cadres avec leurs émotions. Je sentais chez eux un « mal-être » enfoui ; ils se présentaient avec un sourire forcé. Leur corps n'était pas en phase avec leur propos.

Lorsque je leur demandais de se raconter au groupe, ces ***managers*** évoquaient leur « stratégie de réactivité managériale », défendaient leur « ***business plan*** », développaient leur « vision diagonale ». Je les interrogeais sur leur façon de communiquer. Les uns se vantaient de « ***booster*** leur leadership », les autres de « formaliser la capitalisation de l'expérience » ; certains « mobilisaient le référentiel méthodologique adéquat », d'autres « étaient à l'écoute de l'interactivité comportementale ». Ils se comprenaient entre eux, mais j'avais quant à moi beaucoup de mal à les suivre. En fait, leurs discours abstraits ne s'adressaient pas à l'auditeur dans sa globalité, mais seulement à sa tête. Or, dans la communication orale, la dimension mentale est la moins concernée. La communication non verbale représente – selon différentes études menées par les instituts d'étude de la communication – environ 87 % du message et concerne la forme de celui-ci, alors que le contenu n'en représente que 13 %. Plusieurs observations ont en effet mis en valeur que, trois jours après nous avoir écoutés, notre interlocuteur se souvient dans 13 % des cas de nos arguments, dans 17 % des cas du son de notre voix et dans 70 % des cas de notre image. Autrement dit, 87 % de la communication se déroule de façon souterraine. Nos mains, notre regard, la façon de poser nos épaules, notre rythme respiratoire, nos pieds plus que nos mots renseignent notre auditeur sur notre ouverture, notre disponibilité.

Le metteur en scène sait bien quel geste peut appuyer une intention et quel autre geste la contredit. Il sait quelle posture donner à l'acteur pour que celui-ci inspire de la peur, de la méfiance, de l'admiration ou du désir. Le metteur en scène connaît parfaitement le langage corporel dont nous sommes, sur la scène de la vie, généralement assez peu conscients. Dans mes stages, je vois tellement de managers qui connaissent bien leur sujet, mais qui n'ont absolument aucune conscience de leur image et donc aucun pouvoir pour la transformer ! Or, c'est l'image que nous communiquons, souvent plus que nos arguments. Nous pouvons répéter que nous sommes ouverts à la négociation, tant que notre corps, bras croisés et regard au sol, indiquera le contraire, notre interlocuteur ne se détendra pas.

Développer la sensibilité, réduire la sensiblerie

Pierre, le directeur des ressources humaines d'un groupe international, m'avait relaté une situation délicate : il avait annoncé à un collaborateur que son licenciement était envisagé. Celui-ci avait éclaté en sanglots et liquidé en trente secondes le paquet de mouchoirs qu'il lui avait tendu. Pierre n'avait pas su comment réagir. Aurait-il dû prendre l'homme dans ses bras ? pleurer avec lui ? lui dire : « Ne pleurez pas, surtout ne pleurez pas où je vais pleurer aussi » ? appeler le service de sécurité ? faire comme si de rien n'était ? C'est tout de suite qu'il aurait fallu réagir. Mais comment répondre à l'émotion spontanée si nous ne sommes pas ouverts à nos propres émotions ? Où trouver l'attitude qui permettra d'être à la fois chaleureux et professionnel ? Comment agir simultanément avec sa raison et son cœur ?

J'ai souvent rencontré des chefs d'entreprise désemparés dans cette situation : ils ne savent pas quoi faire de l'émotion encombrante qu'ils ont abandonnée au vestiaire. Ils regardent, impuissants, leur interlocuteur pleurer. La peur est là : peur de l'intimité, peur de s'apitoyer, peur d'être tenus par les sentiments. « Avant, j'étais sensible, je me suis fait avoir ! » ai-je souvent entendu, suivi d'un : « Maintenant, plus de cadeaux ! » Par dépit, ces hommes et ces femmes s'insensibilisent.

Si vous ne vous identifiez pas à la fonction que vous exercez, si vous ne vous prenez pas trop au sérieux dans votre rôle de directeur, vous vous impliquerez mieux dans une relation humaine authentique, avec toutes les subtilités émotionnelles et comportementales qu'elle implique, avec tous les risques aussi ! Car vivre, c'est prendre des risques !

DE LA PEUR DU PERSONNAGE À LA CONSCIENCE DE L'ACTEUR

La familiarité que j'entretiens avec les émotions me vient du théâtre. Pendant des années, j'ai recherché, sur scène, à ressentir sincèrement de la colère. Mes personnages ont porté mes montées d'adrénaline. Je me suis entraîné à pleurer sur mesure, à éprouver du chagrin, à me mettre dans un état de terreur intérieure ; j'ai volontairement accentué ma violence, ma haine en m'appuyant sur le flux de ma respiration. Je me suis aussi exercé à déclencher toutes sortes de fous rires. Arrogance, mépris, ambivalence, séduction, tendresse, colère, désir, trouble, j'ai traversé à peu près toutes les émotions que l'on peut éprouver.

Aujourd'hui, lorsque ces émotions surgissent dans ma vraie vie, je me laisse aller à leur expression. J'accepte de pleurer, de rire, d'avoir du chagrin, de montrer que j'ai peur. Pourtant, au-delà d'elles, une « conscience supérieure » se déclenche immédiatement en moi et se met à l'écoute de la façon dont elles s'expriment. Je suis, dans le même temps, acteur et personnage de mes propres émois. Une partie de moi (le personnage en moi) est totalement investie dans le chagrin ou la colère, une autre (l'acteur en moi) observe les larmes qui perlent sur ma joue, le rythme haletant de ma respiration, mon débit vocal. Le théâtre est une voie royale pour prendre conscience de ses émotions.

Lorsque l'émotion surgit, prenez le temps de l'accompagner, de la ressentir dans votre corps, de l'identifier, de la nommer. Écoutez les transformations de votre respiration, soyez attentif aux changements de vos pupilles, de votre gorge, de votre peau. Observez les gestes que vous reproduisez chaque fois. Que vous disent-ils ? C'est en vous familiarisant avec le langage corporel de vos émotions que, progressivement, vous apprendrez à en reconnaître le message.

La peur de la peur

Dans certaines tribus africaines, dès que les enfants ont atteint la puberté, les parents les conduisent seuls et nus au milieu de la forêt. Les enfants sont confrontés aux bruits des animaux sauvages, à l'obscurité, à la solitude, au point qu'ils hurlent de peur. Le rite dure trois jours et trois nuits. Cette initiation, qui marque le passage à l'âge adulte, consiste à regarder sa peur en face pour ne plus la craindre. Ces rites traumatisants ne sont pas adaptés à nos sensibilités. Toutefois, chacun peut, par l'expérience et en sécurité, se confronter à l'énergie de la peur.

Vis-à-vis de l'enfant, nous pouvons dissocier la peur de la faiblesse et de la culpabilité, et éviter tout jugement tel que « Pleurer, c'est bien » ou « Avoir peur, c'est mal ». Imaginons qu'un père ose partager l'émotion de son enfant : « Tu as peur ? Qu'est-ce que cela provoque dans ton corps ? J'aimerais que tu me parles de ta peur et moi, je te parlerai de la mienne », pourrait-il lui dire ; de cette façon, l'enfant se familiariserait avec les différentes formes de l'inquiétude : l'anxiété, la panique, la frayeur, la crainte, la terreur, l'appréhension – tant de mots pour un sentiment que l'on évite ! Ce père pourrait confier à son enfant qu'il lui arrive à lui aussi d'avoir peur. Père et enfant échangeraient leurs sensations intimes à propos de ce sentiment tellement vivant !

Le courage n'est pas une absence de peur, mais le fait d'accepter de vivre avec nos peurs

Tous les animaux, même les plus puissants, font l'expérience de la peur. Lorsque l'antilope aperçoit le lion, elle a peur, le sent et fuit. Les hyènes n'osent pas s'approcher d'une carcasse en présence d'un lion, car elles craignent ce dernier. Toutefois, lorsqu'elles sont plus de trois fois supérieures en nombre, c'est le lion qui a peur et abandonne sa proie aux charognards. Le roi de la forêt aussi a ses frayeurs !

Depuis notre enfance, nous avons été conditionnés à penser qu'un homme qui a « la frousse » n'est pas un « vrai » homme. Mentalement, nous nous persuadons que nous n'avons pas peur. Or, nous avons peur depuis le jour de notre naissance : peur de n'être pas nourris, peur d'être abandonnés. Au jour de notre mort, la peur sera encore présente : peur de l'inconnu, peur de l'au-delà, peur du jugement dernier. Dans cet intervalle, nous faisons l'expérience, plus ou moins héroïquement, de toutes les sortes de peur : peur de décevoir, peur de l'interdit, peur d'être trahis, peur d'être seuls, peur de dire la vérité, peur d'entendre la vérité, peur de déplaire, peur de plaire, peur d'aimer, peur de ne pas être aimés, peur d'être nous-mêmes, peur d'être un autre…

Ces peurs, dès lors qu'elles sont vécues ne serait-ce que quelques secondes, sont mémorisées par nos cellules. C'est sans conséquence si elles sont fugaces. En revanche, si elles se répètent ou si elles sont trop intenses, elles se cristallisent et créent un traumatisme. C'est dans ce cas qu'elles risquent de ressurgir des années plus tard dans des circonstances inattendues. Certains développent ainsi des phobies, ou peurs récurrentes, qui semblent totalement absurdes à leur entourage : « Mais enfin, comment peux-tu avoir peur d'une si petite araignée ? », « Pourquoi crains-tu de prendre cet ascenseur, il n'est jamais tombé en panne ! », « Quelle idée de voyager en train ! L'avion est si pratique… » Ces peurs trouvent leur source dans des situations anciennes identifiables par un travail thérapeutique ou d'introspection.

De l'émotion au sentiment

La principale différence entre une émotion et un sentiment est sa durée de vie. Une émotion a une durée de vie très courte, autour de 45 secondes en moyenne. Nos cinq émotions fondamentales sont la peur, la colère, la joie, la tristesse et le désir (attirance/répulsion) ; lorsqu'elles sont exprimées, elles durent rarement plus d'une minute. En revanche, dès lors qu'elles sont réprimées, elles vont prendre la forme de sentiments et se prolonger dans le temps. La peur devient phobie, la colère devient haine, la joie devient hystérie. Un sentiment peut non seulement s'installer dans le temps, mais aussi transformer notre personnalité. Par un sentiment installé, on devient quelqu'un de triste, d'aigri ou de dépressif. Chaque nouvelle émotion réprimée renforcera l'influence du sentiment et la détermination du caractère.

Une punition bien épinglée

Alors que j'avais huit ans, une institutrice particulièrement inconsciente avait trouvé judicieux d'épingler sur ma chemisette une dictée que j'avais rendue pleine de fautes. Elle m'a imposé de traverser la cour et de présenter à toutes les classes de l'école mon zéro pointé affiché dans mon dos. Cette punition m'a, à l'époque, traumatisé. Je l'ai trouvée injuste et violente. Par la suite, même des années plus tard, je paniquais dès qu'il s'agissait de montrer à d'autres mes copies, mes devoirs, mon courrier. La peur de l'humiliation était omniprésente. Le personnage du cancre que j'avais été ce matin-là venait me hanter dès que je sortais mes stylos. La principale posture à adopter dans ces circonstances où les mémoires de l'enfance blessée reviennent à la surface du présent, est de ne pas s'y identifier, de s'en distinguer en visualisant la partie blessée devant nous en miniature, tout en nous reliant à notre être profond qui est bien plus vaste que l'ensemble des facettes de notre personnalité.

C'est parce qu'elles ne sont pas rationnelles que les peurs ont besoin d'être identifiées et, autant que faire se peut, mises de côté, de façon que l'énergie qu'elles mobilisent ne pollue pas des situations ultérieures. Pour cela, certains thérapeutes s'efforcent de réveiller la mémoire cellulaire afin de faire émerger de l'inconscient toutes sortes de peurs enregistrées par le corps dès les premiers mois de la vie. Par une subtile association du toucher, de formes de respiration intensive et de la parole, le praticien permet au patient d'entrer profondément en contact avec son corps et d'atteindre la mémoire de ses cellules. Le corps est ainsi amené à témoigner de lui-même des traumatismes qu'il a vécus. Le patient retrouve les peurs abyssales qu'il avait stockées et qui influençaient son comportement même s'il n'en avait pas conscience.

Revivre sa naissance

La capacité de mémoire du corps est telle que certains événements liés à la naissance ou à la vie intra-utérine peuvent remonter à la conscience à l'occasion d'une séance. On parle alors de ***rebirth***. Ces expériences étonnantes apaisent les traumatismes vécus par le nourrisson. Au cours de l'une de ces séances, j'ai moi-même identifié une peur de l'abandon que j'avais ressentie dans les premières années de ma vie alors que ma mère était hospitalisée. Cette peur inconsciente ressurgit lorsque, trente ans plus tard, je me suis senti menacé par le départ d'une personne chère. Ce travail corporel de prise de conscience m'a permis de « déprogrammer » l'événement initial et d'y associer plutôt une information rassurante. Ces peurs se trouvent dans l'inconscient collectif ; révélées ou non, elles circulent, avec leur énergie, au sein de l'humanité entière.

Aujourd'hui, je débusque les peurs présentes chez les hommes et les femmes que j'accompagne : peur de la maladie, peur des hommes, peur des femmes, peur de la saleté, peur de manquer, peur d'avoir faim, peur d'être enfermé, peur de l'obscurité, peur du silence ; elles occupent souvent tout l'espace. C'est pourquoi elles méritent d'être identifiées et allégées.

« J'ai froid, je sue, je tremble… Est-ce de la peur ? »

Quand vous avez peur, que vous sentez que votre corps se rétrécit, que votre cœur bat plus vite, que votre esprit s'agite, je vous suggère de suivre les étapes suivantes :

- Concentrez-vous, respirez profondément et observez les changements physiologiques qui se déroulent en vous (cette phase est probablement la plus utile, car mieux vous connaîtrez les manifestations physiques de votre peur, mieux vous pourrez vivre avec elles et les dépasser).
- Identifiez ensuite ce qui a déclenché votre peur : une phrase, un visage, une menace.
- Sondez votre mémoire pour retrouver le souvenir que vous avez associé à cette peur dans le passé : un sentiment d'abandon lorsque vous étiez enfant, l'humiliation par un frère ou un parent, la dévalorisation de la part d'un enseignant, la menace d'un petit copain de classe, etc.
- Enfin, dissociez l'émotion liée au passé de l'événement actuel ; soyez centré et présent à votre peur ; ne prenez pas de décision sous son emprise.

Si certaines peurs sont récurrentes, n'hésitez pas à vous faire aider pour y voir plus clair. Dans tous les cas, n'ayez pas peur de vos peurs. Elles ne sont pas là pour vous freiner, mais pour vous apporter une information sur vous-même.

LA COLÈRE

Dans l'entreprise, la colère est tout aussi impopulaire que la peur. On dit d'une personne en colère qu'elle est faible, qu'elle ne sait pas se maîtriser ou qu'elle est violente. Pourtant, la violence n'est pas le prolongement de la colère ressentie, mais, au contraire, celui d'une colère réprimée.

Lorsque vous êtes sous le coup de la colère, ne l'évitez pas. Centrez-vous et respirez profondément. Pour ce faire, concentrez-vous essentiellement sur votre ancrage, votre contact avec le sol, votre respiration et la verticalité de votre colonne. Soyez à l'écoute de vos sensations : « Je suis en colère », « Je me sens enragé », « Je me sens démuni », et non pas sur l'autre : « Tu n'es qu'une imbécile », « Tu vas me le payer », « Tu n'es qu'un bon à rien ».

Si vous voulez faire de votre colère une alliée, évitez d'en rendre votre interlocuteur responsable. Ce n'est jamais lui qui nous met en colère. L'autre agit en fonction de ce qui est bon pour lui. La source de la colère est bien en nous. Puis, visualisez la colère comme une énergie vivifiante qui va vous permettre de vous dépasser, de trouver d'autres ressources, de vous dynamiser. Visualisez la couleur de la colère, le chemin qu'elle emprunte dans le corps ; utilisez la colère comme une belle énergie vitale.

L'origine d'une colère est souvent ancienne ; elle remonte, nous l'avons vu, à une époque bien antérieure au moment où elle éclate. Nous accumulons des frustrations depuis l'enfance. Ces frustrations se stockent et se mêlent les unes aux autres. À la longue, elles finissent par former un conglomérat d'émotions. Nous cristallisons alors notre colère contre les hommes, contre les enfants, contre les vieux, contre les femmes, contre les institutions, contre les curés, contre les étrangers, contre l'autorité, contre... Si cette colère n'est pas extériorisée au fur et à mesure, elle s'exprimera soudain à l'endroit d'un interlocuteur qui, sans être responsable de quoi que ce soit, aura simplement ravivé la mémoire de notre souffrance passée.

Humour ou ironie ?

Lorsque la colère n'est pas assumée, elle s'exprime fréquemment sous forme de sarcasmes et d'ironie. Ce rire mordant dissimule de l'agressivité. J'ai eu l'occasion de coacher une assistante de direction ; seule au milieu d'une équipe de douze hommes, elle subissait un genre de harcèlement d'autant plus pervers qu'il passait aux yeux de tous pour de l'amusement : des réflexions sexistes, des allusions lourdes et des blagues sur le thème de l'infériorité de la femme. Cette sorte de rire est l'opposé de l'humour. Elle est facilement identifiable, puisque c'est la souffrance de l'autre qui provoque notre amusement. Notre collègue rate une marche, nous rions ; l'ascenseur se ferme devant son nez, nous sourions ; il s'énerve parce que son ordinateur vient de tomber en panne, nous ricanons nerveusement. Si notre victime ne partage pas notre rire, nous l'accusons de n'être pas drôle, de manquer d'humour. Mais cette ironie n'a rien à voir avec l'humour réparateur, car elle n'est pas bienveillante. Dans l'humour, on rit avec la personne ; dans l'ironie, on rit de la personne. L'humour fait du bien ; l'ironie blesse.

Lorsqu'un enfant rit de voir un papillon s'envoler, c'est l'émerveillement qui est à la source de son amusement. Son rire est aimant pour le papillon. En revanche, le rire provoqué par la souffrance de l'autre est une forme déguisée d'agressivité – une forme socialement correcte, mais humainement destructrice.

« Arrrrgh ! Je suis en colère ! »

Le Japon, qui est le berceau des arts martiaux, a innové depuis longtemps en appliquant dans l'entreprise ses connaissances sur les émotions. En plus des « dojos », des salles sont dédiées aux salariés pour qu'ils expriment leur colère contre tel ou tel collaborateur, tel ou tel directeur ; dans ce cadre, ils sont invités à frapper sur des sacs de sable avec un sabre en bois.

De nombreuses méditations dynamiques venant de l'Inde permettent également de libérer le flux de la colère après avoir amené le corps à un taux de vibration propice. Ces méditations dansées sont reprises depuis plusieurs années par de nouvelles formes de thérapies avec beaucoup de succès. Taper sur un sac de sable ou sur un coussin, crier et décharger son surplus d'énergie corporelle permettent sans aucun doute non seulement de réguler le comportement émotionnel, mais aussi d'éviter que la colère s'oriente malgré soi vers une cible vulnérable.

La colère inexprimée s'imprime dans notre corps. Cette émotion refoulée est à l'origine de maladies liées au foie et à la vésicule biliaire ; elle peut provoquer ulcères, tumeurs et cancers. Des expériences ont été menées avec des groupes d'enfants pour leur apprendre à réguler leur colère. On permettait à ces jeunes d'exprimer leur rage, de la célébrer, de la danser. Dans cette expérience, la colère était totalement dissociée de la cause qui l'avait provoquée. Les cris et les larmes étaient considérés comme une énergie, rien d'autre. Dans un tel contexte, il n'y avait rien de mal à se mettre en colère. On ne cherchait pas à résoudre le différend ni à négocier ou à trouver une solution tant que la colère n'était pas reconnue et accueillie par tous. Le taux d'agressivité baissait de façon significative au sein de ces groupes.

Le souffle de la colère

Si vous devez composer avec une personne en colère, ne cherchez ni à la raisonner, ni à lui proposer une solution, ou à réveiller ce qui l'a mise en colère. Le plus souvent, la colère traduit en effet des frustrations anciennes. Ne lui conseillez pas non plus de se calmer. Ne lui dites surtout pas que ça ne sert à rien de se mettre en colère, alors que, justement, l'expression de la colère permet de se libérer d'un trop-plein d'énergie. S'il s'agit d'un enfant, touchez-le, entrez physiquement en contact avec lui. S'il s'agit d'un adulte, regardez-le dans les yeux, offrez-lui votre empathie. Soyez centré et respirez profondément. Vous contribuerez à créer l'espace dans lequel, seul, il reviendra de sa colère et trouvera une solution.

Identifier la source de la colère

Alors qu'elle avait trois ans, ma fille a exprimé une colère violente. Après avoir crié et tapé sur un coussin pendant 10 minutes, ce que j'avais encouragé, elle s'est apaisée. Nous avons alors parlé :

« Ça y est, ma colère est partie !

— Oui, j'ai vu que tu n'arrivais pas à asseoir cet ours sur sa chaise et ça t'a mise très en colère…

— Oui, l'ours m'a mise en colère !

— Tu n'arrivais pas à faire le geste que tu voulais et tu t'es sentie impuissante, ça a réveillé la colère qui dormait en toi. C'est ça ?

— Oui, j'ai senti venir ma colère.

— C'était à toi cette colère ? Elle t'appartenait ?

— … ?

— Elle venait d'où cette colère, elle est rentrée par où ?

— Dans mon ventre.

— Dans ton ventre ? Et elle est passée par où pour arriver dans ton ventre ?

— Elle est venue par mes yeux, et ça m'a fait pleurer.

— J'ai vu qu'ils ont pleuré, tes yeux. Ils sont devenus tout rouges et beaucoup de larmes sont sorties. Elle est partie maintenant, cette colère ?

— Oui, elle est partie.

— Et par où est-elle partie ?

— Par ma bouche. »

Ces questions permettent au jeune enfant de se positionner face à sa colère. Il se rend compte que son jouet n'est en rien responsable de son émotion. Par ailleurs, dissocié de ce qu'il éprouve, il peut vivre sa rage sans en avoir peur.

Cet apprentissage émotionnel peut commencer très tôt. Un jour, la directrice de la crèche interpella un enfant qui venait d'en mordre un autre : « Qu'est-ce que vient de faire ta bouche ? Tu l'as laissée mordre ? » En faisant prendre conscience à l'enfant qu'il n'est pas sa bouche, elle lui permet de se dissocier de l'acte de mordre. Sa responsabilité n'en est pas amoindrie, au contraire, mais l'enfant n'est pas confondu avec son acte : il peut corriger sa bouche, l'amélioration est possible. En prenant conscience des conséquences de son acte, l'enfant évitera probablement de les reproduire à l'avenir.

Pour apaiser notre colère, commençons par la reconnaître et par développer une grande bienveillance à son égard. Il n'y a pas à chercher à la supprimer, juste à l'accueillir pour ce qu'elle est : l'une des émotions les plus vivifiantes de notre répertoire. Alors seulement elle cesse de nous envahir !

LE DÉSIR

Autre émotion forte qui influence nos relations : le désir. Vouloir posséder plus de biens matériels ou jouir d'un bureau plus grand, souhaiter développer une relation plus intime avec sa collaboratrice, espérer davantage d'affection, de reconnaissance, de pouvoir, vouloir que «ça change», que l'autre se transforme ou qu'il soit différent de celui qu'il est, s'attendre à ce qu'il travaille plus vite, qu'il soit plus attentif - en un mot, désirer que la réalité soit autre.

Le désir est une émotion constructive qui inspire le changement, le renouvellement et la croissance. Mais le désir comprend deux pôles négatifs: l'attachement et la frustration. Dès que notre désir n'est pas satisfait, la frustration produit un malaise, car elle nous suggère que l'on mériterait d'avoir mieux, plus vite, plus souvent.

L'énergie sexuelle est la porte d'accès à l'amour, à l'ouverture du cœur, au sacré, au divin. Mais cette même énergie ouvre aussi la porte à la jalousie, à la possession, à la perversion et à la pornographie. Sur terre, l'homme est tiraillé par ses pulsions animales et ses aspirations divines. Ce qui va l'aider à s'élever vers sa plus haute dimension en s'appuyant sur son énergie vitale, ce sont la respiration, la détente et la pleine conscience.

Pour que l'énergie sexuelle circule entre les partenaires, les mouvements du yin et du yang doivent interagir: le yang (énergie masculine correspondant au soleil, à l'activité) a besoin de s'exprimer de l'intérieur vers l'extérieur, le yin (énergie féminine correspondant à la lune, à la réceptivité) a besoin de s'exprimer de l'extérieur vers l'intérieur. Mais cette évidence anatomique est loin d'être une évidence relationnelle. Lorsque gronde le volcan intérieur, le désir de l'homme et celui de la femme sont troublés par bien d'autres facteurs qui veulent aussi être pris en compte. Si l'homme et la femme amoureux sont naturellement poussés l'un vers l'autre, la sexualité est perturbée par le fait que l'homme et la femme s'aiment rarement comme ils auraient besoin de se sentir aimés. Au sein du couple, le reproche, la culpabilité, la colère, la peur, la honte, l'ennui, voire l'impuissance ou la frigidité, font obstacle à la rencontre entre l'homme et la femme et les empêchent d'accéder à un amour épanouissant.

Sous l'empire du désir, l'homme et la femme se perdent dans une danse vertigineuse. Ils confondent le désir, l'objet du désir et le sujet qui désire. Le feu ardent brûle la partition des amants. La sexualité est parasitée par tous les événements de notre histoire: les abus, les frustrations, la possessivité, la peur et la jalousie. Ce sont toutes ces émotions du passé qui interfèrent et empêchent de faire l'expérience de l'amour dans l'instant présent. Aussi, pour se rassurer, chacun se raccroche au «programme émotionnel» qu'il connaît par cœur. Cela demande calme et confiance pour s'abandonner à l'expérience du moment présent, tellement exigeante, tellement imprévisible, tellement déstabilisante.

Notre sexualité souffre beaucoup de cette confusion. Lorsque nous sommes sous l'influence du désir, celui-ci prend tout l'espace. Y compris celui de notre conscience. Nous sommes inconscients, car totalement submergés par l'émotion et obsédés par la volonté d'atteindre l'orgasme, un état naturel qui devient trop souvent un but, un objectif imposé. Dans ces moments où l'émotion nous submerge, c'est le retour au corps qui va nous apaiser – prendre le temps de se connecter à son corps physique, à ses muscles, à ses organes, à sa respiration. Lorsqu'on respire profondément, progressivement, une détente s'installe.

Un bel orgasme !

Voilà un enjeu qui perturbe bien des amants et génère un flot de sentiments – depuis la honte jusqu'à la fierté – qui n'ont rien à voir avec le fait d'aimer. Pour beaucoup, si l'orgasme n'est pas atteint, l'acte sexuel est un échec. Ce «label» de réussite transforme l'acte d'amour en une performance, avec toutes les tensions que celle-ci génère. Chacun se sent responsable de la qualité de l'orgasme de l'autre, plutôt que de laisser le plaisir s'incarner naturellement à travers lui. Cette pression nous coupe de tous les états intermédiaires terriblement subtils auxquels nous avons accès dès que nous nous libérons de l'enjeu.

En effet, lorsque nous traversons l'expérience du désir en demeurant conscients, nous sommes moins dans l'attente, donc moins sujets à la frustration. En accueillant toutes les émotions que provoque la rencontre amoureuse, par exemple la colère, la tristesse, le fou rire, la tendresse, la timidité, l'audace, la gêne, la fureur, la spontanéité et la créativité, l'acte sexuel devient un espace de rencontre et de partage entre deux êtres qui s'aiment. Les jeux amoureux sont alors placés sous le signe de l'échange et non sous celui de l'isolement. Les partenaires s'accueillent en conscience. Une partie de nous est alors totalement investie dans le désir (notre personnage intérieur), une autre est consciente de ce qui se passe (notre acteur intérieur).

En développant cette conscience, nous laissons de côté nos petits plans et nos calculs mesquins. Nous développons la capacité de nous abandonner réellement à ce qui est. Nous nous ouvrons à l'autre, dans toutes les dimensions de l'amour, et accédons à une infinité de plaisirs surprenants et beaucoup plus intenses.

L'AMOUR

Ce sentiment est sûrement le plus confus, car nous pensons le ressentir, alors qu'il s'agit souvent de l'un des trois états usurpateurs que sont le besoin, le désir et la peur.

Amour ou besoin ?

Souvent, notre « Je t'aime » est terriblement conditionnel. En fait, nous sous-entendons : « Je t'aime lorsque tu t'occupes de mes enfants », « Je t'aime lorsque je rentre fatigué et que tu as préparé le dîner », « Je t'aime quand tu supportes mes états d'âme intempestifs ». En revanche, lorsque notre partenaire délaisse notre confort, nous nous mettons à moins l'aimer. Cet amour-là est un besoin d'être aimé soi-même plus qu'un amour de l'autre.

Amour ou peur ?

La peur perturbe également l'amour en générant la jalousie. Quand la jalousie apparaît, les exigences du partenaire sont intrusives : « Je t'aime tellement que je ne supporte pas que tu danses avec un inconnu. » Ce que nous prenons alors pour un sentiment amoureux relève en réalité de l'inquiétude, de la peur de l'abandon, pas de l'amour. L'attitude jalouse se répand souvent dans les couples quand l'un des deux partenaires s'émancipe et devient libre. S'il fait des efforts particuliers pour être attrayant lorsqu'il va déjeuner avec des amis, s'il va danser tout seul, s'il est sollicité par des relations antérieures, s'il préserve un jardin secret avec un peu trop de soin, le partenaire panique car il imagine que l'être aimé lui échappe. Si elle est flatteuse un temps, la jalousie dévitalise la relation de confiance au sein du couple.

Amour ou désir ?

Le désir prend aussi l'apparence de l'amour : « Je t'aime tellement que je ne comprends pas que tu te refuses à moi. » Ici encore, il ne s'agit pas d'amour.

Amour ou fusion ?

L'amour que nous portons à nos enfants illustre cette confusion : « J'aime tellement mon enfant que je ne veux pas qu'il parte ! » L'amour peut au contraire permettre à nos enfants de s'envoler lorsqu'ils arrivent à maturité. C'est cette perspective qui devrait rendre heureux les parents, non le désir de garder leurs enfants pour eux.

En fait, il est très difficile d'aimer vraiment son enfant. Nous l'aimons surtout lorsqu'il ressemble au personnage que nous attendons qu'il interprète.

« Je bâtirai ton monde à mon image ! »

Lorsque Victor, 17 ans, annonce à sa mère, Martine, qu'il a choisi d'arrêter l'école pour s'orienter vers un apprentissage de menuiserie, cette dernière tente par tous les moyens de l'en dissuader. Elle l'incite plutôt à redoubler et à choisir des études plus longues.

Le personnage de menuisier que Victor s'apprête à jouer ne correspond pas aux attentes de Martine. Elle imaginait que son fils irait travailler en costume dans une grande entreprise. Aussi met-elle immédiatement un terme à la discussion. Pour elle, c'est un mauvais choix, un point c'est tout; la négociation a duré moins de trois minutes. Elle affirme que c'est par amour qu'elle veut le dissuader. Pourtant, ce dont avait besoin Victor, c'est d'être aimé là où il est, non là où sa mère aimerait le voir.

C'est en écoutant concrètement nos enfants que nous leur manifestons notre amour, même si nous leur disons également notre peur ou notre déception.

QUELLE JOIE D'ÊTRE TRISTE !

La joie et la tristesse colorent elles aussi notre vie quotidienne. S'il nous arrive de vivre sereinement les moments mélancoliques de notre scénario, nous sommes généralement plus gênés lorsque notre compagnon ou nos amis ont du chagrin. Si nous les aimons, nous interférons dans leur tristesse, nous voulons les consoler. Nous nous sentons tristes de les voir l'œil rouge et le moral à zéro.

Distinguons les situations où la tristesse est circonstancielle de celles où elle est permanente. Il est plutôt sain de ressentir du chagrin à la suite d'une déception, d'une rupture ou d'une lassitude. Il est même important de se familiariser avec la tristesse de son personnage et surtout de ne pas la censurer. Beaucoup supportent tellement mal cet état qu'ils l'occultent lorsqu'ils en font l'expérience, à l'instar de Julien qui, trois jours à peine après une séparation douloureuse, fanfaronnait, faisait semblant d'aller bien, arborait un masque. Ceux-là ont généralement du mal à ressentir de la joie profonde.

La tristesse de notre personnage n'est pas celle de notre acteur. Si vous méditez sincèrement sur l'état profond de l'acteur qui vit en vous, vous ferez une surprenante découverte : cet acteur est joyeux ! Sa nature est gaie, légère ; il est heureux parce qu'il se réjouit de tous les personnages qui se trouvent à sa disposition. Il est heureux dès qu'il a réalisé que toutes les émotions que ses personnages intérieurs traversent ne concernent que ses rôles et se dissipent ensuite, tels les nuages. L'acteur s'abandonne à la tristesse comme à la joie des personnages qu'il joue. C'est avec un certain plaisir qu'il goûte à la mélancolie, qu'il se laisse porter par le chagrin. Il ne les évite pas. Il apprécie la nostalgie et déguste les larmes de tristesse qui perlent sur ses joues lorsque l'un de ses personnages traverse une épreuve douloureuse. L'acteur sait que ses chagrins sont liés aux circonstances que jouent ses personnages. Et que, profondément, ces états ne sont pas lui !

Par ailleurs, il y a une forme de tendresse dans la tristesse. Les Portugais sont fiers de disposer du précieux mot *saudade*, qui désigne une variante particulière de mélancolie, dans laquelle le fado s'est enraciné, dont on ne trouve pas l'équivalent dans d'autres cultures. Il y a une certaine jouissance à se baigner dans la ***saudade*** en écoutant un air de guitare.

Au-delà des cinq émotions fondamentales – la peur, la colère, le désir (attirance/répulsion), la joie et la tristesse –, il existe un répertoire illimité d'émotions et de sentiments naturels. Nous les traversons tous. Ainsi, la jalousie, le mépris, l'indifférence, la cruauté, l'arrogance et l'insensibilité polluent nos relations, surtout parce que nous refusons de les reconnaître quand nous en faisons l'expérience. Nous verrons dans le prochain chapitre comment l'on peut apaiser la relation en faisant sortir nos émotions de l'ombre pour les identifier. C'est le passage de l'ombre à la lumière.

EXPRIMER SES ÉMOTIONS

Au théâtre, l'acteur doit apprendre deux mouvements : entrer dans l'émotion pour pouvoir l'exprimer pleinement, et en sortir pour passer à autre chose dans la scène suivante. Certains acteurs ont beaucoup de mal à pleurer sur commande ou à exprimer spontanément une saine colère. D'autres, au contraire, peuvent facilement exprimer un sentiment, mais ont du mal à le quitter ; après avoir joué une pièce dramatique, par exemple, ils vont rester tristes la fin de la soirée ou au cours du week-end qui suit. C'est tout un entraînement pour l'acteur d'exprimer spontanément l'émotion et de s'en sortir. Qu'il soit sur la scène ou dans la vie, l'acteur peut apprendre, pour s'en libérer, les différentes portes d'accès et d'évitement. Voyons, à partir de l'exemple de la colère, quelles stratégies sont généralement employées pour traverser les émotions.

La fusion

Nous nous identifions à la colère provoquée… Nous confondons l'émotion, les faits reprochés et celui qui reproche. Le ton monte. La colère est contagieuse. La colère de l'un attise celle de l'autre. Cris, rupture, chantage, fuite. L'issue du conflit échappe à notre contrôle, et nous laissons notre état émotionnel choisir arbitrairement pour nous. C'est généralement dans ces circonstances que, sous le coup de la colère, nous prenons une décision que nous regrettons ensuite.

L'évitement

Nous nions la colère qui nous anime : nous refusons d'entrer dans le jeu. Nous répondons à l'agresseur par un sourire ironique qui le met encore plus en colère lui-même. Nous sauvons les apparences. Toutefois, nous contaminons notre interlocuteur par une colère déguisée et, pour nous, c'est l'ulcère assuré !

La projection

Il s'agit d'une variante de l'évitement. Nous identifions l'émotion et reconnaissons qu'elle perturbe la relation. En revanche, nous refusons d'en assurer la paternité. Pour nous, c'est l'autre qui est agressif ! Cette attitude irrite nos interlocuteurs. Elle est dangereuse pour la santé de la relation.

La distance juste

« Dans la joie de retrouver un ami, concentre-toi sur la joie et non sur l'ami », enseignait le maître bouddhiste Tilopa. Lorsque vous êtes en colère envers un ami, concentrez-vous sur la colère en tant qu'énergie, non sur l'ami que vous rendez responsable de cette émotion. Prenez contact avec l'énergie que draine votre colère sans refuser cette dernière et sans vous identifier à elle. Et ne faites pas, de l'autre, une cible. Dans cette attitude, l'acteur en vous est aussi présent que le personnage en vous.

Comme un acteur, vivez vos émotions en restant dans la lumière !

Lorsque j'ai débuté au théâtre, j'imaginais qu'il suffisait de monter sur scène pour ressentir, par la magie des projecteurs et du public, toute la palette des émotions d'un personnage. C'était un rêve ! Je n'étais pas conscient de la multitude de contraintes qui parasitent la création.

Concrètement, sur un plateau, l'acteur respecte des pages de texte à la lettre. Si la pièce est en alexandrins, aucun des douze pieds ne doit être oublié. L'artiste force son articulation pour être audible jusque dans les derniers rangs. Il contrôle sa respiration, respecte les silences. Il reproduit chaque geste de la mise en scène et veille à être toujours dans la lumière. Il intègre les différents accessoires, éventuellement des micros ou des effets spéciaux. Il est souvent gêné par un costume trop lourd ou trop fragile, un maquillage qui coule, une perruque qui lui tient chaud, un postiche qui le démange ou un chapeau qui tombe. Pourtant, au-delà de tous ces impératifs, l'acteur vit chaque émotion de la pièce chaque soir comme si c'était la première fois.

L'acteur est investi dans l'action et totalement attentif à la situation. Il maintient son équilibre permanent entre lâcher-prise et contrôle. C'est cet équilibre entre les deux polarités complémentaires de votre personne qui révélera l'humanité de votre communication et lui conférera sa puissance.

CHAPITRE 3

UN RÔLE D'OMBRE ET DE LUMIÈRE

« Papa, c'est lui le gentil ? » Au début d'une histoire, les jeunes enfants éprouvent le besoin de savoir qui sont les « gentils » – la princesse, la pauvre servante, le petit cordonnier – et qui sont les « mauvais » – les parents indignes, le démon, le roi avide, le méchant loup. Ils s'identifient ainsi mieux aux uns tout en pouvant condamner les autres.

La plupart des légendes avec lesquelles nous avons grandi reposent sur cette construction manichéenne selon laquelle l'être humain est soit bon, soit mauvais. Le mauvais, le théâtre de guignol l'appelle Gnafron ou Le gendarme. C'est le vilain personnage de l'histoire, celui sur qui nous nous défoulons en jetant des tomates. Qu'il soit voleur, assassin ou traître, il fait l'effet d'un paratonnerre en canalisant sur lui notre agressivité.

Les personnages que nous refoulons viennent souvent nous visiter dans nos rêves. La sorcière, le démon, le dragon et les monstres sont des archétypes qui incarnent toutes les sous-personnalités que nous refoulons. Notre inconscient a besoin de les mettre en scène dans le monde onirique pour nous permettre de les voir et d'entendre leur message. C'est le travail de l'exploration des rêves. Plutôt que de balayer ces « vilains cauchemars » d'un revers de manche, nous pouvons prendre le temps de les explorer et de les comprendre. De même, lorsque nos enfants vivent ces terreurs nocturnes, nous pouvons prendre un temps avec eux au réveil pour les aider à décrypter le message des personnages de la nuit. Ici encore, la métaphore du théâtre peut nous aider… Le rêveur est comme l'acteur, il est conscient des personnages qui se sont invités dans son répertoire.

Au quotidien aussi, nous cherchons à rencontrer les bons et à éviter les mauvais. Nous attendons que la bonne personne apprécie nos qualités. Ce que nous reprochons à la mauvaise, c'est de ne pas répondre à nos attentes : « S'il n'est pas venu à mon rendez-vous, c'est qu'il est négligent », « Elle a refusé de me prêter sa voiture, elle est égoïste », « Il ne comprend pas mon point de vue, il est idiot », « Ils ont voté contre, ils sont inconscients ». Nous sélectionnons nos relations en fonction de notre palmarès des qualités : sympathie, ouverture, courage, clarté, générosité, attention, que nous opposons à autant de défauts : antipathie, fermeture, lâcheté, égoïsme, irrespect.

Nous sommes bien ennuyés quand il nous faut constater qu'une personne de notre entourage se conduit de façon inattendue et, du jour au lendemain, change à nos yeux de personnage : « Comment ? J'apprends qu'il fréquente une gamine de vingt ans ?! Quel pervers ! J'étais pourtant sûr que c'était un type sain ! », « Il t'a offert une caisse de champagne ? C'est louche. Je le connais, c'est un radin ! »

Au cinéma, plus le méchant porte des habits sombres, plus le héros paraît lumineux. L'indispensable chevalier noir accentue la vaillance du chevalier blanc. C'est le principe du contraste qu'utilise le photographe en renforçant les ombres pour rehausser la lumière d'un cliché. La pensée orientale considère au contraire que le principe du positif n'est pas dissocié de celui du négatif ; que l'un prend sa source dans l'autre ; l'un et l'autre se complètent comme un bol possède un côté concave et un côté convexe ; l'un ne peut être considéré sans l'autre. De plus, elle estime que cet équilibre des courants positif et négatif n'obéit pas à une échelle de valeurs : le positif n'est pas supérieur au négatif. Il s'agit d'une interaction permanente qui agit comme les pôles + et – du courant électrique alternatif. Les principes positif (yang) et négatif (yin) sont inséparables comme la lumière l'est de l'ombre. Sans yin, pas de yang, sans pôle négatif, pas de positif. Ainsi, nous avons besoin de connaître la peur pour développer notre courage, nous avons besoin de notre évitement pour rencontrer notre droiture, nous avons besoin de rencontrer notre avarice pour la transformer en générosité.

La lumière de notre personnage (pôle +) est la partie de notre comportement que nous portons à la scène, celle dont nous sommes conscients. Nous sommes fiers de notre créativité, de notre audace, de notre curiosité, de notre générosité, de notre aptitude à communiquer, de l'amour que nous portons à nos enfants, etc. La part d'ombre (pôle –) correspond à notre agressivité, à notre insensibilité, à notre cruauté ; cette part, que souvent nous n'assumons pas, stagne dans les coulisses de notre inconscient.

ÉCLAIRER SON OMBRE

L'un des maîtres tibétains dont j'ai reçu un enseignement racontait cette histoire du voyageur et du sage. Un homme arrive avec son baluchon pour s'installer dans un village. Il rend visite au sage qui l'administre pour se renseigner sur la mentalité des habitants. Le sage lui demande comment étaient les gens du village d'où il vient : « Ils étaient voleurs et agressifs », répond-il. « Ici aussi, dit le sage, les gens sont voleurs et agressifs. » Déçu, notre visiteur décide d'aller s'installer ailleurs. Le lendemain, un autre voyageur, pour les mêmes raisons, visite le sage : « Comment étaient les habitants de ton village ? » questionne le vieil homme. « Attentifs, généreux », répond le visiteur. « C'est comme ici, ajoute le sage, ils sont attentifs et généreux. »

Notre représentation du monde extérieur est souvent une projection de notre monde intérieur. Une même personne semblera agressive à l'un et sympathique à l'autre. Face à un même événement, chacun réagira de façon différente. Carl Jung pensait que l'exploration de l'inconscient, souvent éprouvante, permet de découvrir les zones sombres de la personnalité. L'acceptation de cette ombre produirait notre lumière. Pour le célèbre psychiatre, nous ne nous améliorons pas en supprimant notre ombre, mais en équilibrant notre part d'ombre et notre part de lumière.

Reconnaître son ombre demande toutefois courage et honnêteté. En dehors de la démarche thérapeutique, il existe cinq façons majeures de découvrir l'aspect caché que peut prendre l'ombre. Les voici brièvement.

Analyser ses rêves

Les figures qui vous rendent visite la nuit sont des clés pour comprendre votre ombre : la sorcière, le dictateur, le lâche et l'animal sauvage qui vous effraient durant votre sommeil symbolisent fréquemment la partie sombre de votre personnalité. Ces images refoulées viennent vous tirailler dans des cauchemars qui prennent la forme d'une agression extérieure. En fait, la seule agression est souvent le conflit intérieur que la partie assumée de vous-même mène avec la partie refoulée.

Identifier les personnages sources de conflit

Avez-vous remarqué que vous vous mettez souvent en colère contre la même catégorie de personnes, par exemple les retardataires, les maniaques, les instables ou les artistes, qui vous énervent alors qu'elles sont appréciées par d'autres. Les types d'individus avec lesquels vous êtes le plus souvent en conflit vous éclairent, eux aussi, sur votre ombre : l'hypertendu, le maniaque, le stressé, l'agressif, l'indécis, l'autoritaire, le manipulateur que vous ne supportez pas au bureau, vous dérangent car ils reflètent votre propre aspect tendu, maniaque, stressé, agressif, indécis, autoritaire, manipulateur. Les défauts qui vous irritent le plus fréquemment chez l'autre vous renseignent sur votre ombre à vous. Pour savoir à quoi ressemble votre ombre, repérez les collègues et les voisins qui vous énervent le plus ! C'est en identifiant et en développant de la bienveillance pour votre propre aspect maniaque, intransigeant ou autoritaire, que vous pourrez l'apprécier chez l'autre. L'effet miroir nous renvoie toujours l'aspect de nous que nous n'avons pas encore rencontré. Ainsi, plus vous aimerez les facettes paradoxales de votre propre personnalité, plus vous pourrez aimer votre entourage.

Déterminer sa forme d'humour

Il existe d'autres moyens pour débusquer la forme que revêt votre ombre. Votre humour, par exemple, est très révélateur de la partie cachée de votre personnalité. Une grande part de l'ombre s'exprime par l'ironie, le sarcasme et le rire caustique. L'humour noir est une façon détournée d'exprimer la partie sombre de soi-même. En ironisant, on n'expose pas clairement le fond de sa pensée à la lumière. L'humour franc, en revanche, vous fait ne pas prendre au sérieux ces types de personnalités qui vous agacent. En ce sens, les stages de clowns sont de grandes thérapies pour découvrir la partie de nous qui nous agace le plus et nous en amuser; elle devient même notre qualité sur la scène. En effet, le clown part toujours de la vérité; comme lui, c'est en mettant en scène nos points faibles, en les grossissant, en les caricaturant, qu'on peut s'en amuser et s'en détacher.

Analyser l'expression artistique

L'art est probablement la manière la plus constructive d'identifier son ombre. En sculptant de la glaise, en peignant, mais aussi en jouant de la musique, en créant un rôle au théâtre, vous exprimerez les aspects les plus sombres de votre répertoire. Certains artistes ont réalisé une œuvre tourmentée, fragile, agressive, alors que, les soirs de vernissage, ils apparaissaient en public avenants et souriants. Leurs productions exprimaient leur partie sombre.

Observer le comportement

Vos gestes transmettent de nombreuses informations. Ainsi, l'agressivité, l'indifférence, le mépris, la jalousie, l'arrogance et la cruauté, bien qu'ils soient évincés de votre vocabulaire conscient, restent décelables dans votre comportement quotidien, dans la gestuelle de vos mains et dans votre regard. Vos mots peuvent exprimer votre lumière, tandis que, simultanément, vos gestes trahissent votre ombre.

Vous lirez intuitivement l'ombre de votre interlocuteur en étant ouvert à la perception de son comportement et à ce qu'il provoque en vous: « Mon interlocuteur fait craquer ses doigts au moment où il me dit qu'il est prêt », « Son regard fuit quand il me donne sa version des faits », « Il éternue quand il me parle de sa mère », « Il renverse son verre d'eau quand je lui propose de vivre avec moi ». Que signifient ces indices ? Comment est-ce que je les ressens dans mon corps ?

Il est possible de comprendre l'autre tant par l'analyse intellectuelle que par ce qui est ressenti. Généralement, ce que nous ressentons nous donne une information que l'analyse confirme. En développant de la douceur pour vos gestes, en développant l'ancrage, une respiration profonde, des gestes lents et profondément harmonieux, vos émotions négatives se dissoudront.

PERCEVOIR L'IMPALPABLE

Si vous souhaitez développer votre observation intuitive, laissez, dans un premier temps, votre esprit d'analyse de côté et concentrez-vous sur ce que vous ressentez. Pour que les informations observées soient exploitables, soyez centré, présent à votre corps et à votre respiration, de façon que l'interprétation ne soit pas parasitée par vos propres émotions. Avec un peu d'entraînement, l'examen du comportement de vos interlocuteurs vous apportera de nombreux repères sur la part d'ombre dont ils ne sont eux-mêmes pas forcément conscients. Cette analyse de l'autre est d'autant plus efficace si vous avez pris le temps de vous familiariser avec vos propres zones d'ombre. C'est parce qu'elle résonne en vous que vous pourrez interpréter justement l'attitude d'un autre. Aussi quand un interlocuteur s'adresse à vous, écoutez ses mots et, dans le même temps, observez son regard, sa respiration, ses gestes et ses mouvements. Écoutez ce que dit son corps. Progressivement, vous découvrirez qu'on ne communique pas ce qu'on dit ; on communique ce qu'on est.

ÉQUILIBRER OMBRE ET LUMIÈRE

Puisque nous générons autant d'ombre que de lumière, évoquons à présent comment nous situer entre les deux.

Le personnage de la scène

Celui qui ne reconnaît que sa partie lumineuse a une vision incomplète de lui-même. Il n'assume pas sa partie sombre, restée en coulisses. Il fait des efforts pour paraître avenant, travaille beaucoup afin que personne n'ait rien à lui reprocher. Comme ses pulsions négatives salissent l'image qu'il a de lui, il les réprime.

Ce personnage est de la famille des perfectionnistes, qui s'appuient sur leur prétendue perfection pour asseoir leur autorité. En quête de lumière, ils passent beaucoup de temps à vanter leurs qualités et à se plaindre de l'incompétence de chacun. Comme ils sont malades à l'idée de voir en face leur fragilité, ils dénigrent leur ombre et la projettent sur l'autre, qu'ils rendent responsable de tout dysfonctionnement.

Au sein du couple également, ce personnage critique son compagnon. Sa communication est structurée autour de la plainte et du reproche : « Tu ne t'occupes jamais de moi », « Tu ne sais même pas faire ceci, tandis que moi, j'y arrive bien », « Tu ne te rends pas compte de la chance que tu as d'être avec moi », « Si tu ne sais pas, demande-le-moi ; moi, je sais », « J'en ai assez d'être le seul à assurer ici ».

Comme nous allons le voir plus loin, ce personnage n'est pas conscient de la part d'ombre qu'il projette sur l'autre. Voyons à présent celui qui, au contraire, ne voit pas sa lumière.

Le personnage des coulisses

Ce personnage manque tellement de confiance en lui qu'il rend l'autre responsable de son bonheur ! Incapable de percevoir sa propre lumière, il se sous-estime en permanence. S'il gagne ou réussit quelque chose, il est persuadé que c'est un coup de chance et que ça ne se reproduira pas. S'il est heureux, il remercie ses proches. En revanche, au moindre nuage, il se sent coupable et s'excuse. Il a une mauvaise image de lui-même. Sa façon d'être et la manière dont il se présente sont marquées par un manque d'estime de soi.

Ce fonctionnement est tout aussi déséquilibré. En accordant une place prédominante à son ombre, ce personnage tolère en effet plus facilement ses attitudes déviantes et justifie ses excès colériques par sa personnalité : « De toute façon, je n'y arriverai jamais », « Tu pourrais m'aider, tu as plus d'imagination que moi », « Si j'avais ton talent, moi aussi, j'essaierais », « C'est normal que j'aie tout gâché, je rate toujours ce que j'entreprends », « Ne m'abandonne pas, sans toi, je ne suis rien ».

Le personnage des coulisses cache un complexe d'infériorité et celui de la scène, un sentiment de supériorité. Cela revient au même : parce que sa peur de lui-même est forte, l'individu, dans les deux cas, éprouve le besoin de se comparer aux autres.

« Reste à mes côtés, tu me fais de l'ombre ! »

Lorsqu'un homme, ou une femme, ignore sa part d'ombre ou sa part de lumière, il cherchera fréquemment un compagnon produisant une luminosité inverse à la sienne.

Ainsi, Léopold, homme de la lumière, avait une très belle image de lui. Avocat d'affaires en pleine ascension professionnelle, il refusait de regarder ses défauts en face et avait besoin d'être en permanence adulé et envié pour que son personnage reste cohérent. Il a été séduit par Nathalie, une femme de l'ombre qui l'admirait beaucoup. Secrétaire médicale âgée de 28 ans, divorcée et élevant seule son garçon de 9 ans, Nathalie vivait son divorce comme un échec. Pour elle, c'était une chance d'avoir rencontré un homme si brillant. Elle était prête à tout pour le garder ! Elle l'enviait, le suivait, cautionnait ses points de vue, supportait ses sautes d'humeur. Cette femme, qui n'avait jamais pris conscience de sa propre intelligence, a été attirée par l'éclat de cet « homme-lumière ».

Au bout de deux ans de relation avec Nathalie, Léopold avait considérablement développé son activité. Il était apprécié et sollicité, multipliant succès et amis. Nathalie, en revanche, périclitait à vue d'œil. Elle est bientôt tombée malade, son activité professionnelle s'est restreinte. Ayant l'impression de ne rien valoir lorsqu'elle se comparait à son mari, elle s'est progressivement démobilisée et s'est détachée de ses activités associatives, culturelles et sportives. La distance entre le personnage de la scène et celui des coulisses s'est accentuée. La femme des coulisses est devenue dépendante de l'homme de la scène. Elle en est venue à incarner l'ombre de l'homme que celui-ci n'avait jamais identifiée. De la même façon, l'homme de la scène dévitalisait sa femme de la puissance qu'elle n'osait plus reconnaître en elle. Quand on demandait à Léopold pourquoi il restait avec Nathalie, il évoquait la compassion, parfois la pitié, et se disait que, sans lui, cette femme n'arriverait à rien.

Si le couple n'est pas conscient de ce phénomène, la communication de l'homme de la scène prendra la forme du jugement et de la critique: « Tu es toujours malade », « J'en ai assez de voir que tu ne fais rien », « Ce n'est pas juste, c'est moi qui gagne tout l'argent du ménage ». En fait, ce qui est juste, c'est que l'homme paie le prix de l'ombre qu'il n'assume pas. La femme, elle, se sent de plus en plus impuissante, dépendante et insignifiante. Elle se sent coupable, sans réaliser que la maladie dont elle souffre relève en fait de l'homme qu'elle aime.

J'ai pris l'exemple d'un homme de la scène et d'une femme des coulisses. Toutefois, les situations de femme de la scène et d'homme des coulisses sont aussi très fréquentes. Pour retrouver l'harmonie, chaque partenaire de ce type de couples devra prendre conscience de la part d'ombre et de lumière qu'il ne reconnaît pas en lui et qu'il projette sur l'autre de façon à se rééquilibrer. C'est le fruit d'un travail sur soi. En l'occurrence, dans cet exemple, lorsque Nathalie a commencé à retrouver estime de soi et confiance en soi, elle s'est épanouie peu à peu et, spontanément, son mari a perdu de sa superbe ; son ombre à lui s'est mise à être plus visible.

Apprivoiser son ombre

L'étape suivante consiste à développer de la bienveillance pour sa lumière, mais aussi pour son ombre. On ne peut en effet transformer que ce que l'on a clairement identifié. Certains ont autant de mal à recevoir les compliments que les critiques. En formulant des phrases comme : « J'aime mon orgueil », « J'ai de la tendresse pour mon avarice », « Je me montre bienveillant envers ma lâcheté », « J'observe ma paresse avec douceur », vous développerez votre empathie envers votre ombre. Il est bon d'alterner avec des recommandations du genre : « J'apprécie ma générosité », « J'ai conscience de ma bonté », « Je me montre bienveillant envers ma tendresse », « Je suis doux avec mon courage », « Mon sens de l'imagination n'en finira pas de me surprendre », « J'ai confiance en ma faculté d'adaptation », etc. Vous trouverez vous-même les phrases qui vous conviennent !

Si vous sentez que l'une de ces phrases est difficile à articuler, c'est probablement que vous venez d'attraper votre personnage des coulisses par la manche. Approchez-le avec bienveillance, de façon à en faire un ami. Dès qu'il se sentira identifié, il se détendra et occupera moins d'espace. Là, tirez-le vraiment par la manche et regardez-le dans les yeux. Vous verrez, c'est une belle rencontre !

Cet exercice peut paraître loufoque : « Comment être bienveillant avec ma lâcheté que je déteste ? » De fait, nous n'aimons que rarement notre lâcheté, notre mesquinerie ou notre cruauté. Notre besoin d'être aimés est cependant tel que nous attendons inconsciemment que l'autre, lui, aime ces caractéristiques en nous. En fait, nous lui demandons de s'aventurer là où nous-mêmes n'osons aller.

Être bienveillant envers son ombre est indispensable pour qui souhaite s'apprivoiser dans sa globalité. Au théâtre, je n'ai jamais pu interpréter un personnage antipathique sans développer au préalable de l'empathie pour lui. J'ai besoin d'aimer les salauds que je joue. Sans cette bienveillance, l'interprétation serait superficielle, mensongère. La première approche de mes rôles sombres est toujours une approche empathique : je regarde ces personnages avec respect, je les apprivoise avec tendresse, même si leur texte les décrit comme méchants, cruels ou idiots.

Être dans l'ombre et dans la lumière, mais de façon simultanée

Quand nous alternons entre des phases d'euphorie et des phases de dépression, c'est que nous n'avons pas assimilé la double polarité des personnages de notre théâtre intérieur. Les personnalités cyclothymiques sont, pour cette raison, difficiles à équilibrer. La médecine a du mal à les soigner, car elles accueillent leur ombre et leur lumière, mais jamais en même temps. Elles jouent un jour le brillant personnage de scène, et le lendemain, le personnage dépressif réfugié dans les coulisses. À chaque nouveau rôle, le précédent disparaît. Elles ne rencontrent jamais leur personnalité profonde, l'acteur en elles qui, comme le fond de l'eau, n'est pas influencé par les vagues de surface.

Lorsque nous accueillons nos polarités, nous développons la conscience que nous avons de notre moi profond et en tirons un grand sentiment de paix.

Ces êtres dont l'ombre nous éclaire

Afin d'enseigner que l'être humain est fait de lumière et d'ombre, certains guides spirituels se sont marginalisés en adoptant avec leurs disciples un comportement totalement paradoxal.

Drukpa Kunley, l'un des saints les plus populaires qui aient vécu au Tibet, est certainement le plus étonnant. L'histoire se déroule voilà quelques siècles. Il errait alors entre le Tibet et le Bhoutan, prodiguant sa bonne parole tel un vagabond. Il urinait aux portes des monastères, dépucelait les vierges et tuait les biches avec son arc. Puis, devant la foule scandalisée, il faisait pleuvoir des fleurs et redonnait vie aux biches alors que les vierges qu'il avait déflorées atteignaient l'éveil. Lorsque le public se prosternait à ses pieds en le reconnaissant comme un saint, il s'en allait en chantant des chansons paillardes ! Plus récemment, Chögyam Trungpa, l'une des grandes figures du bouddhisme tibétain à avoir enseigné en Occident, se tenait loin de tout protocole. Il ne voulait pas que les Occidentaux s'aveuglent en l'idolâtrant. Le maître Deshimaru, qui a importé la doctrine zen en France, buvait des litres de saké avec ses élèves, puis méditait avec eux plusieurs heures durant. Gurdjieff, maître spirituel russe, s'amusait, au cours de la même soirée, à paraître respectueux et délicat à son voisin de droite, et odieux et grossier à son voisin de gauche. Puis il les laissait débattre de leurs jugements contradictoires.

Heureusement, tous les maîtres spirituels ne sont pas aussi provocateurs ! Il est possible de transmettre la lumière sans exposer son ombre, mais ces exemples sont rassurants quant à la possibilité qui nous est donnée de transformer nos démons intérieurs en qualités lumineuses pour que l'ombre et la lumière cohabitent harmonieusement.

SOUS LE FEU DES PROJECTEURS ÉTEINTS

La cohabitation de l'ombre et de la lumière est très présente dans les métiers du cinéma et du théâtre, mais pas toujours de manière consciente ! Les acteurs ont parfois besoin de couleurs tranchantes pour créer les personnages qu'ils interprètent. Tendres à l'écran, tyranniques en privé, hilarants sur scène, tragiques dans la vie... Le succès a fait naître des personnages exubérants, provocateurs et difficiles à cerner tellement leur attitude semble paradoxale. La presse ***people*** entretient le mythe en tentant de décrypter qui sont ou ont été Johnny Hallyday, Marilyn Monroe, François Mitterrand, Serge Gainsbourg, Fernand Raynaud, Bernard Tapie et Michael Jackson. Gêné par tant de paradoxes, le public peine à admettre que ces stars ne sont ni des demi-dieux ni des diables, mais simplement des êtres qui vivent pleinement le paradoxe de leur humanité.

THÉÂTRALISER SON OMBRE

Depuis leur origine, les jours de carnaval sont l'occasion de parodier son ombre, d'afficher sa cruauté, sa folie et son exubérance. Les masques permettent d'exorciser dans la joie l'ombre du personnage. Au Moyen Âge, à l'occasion de cérémonies religieuses, les bouffons accompagnaient les prêtres qui célébraient le culte. Aujourd'hui, les marionnettes des ***Guignols de l'info,*** en France, mettent en lumière l'ombre des paillettes que les personnalités politiques, du ***show-business*** et du sport n'assument pas. Sur le plan social, cette émission joue un véritable rôle de contrepoids et soulage l'inconscient collectif.

Ces circonstances ne sont toutefois pas assez nombreuses à mes yeux pour permettre à tout un chacun de faire connaissance avec les personnages de l'ombre qui sommeillent en lui. Or, c'est parce que nous ne les avons pas identifiés que ces personnages peuvent agir à notre insu ainsi que nous allons le voir dans l'histoire qui suit.

LE PERSONNAGE DE L'AUTOSABOTEUR

Pierre est inscrit au chômage depuis huit mois. Ingénieur brillant, il traverse une période difficile depuis son licenciement. À la rentrée, il décide de « renverser la vapeur ». ***Curriculum vitæ,*** candidatures spontanées, Pierre cible avec soin les entreprises qui recrutent. Parmi elles, la firme Vivardi est, de très loin, celle au sein de laquelle il imagine s'épanouir : entreprise en pleine expansion, proximité du lieu de travail, salaire attrayant, bonne image de marque, avantages secondaires – tout pour lui plaire ! À la suite d'une série de hasards, Pierre retrouve Philippe, un ancien collègue, qui, étonnante coïncidence, est directeur d'usine dans cette firme. Par amitié, Philippe use de son influence afin de lui obtenir un rendez-vous. Le jour venu, le directeur des ressources humaines, le responsable régional et Philippe, qui a vanté les mérites de son ami, attendent le brillant ingénieur. Mais ce jour-là, Pierre ne vient pas, Pierre ne prévient pas, Pierre ne s'excuse pas. La rencontre n'a pas lieu, Philippe est discrédité, le DRH, un rien moqueur, et le responsable régional, vexé d'avoir été dérangé pour rien. Il n'y aura pas de deuxième chance. Pierre, lui, a raté son rendez-vous, car sur son agenda, il avait réservé son jeudi matin, alors que les trois autres l'attendaient le mercredi.

Est-ce vraiment un hasard ?

Un regard en surface pourrait attribuer ce ratage au hasard. Mais une analyse plus complète de la situation nous permet de découvrir le responsable de ce fiasco : l'autosaboteur, un des rôles les plus ambigus de notre théâtre intérieur.

Il faut en effet beaucoup de perspicacité pour découvrir les facettes secrètes de ce rôle surprenant. L'identification d'un tel personnage est généralement difficile, car l'intéressé refuse complètement de penser qu'il abrite un autosaboteur dans son théâtre intérieur. Pour lui, il n'est pas responsable de l'échec. C'est la faute de son agenda, de sa distraction, des autres. Il maintiendra qu'il espérait vraiment ce rendez-vous. Une partie de lui, oui, espérait ce rendez-vous, une autre l'appréhendait tant qu'elle l'a inconsciemment saboté.

En tant que formateur, j'ai souvent observé des participants qui s'inscrivaient sincèrement à l'un de mes stages en communication ; éprouvant des difficultés à communiquer, ils décidaient de se remettre en question et d'affronter un séminaire comportemental qui a la réputation d'être un peu dérangeant. Ces participants prenaient soin de m'appeler au préalable, de me poser maintes questions pratiques et de prendre toutes les précautions possibles pour pouvoir venir au stage. Pourtant, dans ces cas-là, une petite voix intérieure me signalait : « Celui-ci ne viendra pas. » En effet, le jour du stage, toujours sous un excellent prétexte, l'intéressé n'était pas là. Les motifs ? Accident de voiture, panne sur l'autoroute, crise d'asthme… Certaines de ces raisons étaient impressionnantes de vraisemblance : cambriolage durant la nuit, enfant tombé gravement malade, etc. Ces accidents, que je préfère considérer comme des obstacles, avaient réellement eu lieu. Leur authenticité était telle que l'autosaboteur se persuadait qu'il n'y était pour rien !

J'ai assisté à des circonstances où l'autosaboteur reproduisait trois ou quatre fois sa tentative en se réinscrivant à chaque nouvelle session. Pourtant, le matin du stage, une grève des transports ou l'enfant qu'il avait fallu conduire à l'hôpital justifiaient de façon implacable une absence dont il se défendait d'être responsable.

Si l'acteur en nous a du mal à identifier son personnage d'autosaboteur, c'est que ce dernier agit en contradiction avec un autre de ses personnages : l'entrepreneur. Dans le cas de Pierre, par exemple, une partie de lui espérait sincèrement qu'il serait recruté par la firme. En revanche, une autre partie de lui appréhendait tellement de réussir qu'elle préférait qu'il reste au chômage. Ce qui anime l'autosabotage est toujours une blessure ancienne généralement d'abandon, de trahison ou de rejet vécue dans l'enfance. Cette blessure a laissé une mémoire : « De toute façon, je ne suis pas capable ; je ne mérite pas le poste. Le DRH va me recevoir, me faire croire qu'il m'engage pour finalement ne pas me prendre et engager quelqu'un d'autre ; je connais ce processus qui se reproduit toujours dans mon histoire. Pour éviter de le reproduire, je préfère encore ne pas me rendre au RV. » Voilà sensiblement la pensée du saboteur. Bien sûr, cette pensée est inconsciente. Et il faut beaucoup d'honnêteté pour le reconnaître. Si ce personnage se présente à vous, ne vous identifiez pas à lui. Vous n'êtes pas l'autosaboteur. Vous êtes l'acteur. L'autosaboteur est l'un des personnages animés par une blessure ancienne, mais il n'est pas vous. Ce recul suffit généralement à ne pas s'identifier au processus de l'autosabotage, mais à le reconnaître et à le débusquer.

Comme l'autosaboteur est un personnage complémentaire, il faut beaucoup d'honnêteté pour le reconnaître. À un participant qui, trois fois de suite, avait inconsciemment inventé toutes sortes de stratagèmes pour éviter le stage, j'avais posé la question : « Est-ce qu'une partie de vous appréhenderait de faire ce travail ? » Le stagiaire m'avait répondu par l'affirmative. La seconde question avait été : « Bien ! Imaginons que le personnage de l'autosaboteur existe en vous et que ce soit lui qui refuse de s'inscrire ; à votre avis, quel prétexte inventera-t-il pour ne pas venir la prochaine fois ? » En effectuant une introspection sincère, le stagiaire a reconnu qu'une partie de lui était « morte de trouille » à l'idée de suivre ce stage auquel il s'était pourtant inscrit, et qu'une prochaine fois, il se voyait bien tomber dans un escalier... Le personnage de l'autosaboteur étant débusqué, notre homme a pu venir sans encombre à la session suivante...

J'ai été témoin de nombreuses autres situations d'autosabotage surprenantes. Véronique et Rémi, par exemple, s'étaient vu offrir un safari en Afrique pour leur voyage de noces, safari qu'ils n'avaient pas réellement choisi. En arrivant à l'aéroport, ils ont réalisé que l'indication « Jeudi 00 h 30 », inscrite sur leurs billets, impliquait d'être sur place le mercredi soir ! L'avion était parti, les billets étaient non remboursables, le voyage était finalement perdu. Pourtant, Véronique et Rémi étaient loin d'être idiots et prenaient habituellement l'avion sans problème.

Dans une autre situation, Caroline devait subir une opération qu'elle appréhendait : soigner une myopie au laser. Le rendez-vous avait été pris quatre mois à l'avance. Caroline habitait Saint-Rémy-de-Provence, dans le sud de la France, et l'opération avait lieu à Paris. Toutefois, elle n'a pas pu quitter son village : la batterie de sa voiture était à plat parce qu'elle avait malencontreusement laissé les phares allumés toute la nuit. Pas de nouveau rendez-vous possible avant trois mois, Caroline a abandonné le projet de se faire opérer. Sylvie, elle, était sur le point de quitter, à regret, l'appartement qu'elle habitait à Paris pour aller s'installer à Cherbourg, mais elle était tellement attachée à sa ville natale qu'elle a posté son préavis à une mauvaise adresse. La lettre n'est jamais arrivée et Sylvie a gardé trois mois de plus son appartement parisien.

Le personnage de l'autosaboteur peut également faire des siennes dans la vie amoureuse. Dans ce cas, des programmes préétablis du type « Je sais que ce type va encore me draguer, abuser de moi et me plaquer», «C'est toujours comme ça avec les hommes, inutile que je me rende à ce rendez-vous», ou «Inutile que je mette de l'énergie à croire en cette histoire, elle ne mènera nulle part, de toute façon», viennent contrecarrer tout essai. Avant même qu'un premier pas soit posé dans l'aventure amoureuse, l'autosaboteur a posé les marques de son sabotage.

Bienvenue cher saboteur!

J'insiste sur le fait que, dans chacune de ces situations, l'acteur était sincère. Véronique et Rémi s'étaient vraiment préparés pour partir en Afrique, Caroline voulait se faire opérer, Sylvie avait choisi Cherbourg. En revanche, dans la complexité de leur théâtre intérieur, le personnage de l'autosaboteur, partie inconsciente de la personnalité, refusait le projet: Véronique et Rémi avaient peur de se rendre en Afrique, Caroline craignait l'opération, Sylvie était attachée à Paris.

Dans ces situations, une double attraction opère: une partie de nous, consciente, veut réellement construire le projet (le personnage de l'entrepreneur), une autre partie, inconsciente, le refuse (le personnage du saboteur). Contrairement à ce que l'on peut imaginer, l'autosaboteur n'agit pas parce qu'il redoute l'échec, mais parce qu'il craint la réussite. Il freine notre puissance, tant sur le plan amoureux que sur les plans professionnel et social. La parade pour apprivoiser ce personnage consiste, comme pour la majorité des rôles de l'ombre, à l'accueillir. Une fois identifié, notre personnage équivoque perd son pouvoir d'action.

POUR LE MEILLEUR ET POUR LE PIRE

Freud arrivait à la conclusion que notre être est tiraillé par deux élans contradictoires: Éros, la pulsion de vie, et Thanatos, la pulsion de mort. Ces deux tendances s'opposent en permanence.

Puisque notre personnalité est composée d'ombre et de lumière, il est fréquent que lorsqu'un événement s'annonce bien, nous mettions inconsciemment tout en œuvre pour le saboter (Thanatos). Nous inventons des manœuvres d'évitement par peur de notre puissance. Le même paradoxe veut que certaines circonstances dramatiques ou morbides inspirent souvent l'élan du renouveau (Éros). Par exemple, les grèves de transport, les accidents et les obstacles de toutes sortes créent souvent un élan de sympathie et de solidarité entre les usagers, inconnus auparavant. Dans ces circonstances, c'est l'accident, la panne ou la maladie qui provoque la rencontre, la prise de conscience, l'élan créateur.

Le syndrome de Brocéliande

La pensée du divorce taraude souvent les jeunes mariés alors même qu'ils se passent les alliances. L'idée de la mort trouble beaucoup de parents qui viennent de donner la vie. La fragilité d'une pièce de cristal éveille notre envie de la briser sur le carrelage. Nous souhaitons le bien d'une personne et, au même instant, nous pouvons nous réjouir de sa souffrance. Ces pensées sont généralement inconscientes et nous ne les identifions pas systématiquement. Lorsqu'une personne un peu distraite marche et se cogne contre une baie vitrée, nous pouvons ressentir à la même seconde de l'amusement et de la compassion, de la pitié et de la cruauté.

Il y a quelques années, un ami est décédé des suites d'une maladie et nous avons, avec quatre proches, accompli son dernier souhait : disperser ses cendres dans la forêt de Brocéliande. J'étais heureux d'honorer ses dernières volontés. En même temps, l'aspect grave de la situation m'inspirait des pensées sacrilèges. Je regardais l'urne remise par l'employé des pompes funèbres comme un objet précieux, tout en y voyant un ustensile ridicule dont je voulais me débarrasser au plus vite. Je sentais en moi l'envie simultanée de respecter la mémoire de mon ami et celle de la profaner. Un prêtre avec qui j'ai partagé cette anecdote m'a fait observer que chacun connaît l'attirance de souiller la toile blanche ou de détruire ce qui est particulièrement fragile. Cet homme d'Église était lui-même harcelé par des pensées blasphématoires lorsqu'il officiait pour des cérémonies sacrées. Le sacré prend sa source dans le sacrilège, comme le sacrilège prend sa source dans le sacré…

Notre morale juge ces pensées inavouables au point de nous les interdire. Censure qui crée l'effet inverse de celui recherché : ces interdits prennent tout l'espace mental et deviennent des obsessions. L'amour génère de la haine, la haine génère de l'amour, car le concave génère le convexe comme le convexe génère le concave. Sur une pièce de monnaie, il est impossible d'isoler une face de la face opposée.

De la joie dans la tristesse

Dans de nombreuses traditions, en Afrique, en Indonésie, en Louisiane, les enterrements sont le théâtre de rires et de danses. Les musiciens qui suivent les processions chantent leur joie en accompagnant les défunts. Chaque émotion est célébrée : d'abord le chagrin, puis la révolte, le sentiment d'abandon et enfin la joie. Ce genre de cérémonie, même s'il nous semble décalé, permet d'exprimer toutes les émotions mises en jeu ; ce faisant, il ouvre la voie au deuil.

Chez nous, les danses et les rires sont censurés au moment du deuil, car nous craignons qu'ils soient perçus comme une marque d'irrespect envers le défunt. Il est également d'usage de cacher ses pleurs derrière des lunettes noires. Pourtant, si nous étions davantage réceptifs, nous pourrions identifier d'autres émotions que le chagrin ou la tristesse. Un deuil peut raviver de la colère, de la révolte, voire des désirs de violence. Un deuil peut faire revivre un sentiment d'injustice, une peur de l'abandon, comme il peut aussi procurer du soulagement et de la joie. On peut être triste qu'un ami disparaisse et, en même temps, soulagé de ne plus souffrir avec lui d'une relation qui était douloureuse. Ce n'est pas incompatible.

Ces sentiments ne sont pas contradictoires mais paradoxaux. On peut accueillir le chagrin sans fermer la porte à la joie. Un jeune enfant est empli de désespoir au moment où sa mère le quitte et, dans la seconde qui suit, totalement émerveillé parce qu'il découvre un rayon de soleil se posant sur son oreiller.

« Je te hais, mon amour »

Il en est de même dans nos relations amoureuses. Certains hommes et femmes ressentent, en faisant l'amour, l'ambiguïté du désir : envie de faire du bien et envie de faire du mal. L'énergie sexuelle étant la plus intense de nos énergies vitales, sous son influence, le contraste entre notre ombre et notre lumière est à son paroxysme. Ce contraste peut se traduire par une envie de dominer son partenaire et d'être dominé par lui. Les pulsions sexuelles réveillent fréquemment de la violence, de la colère et tous les fantasmes qui en découlent.

Même si elles restent à l'état de fantasmes ou de pensées obsessionnelles, lorsque les pulsions surprennent les amants dans leurs ébats, chacun se demande si son désir est normal, s'il n'est pas pervers ! La sexualité libère, mais elle engendre aussi beaucoup de culpabilité. Le fantasme est jugé. On oppose l'énergie du désir (« Je ressens un désir fougueux ») à un jugement moral (« Est-il sexuellement correct de mordre mon mari / ma femme ? »). Plusieurs hésitent à en parler, à partager ce questionnement avec leur partenaire. Or, plus que les pulsions elles-mêmes, c'est le jugement que nous y associons, « C'est bien » ou « C'est mal », qui pollue la relation.

Les fantasmes occupent tout l'espace mental lorsqu'ils sont refoulés. Ils engendrent alors frustration et culpabilité. Il est fréquent qu'un conjoint préfère se couper de l'autre plutôt que de reconnaître qu'il ressent de la colère envers lui.

L'ATTIRANCE POUR L'INACCESSIBLE

Plutôt que d'assumer leurs paradoxes au sein du couple, beaucoup d'hommes et de femmes préfèrent mener une double vie, accentuant – notamment en ayant des relations extraconjugales – le contraste entre ce qui est permis et raisonnable, et ce qui est attirant et interdit. Une meilleure communication et un regard plus ouvert permettraient de rendre le couple plus solide et de renforcer l'expérience amoureuse dans sa complexité.

Nommer avec lucidité les émotions qui nous traversent leur fait perdre leur pouvoir. Dire, par exemple, à une personne que l'on aime : « Lorsque je t'entends prononcer cette phrase, je ressens beaucoup de haine », ou « J'ai peur de te perdre et cette peur ravive ma rage », c'est lui montrer que l'on est conscient tant de sa propre haine que de son amour. La lucidité illumine le sentiment amoureux.

Une relation amoureuse peut accueillir toutes les émotions qu'elle génère : le désir, la passion, mais aussi la violence, la peur et le chagrin. Le couple est un terrain d'expérimentation extraordinaire pour mieux se comprendre et mieux se connaître. Il n'y a pas d'expérience que le couple ne puisse tenter et transformer en amour. Mais pour que les expériences nourrissent le couple, elles doivent s'appuyer sur la conscience, la parole et le respect de chacun :

- la conscience, pour ne pas se noyer dans sa propre impulsion en oubliant l'autre ;
- la parole, pour partager l'enseignement reçu ;
- le respect, qui est une incarnation concrète de l'amour.

Chaque fois que nous laissons en coulisses nos émotions, nos sentiments, nos pulsions, sous prétexte que nous les jugeons inconvenants, nous nous coupons de la partie la plus fertile de nous et ne vivons que la moitié de notre existence. Au contraire, chaque fois que nous reconnaissons en nous une faiblesse, une faille, une déficience, c'est de notre puissance que nous nous rapprochons.

La dimension lumineuse de notre personnalité, comme la fleur de lotus, plonge ses racines dans la vase pour offrir à la lumière notre plus beau visage.

CHAPITRE 4

CONSTRUIRE SON RÔLE PRINCIPAL

Voyons à présent de quoi est constitué notre personnage principal, celui qui monte sur scène lorsque nous disons « Je », « Moi ». Voyons comment s'est solidement construit celui que nous prenons pour nous. Toute la journée, nous répétons « Je sais », « Je ne suis pas d'accord », « Je sens bien que », « Je suis », « Je voudrais ». Nous tentons de nous définir à partir de nos opinions, de nos valeurs et de nos idées. Nous affirmons notre identité lorsque nous évoquons notre famille, notre nationalité, notre patrie, notre religion, nos opinions, nos émotions, notre passé, nos habitudes, bref notre vie… Pourtant, toutes ces définitions ne nous rapprochent pas de notre être profond, et nous passons souvent une part importante de notre existence à chercher qui nous sommes vraiment.

NOUS NE SOMMES PAS CELUI OU CELLE QUE NOUS CROYONS ÊTRE

Dès que nous participons à un dîner, à une soirée ou à une réunion, on nous pose la même question : « Et toi, qui es-tu ? » Pour répondre, nous avons pris l'habitude de nous définir à partir de certains éléments :

- nos qualités : « Je suis un original », « Je suis un battant », « Je suis une personne fidèle », « Je suis un intellectuel » ;
- notre fratrie : « Je suis le fils de… », « Je suis la sœur de… » ;
- notre profession : « Je suis docteur », « Je suis étudiante », « Je suis instituteur » ;

- nos origines : « Je suis québécoise », « Je suis un Marseillais », « Je suis un authentique Parisien », « Je suis d'origine rurale » ;
- quelques symboles : « Je suis un idéaliste cartésien », « Je suis une écolo des temps modernes », « Je suis un libertin audacieux », « Je suis un ***self-made-man*** », « Je suis une marginale révoltée ».

Ces façons de nous présenter sont autant de facettes qui composent notre image. C'est cette image de nous que nous projetons et à laquelle nous cherchons à ressembler. Ce personnage figé nous emprisonne et nous empêche de faire l'expérience de la vie qui, elle, est perpétuellement en mouvement.

Notre rôle nous est distribué dès l'enfance. Notre prénom, déjà, en dit beaucoup sur les attentes de nos parents : Victoire, Clémence, Joseph, Alexandre, Johnny, Claire, symbolisent tant d'espoirs particuliers. Comme le fait le metteur en scène qui présente son rôle à l'acteur au début des répétitions, nos parents ont projeté sur l'acteur que nous sommes une partie de leurs propres attentes : « Tu es le joyau de la famille », « Tu es un artiste », « Tu es la plus belle de ta classe ! », « Tu es fait pour diriger ! » Mais aussi : « Tu n'es pas patient », « Tu es têtue », « Tu es maladroit », « Tu es un garçon manqué », « Tu es un bon à rien », « Tu es le portrait craché de ta maman ». Ou encore : « Tu ne réussiras jamais dans la vie », « Tu es comme ton père », « Tu seras toujours distraite ».

Ces propos agissent comme des prédictions autosuggestives. Chaque nouvelle image crée une nouvelle croyance qui influence à son tour nos actions : « Il faut que je fasse attention, je ne dois pas oublier que je suis maladroit. » Chaque échec renforce cette croyance : « Décidément, ma mère avait raison, je suis bien maladroit ! » Les paroles ont aussi souvent des répercussions catastrophiques, notamment en matière de sexualité. Régine, à qui sa mère avait fait remarquer que sortir à 17 ans avec un garçon, c'était décidément être une « fille facile », avait gardé cette image d'elle comme une tache sur sa virginité. Plus tard, dès qu'un prétendant l'abordait, elle cédait à ses avances sans même écouter ses propres envies, persuadée que « de toute façon, une "fille facile" ne sait pas refuser ».

Par rapport à ces croyances, l'hypnose et d'autres formes de thérapies offrent diverses possibilités :

- revenir à la source des pensées qui nous limitent : « Je me perçois comme maladroit car ma mère me disait toujours que je l'étais » ;
- les inclure dans le présent : « Je suis tombé trois fois hier, et j'en conclus que je suis maladroit aujourd'hui ! » ;
- les examiner à la lumière d'arguments objectifs : « Je suis tombé trois fois, oui, mais je suis resté stable les vingt autres fois. »

Il s'agit ensuite de programmer des croyances positives : « Je me concentre sur l'attitude qui m'a permis de rester stable les vingt fois où je ne suis pas tombé. »

Cette forme de thérapie donne de bons résultats dans des domaines très variés. Notons que Milton Erickson, le fondateur d'une approche thérapeutique basée sur l'hypnose, a rendu cette technique célèbre en se soignant lui-même de la polio. Il est possible aussi d'effectuer d'autres rituels d'inspiration chamanique pour se débarrasser de ces croyances. Par exemple, vous pouvez écrire sur une pierre les phrases qui vous ont encombré, puis offrir ces phrases limitantes au lit d'un torrent en affirmant qu'elles ne vous appartiennent plus. Vous pouvez également les noter sur une feuille de papier et les brûler en remerciant le feu d'effacer ces définitions limitantes.

Nos premiers personnages

Comme les enfants sont très motivés par l'envie de plaire à leurs parents, ils font beaucoup d'efforts pour ressembler à l'archétype qui leur permettra de garder leur place dans la famille, puis dans le groupe social. S'il veut obtenir les faveurs de sa mère, l'enfant devra se transformer en chérubin souriant qui fait son lit, et bien finir son assiette. Si, en revanche, il veut intégrer une bande, il jouera au caïd.

Dans les cours de récréation, les modes en vigueur servent de critères pour « rentrer dans la communauté ». Ici, le jeune doit porter un jean ultra-large, serrer la main de son camarade en tapant deux fois ses paumes, apprécier telle musique, sans quoi il est traité de « bébé », de « ringard », de « gadjo » (terme qu'utilisent les Tziganes et les gens du voyage pour désigner ceux qui ne font pas partie de la famille) ! Le jeune n'est accepté comme individualité que lorsque son personnage ressemble au modèle qui lui est proposé par le groupe.

Au théâtre, l'acteur se démaquille après la représentation pour effacer les traces de son rôle, mais, dans la vie, cette image nous colle à la peau.

Une image de soi façonnée par le passé

Chacun de nous a développé, depuis l'enfance, une image de lui-même, un « personnage » ou parfois plusieurs qui cohabitent plus ou moins bien. En fonction de ce personnage, nous réagissons à nos expériences avec adresse ou maladresse, nous nous attribuons des qualités, des défauts, des capacités et des limites. Ces représentations mentales se sont accumulées dans notre esprit.

Lorsque les participants aux séminaires que j'anime se présentent les uns aux autres, ils se définissent en fonction du personnage qu'ils croient incarner : « Je suis fidèle », « Je suis quelqu'un d'ouvert », « Je suis une personne tolérante », « Je suis un timide », « Je suis très observatrice », « Je suis un homme courageux », « Je suis franche ». À la lumière des premiers exercices, il est fréquent que le participant qui s'est présenté comme honnête soit le dernier à répondre clairement à une question le concernant... Récemment, un stagiaire se lamentait de son manque de courage. Pourtant, il était le premier à se lever dès qu'un exercice difficile était proposé. Ce n'était pas de son manque de courage qu'il était prisonnier, mais d'une image intériorisée de lâche qui le suivait depuis trop longtemps.

« Vous êtes auteur ? »

Récemment, un voisin s'est montré curieux de savoir quelle profession j'exerce. Comme je travaillais à l'écriture de ce livre, j'ai répondu naturellement : « En ce moment, j'écris. » Du tac au tac, il a repris : « Vous êtes auteur ? C'est la première fois que j'en rencontre un ! » De fait, le métier de l'autre est source de curiosité, surtout au cours des premières rencontres. Connaître l'activité professionnelle de notre interlocuteur nous donne des repères, des références. Cela nous permet de mieux identifier son personnage : « C'est un intellectuel », « Elle est plutôt manuelle », « Il doit bien gagner sa vie », « Elle doit avoir de l'influence ». Ces repères sont instantanément associés à une échelle de valeurs : « C'est une personne que je gagnerais à fréquenter ou… à éviter ! » Un grand nombre d'a priori nous colle à la peau dès lors que nous nous présentons à partir de notre profession, et en fonction des lieux où nous nous rendons, nous ne serons pas accueillis de la même façon si nous nous présentons comme un inspecteur des impôts ou comme un comédien, une chirurgienne, un gardien de la paix, un garagiste, un chômeur ou une attachée parlementaire.

Dans les métiers du cinéma, le fait de se présenter comme un acteur amène fréquemment cette question : « Et vous jouez dans quoi en ce moment ? » Comme les périodes d'activité sont par nature intermittentes, un artiste reste fréquemment plusieurs mois entre deux engagements. Est-il toujours artiste durant ces périodes intermédiaires ? Et s'il travaille dans un restaurant pendant ce temps ? Est-il serveur ou acteur ?

Lorsque nous nous identifions aux professions que nous exerçons, nous nous éloignons de ce que nous sommes réellement. Nous nous limitons à une image composée d'idées toutes faites : « Le comédien est une personne qui communique facilement », « Le charcutier est un bon vivant », « L'assureur est prévoyant », « L'auteur est imaginatif », « Le notaire est une personne fiable », « On peut avoir confiance en son médecin », « L'homme politique connaît la situation ». Ces idées reçues collent à la peau du personnage que nous nous efforçons d'être et limitent nos choix.

Les images qui définissent notre personnage sont issues également de nos activités régulières, de nos façons d'être, de notre statut familial ou social, etc. : « Il est communiste », « Elle est artiste », « Il est sportif », « Elle est australienne », « Il est bi », « Elle est bouddhiste », « Il est séropositif », « Elle est footballeuse », « Il est parisien », « Elle est fille d'ouvriers ». Souvent, dans les dîners, on est sûr qu'en présentant l'un à l'autre deux bouddhistes, deux végétariens ou deux dentistes, ils vont forcément avoir des choses à se dire ! Chacune de ces images peut provoquer trois réactions : attirance, répulsion ou neutralité. Cette réaction, une fois exprimée, se fige dans ce qui devient un jugement.

En fait, l'image est figée, mais l'expérience, elle, est toujours en mouvement. Ainsi, des managers jouent-ils le rôle de managers : au restaurant, ils dressent machinalement le plan de table, même s'ils n'en ont pas envie. Des banquiers interprètent le rôle du banquier en adoptant en toutes circonstances un ton feutré et confidentiel. Des commerciaux jouent le rôle du commercial et des patrons, celui du patron ! L'acteur lui-même, lorsqu'il s'endort dans son costume, finit par rêver qu'il devient son personnage... Il n'y aurait pas de confusion si chacun jouait son rôle comme au théâtre et enlevait de temps en temps son masque pour faire un clin d'œil à son partenaire !

JOUEZ LES YEUX OUVERTS !

Dans certaines circonstances, jouer consciemment notre rôle enrichit notre personnage. Nous apprenons beaucoup sur nous-mêmes en entrant dans un univers qui ne nous est pas familier. Ainsi, en vous efforçant de vous détendre dans le salon raffiné d'un château, vous ne faites pas que découvrir le faste des bâtiments, vous accédez à votre propre raffinement intérieur.

Certains clients, habitués des hôtels de luxe, sont tellement coutumiers du cérémonial en vigueur dans ces endroits qu'ils n'apprécient plus la simplicité d'un petit restaurant. C'est de leur propre superficialité qu'ils sont alors prisonniers. De même, les clients qui ne fréquentent pas les établissements haut de gamme leur reprochent souvent de n'être que dans l'apparence. Plus grande sera votre ouverture, plus vous pourrez vous sentir à l'aise dans un univers ou un autre.

En revanche, chaque fois que nous refusons de jouer un rôle sous prétexte qu'il ne correspond pas à notre milieu, à nos origines, à nos idées ou à notre culture, nous nous privons d'une expérience vivante et nous nous coupons d'une partie de nous-mêmes.

LES FAIBLESSES DU PERSONNAGE FONT LA FORCE DE L'ACTEUR

Notre personnage s'enrichit de ce qui ne lui est pas familier, mais également lorsqu'il accueille avec bienveillance ce qu'il considère comme une faiblesse. Par exemple, j'ai arrêté l'école à 16 ans. Autodidacte de nature, j'ai toujours appris sur le terrain. On pourrait penser qu'un diplôme de psychologie ou de management manquerait à mon parcours, mais comme je l'assume totalement, l'absence d'études devient même un atout, crée une sympathie si j'attire à moi des profils qui se reconnaissent dans mon parcours. Plus vous êtes authentique et assumez ce que vous êtes, plus vous attirez à vous les bonnes personnes. Ce qui nous handicape, c'est ce que nous n'assumons pas : les périodes de notre histoire personnelle que nous refusons de reconnaître. Ainsi, certains candidats modifient les dates de leur histoire, rougissent d'avoir un « trou » dans leur CV parce qu'ils ont vécu dans un ashram, élevé un enfant ou entrepris un voyage ! Ils voient dans cette période leur talon d'Achille. Ce qui nous affaiblit, c'est ce que nous considérons comme des échecs. Or les échecs n'existent pas. N'existent que des épreuves dont nous n'avons pas compris le sens profond. Lorsque nous refusons un seul de nos personnages intérieurs, nous n'accédons pas à la puissance de notre rôle.

J'ai accompagné une femme qui se préparait à être opérée d'un cancer du sein. Tout était programmé avec le chirurgien. Elle voulait par ailleurs acquérir des techniques de communication pour continuer à sembler dynamique et positive, que son expression, son visage et son corps ne trahissent rien de cette si douloureuse opération. De toute cette épreuve, elle n'avait parlé à personne. Ni à sa famille, ni à ses amis, ni à ses collègues. Elle se serait bien passée d'en parler à son compagnon s'il n'y avait eu cette fichue prothèse ! Cette femme menait une double vie. Elle interprétait deux personnages qui ne se rencontraient jamais – et pour cause : ils étaient incompatibles à ses yeux ! – soit l'agente commerciale efficace et la cancéreuse, avec toute l'irréversibilité qu'elle attribuait à ce dernier rôle, tragique. Ce qu'elle me demandait, c'était de l'aider à se construire un masque imperméable de façon à souffrir à l'abri des regards.

Nous avons beaucoup parlé ensemble, notamment de toutes les parties d'elle-même que cette femme laissait dans l'ombre depuis des années. Nous avons évoqué le rapport qu'elle entretenait avec son corps, le sein étant tout de même un symbole essentiel de l'identité féminine. Au fil des séances, elle a appris à vivre avec son nouveau personnage, un personnage plus vulnérable, plus humain. Plutôt que de cacher sa maladie, elle a décidé, au bout de quelques mois, d'en parler. Progressivement, en acceptant sa faiblesse, elle a gagné beaucoup de force. Dès lors, toute l'énergie qu'elle consacrait à maquiller et à éviter a pu être consacrée à l'essentiel : la vérité.

Aujourd'hui, je prépare de nombreux chercheurs d'emploi à leur entretien d'embauche. J'encourage chacun à s'accueillir dans sa globalité, à ne pas dissimuler une partie de lui-même, à être bienveillant tant vis-à-vis de ses atouts que vis-à-vis de ses faiblesses. Cette attitude apaise et renforce.

ÊTRE ET AGIR

Dès les premières années de sa vie, l'enfant cherche à savoir qui il est. Il réunit des informations à partir de ce qu'il entend et les assemble comme on le fait des pièces d'un puzzle : « Tu es un enfant timide », « Tu seras toujours distraite », « Tu n'es pas un perfectionniste », « Tu resteras un rêveur », « Tu es un héros », « Tu es la plus belle des petites filles ». Quand ce n'est pas : « Tu ne sais pas t'intéresser », « Tu as le mensonge dans la peau », « Tu n'arriveras jamais à rien », « Tu finiras à la rue ! » Ces petites phrases concernent un acte donné à un instant précis, mais, par manque de discernement, l'enfant s'y identifie. Beaucoup d'adultes se perçoivent à partir des définitions limitatives dont ils ont été l'objet par le passé, que ce soit durant quelques minutes ou pendant plusieurs années : « Je suis un perfectionniste », « Je suis une vraie championne », « Je suis un nul », « Je suis romantique », « Je suis un casse-cou ».

Les enfants se construisent mieux si les parents ne les identifient pas à leurs actes. Un acte doit être dissocié de celui qui le réalise. Un enfant qui entend pour la dixième fois « Tu n'es vraiment pas doué pour prendre des initiatives » risque fort de ne plus jamais oser en prendre ! De la même façon, un enfant qui a entendu durant toute sa scolarité « Tu es vraiment le meilleur » ne comprendra plus lorsqu'il trouvera plus fort que lui. Il ne s'agit pas de mentir ni d'attribuer à l'enfant des aptitudes qui ne se sont pas encore révélées, mais d'éviter d'octroyer des qualités permanentes à des comportements ponctuels. Le fait de dire à un enfant « Ton geste a été maladroit » et non pas « Tu es maladroit » aura une influence bien plus positive, car cela lui laisse la possibilité de s'améliorer en n'identifiant pas tout son personnage à une action momentanée. Les phrases définitives dévalorisent l'enfant dans sa personne ; elles fragilisent sa confiance en lui et l'estime qu'il se porte.

Reconstruire un personnage familier

Lorsque l'estime de soi a été blessée au cours de l'enfance, l'adulte peut se réapproprier tant les qualités qui sont restées fragiles en lui que celles qui lui font défaut. La rencontre avec les « archétypes » le permet. En effet, nous pouvons, grâce à des archétypes, nous réapproprier notre puissance, notre sens de l'observation, notre créativité, notre humour, notre spontanéité et notre audace. La rencontre de chacun de nous avec les archétypes est aussi naturelle que la rencontre du comédien avec son rôle. Dans un premier temps, l'acteur prend contact avec le personnage, l'identifie, puis l'explore dans sa profondeur. Enfin, il l'incarne totalement, par le mouvement et la pensée. Très vite, il devient le personnage. Rapidement, l'acteur en connexion avec son personnage ressent spontanément des sentiments qui lui étaient étrangers. Il peut ainsi ressentir la bravoure, le courage et la détermination en jouant des rôles de héros de tragédie. Souvent, ces sentiments perdurent dans la personnalité de l'acteur même une fois la pièce terminée. Après avoir joué une pièce pendant plusieurs mois, l'acteur prend conscience que la source du personnage qu'il interprète ne lui est pas extérieure et que c'est bien en lui qu'il a puisé la puissance qui anime le rôle. Il ne joue plus à être, il ***est*** le personnage.

Mettre à profit l'influence de vrais héros

Les archétypes agissent sur l'esprit comme des modèles. Il peut s'agir d'êtres de lumière : Jésus-Christ, le Bouddha, Krishna ; de divinités de l'Antiquité : Apollon, Dionysos, Athéna, Aphrodite, Mercure, Vénus ; d'anges, de guides spirituels ou d'archétypes universels : le sage, le roi, le fou divin, l'ermite, le solitaire ; de personnages de théâtre : Don Juan, Sganarelle, Hamlet, Juliette, Elvire ; de grands personnages du XXe siècle : l'abbé Pierre, Martin Luther King, Gandhi ; de héros de films ou de romans et d'acteurs. Carl Jung a défini certains archétypes dans ses travaux : notamment la mère, l'ombre, la *persona*, l'*anima* et l'*animus*, l'enfant-roi, l'hermaphrodite et l'homme primordial. Des vedettes de la télévision, des amis, des voisins, peu importe, incarnent également des archétypes. Chez les Amérindiens, chez les Celtes et dans beaucoup de traditions chamaniques, l'homme s'associe à un animal totem ou à un animal de pouvoir. En partant à sa rencontre, il finit par développer lui-même le courage, la force, la malice, la persévérance et la rapidité.

Vous reconnaîtrez votre archétype lorsque, en entendant une anecdote le concernant, vous vous sentirez ému. Vous pourrez alors être sûr du lien qui vous unit à lui. Vous ressentirez avec lui un sentiment de proximité, comme si vous retrouviez un ami intime. L'histoire de votre archétype résonnera avec votre propre histoire. Ses mots vous toucheront et vous souhaiterez vous les approprier. Vous voudrez lui ressembler, mieux, profiter de son influence. La fusion avec son archétype est réalisable puisque, avant d'être des entités séparées, les archétypes sont des énergies et appartiennent au cosmos. En ce sens, vous pouvez bénéficier de leur influence aussi naturellement que vous jouissez de la chaleur du soleil ou du réconfort d'une chanson.

Nous subissons toute la journée l'influence de quantités d'êtres, dont la probité et la vertu ne sont pas toujours exemplaires ! Animateurs de télévision, personnes politiques, acteurs de cinéma, chanteurs, amis, ces modèles nous inspirent, que nous en soyons conscients ou non. Chaque livre, chaque musique, chaque film, chaque émission de télévision porte une énergie particulière. Dans les émissions télévisées, un même sujet peut être abordé avec l'intention d'informer honnêtement dans le but d'aider le téléspectateur à faire sa propre opinion ou, au contraire, de façon à transmettre une grande charge émotionnelle afin de le manipuler dans le sens d'une pensée unique.

Vous apprendrez, en étant attentif à ce que vous ressentez, à distinguer les influences qui vous apaisent, celles qui vous nourrissent et celles qui vous dévitalisent.

Choisir son personnage parmi les meilleurs !

Si vous avez l'habitude de méditer, les archétypes seront un bon soutien. Si vous n'avez pas cette habitude, contentez-vous de vous asseoir et concentrez-vous sur un archétype particulier en fonction de la qualité que vous souhaitez développer en vous. Ce peut être le courage, l'authenticité, la générosité ou la clarté, par exemple.

Des visualisations très complexes sont décrites dans les textes anciens de toutes les traditions. Elles agissent comme soutien à la méditation et nous aident à développer nos qualités. Ces techniques de visualisation sont aujourd'hui utilisées en Occident dans de nombreuses méthodes et thérapies, depuis la méthode Coué jusqu'à l'hypnose. Elles nous permettent de modifier notre regard sur nous-mêmes et sur les croyances qui nous limitent. Plusieurs personnes s'entraînent quotidiennement à l'aide de ces techniques, notamment les lamas tibétains, les maîtres indiens, les chamanes, les Amérindiens, les pratiquants de nombreuses traditions ainsi que des thérapeutes, des enseignants, des entraîneurs et des formateurs. Elles constituent une voie essentielle de transformation. C'est par un entraînement quotidien à cette transformation intérieure que vous développerez votre puissance, votre bonté et votre ouverture, de même que vos capacités à soigner, à créer et à rompre avec vos dépendances.

UNE TECHNIQUE SIMPLE

Pour recevoir l'influence directe de vos archétypes, installez-vous dans un endroit calme et laissez votre esprit s'apaiser. Pour jouir d'une faculté particulière, trouvez l'archétype qui la symbolise le mieux à vos yeux. Assimilez ensuite totalement l'archétype choisi à cette qualité. Ainsi, pour vous, Martin Luther King peut incarner le courage ; le Mahatma Gandhi, l'intégrité ; le Bouddha, la générosité ; mère Teresa, la clarté ; David Douillet, la force ; Churchill, la réussite. Visualisez cet archétype comme s'il se trouvait au-dessus de vous, dans un corps non pas de chair mais de lumière. Demeurez quelques minutes en contact avec cette image. Puis, laissez l'énergie de cette image se fondre en vous, inonder votre être. Demeurez quelques instants nourri par cette nouvelle qualité.

Lorsque, dans votre vie quotidienne, vous manquez de courage, d'imagination, d'inspiration ou de générosité, prenez contact avec votre archétype. Vous obtiendrez facilement des résultats grâce à ces méditations, puisque, en essence, vous êtes déjà Dionysos, Athéna, Aphrodite. Vous êtes une source de création, la mère divine, le guerrier ; vous êtes le guérisseur, le sage, l'artiste.

DES MOTS POUR LE DIRE

Un auteur dramatique qui se respecte choisit avec beaucoup de soin chaque mot de son histoire. Il relit ses répliques à voix haute avant de les mettre dans la bouche de son personnage, car le texte de théâtre est fait pour être entendu plus que pour être lu. Prenons un exemple : lorsque vous affirmez « ***Il faut*** que je rentre chez moi », vous associez cette action à une forme d'impuissance, de résignation, de non-choix. En revanche, lorsque vous formulez « ***Je choisis*** de rentrer chez moi », vous exprimez votre libre arbitre, votre choix. L'action est la même dans les deux cas – vous annoncez que vous rentrez chez vous –, mais dans le second cas, vous décidez de votre vie, vous en êtes l'acteur ; vous ne laissez aucune circonstance extérieure prendre le pouvoir sur votre existence. Car, profondément, l'acteur sait qu'il a toujours le choix. Ce sont ces petites transformations d'expression qui change le regard que vous portez sur vos actes quotidiens.

L'utilisation de « Il faut » et « Je dois » souligne notre passivité. Cette passivité disparaît lorsque nous utilisons « Je choisis », « Je préfère », « Je décide » et « Je privilégie ». Par notre phrase, nous nous positionnons face à notre action, soit en tant qu'acteur, soit en tant que figurant. Les politiques, les dirigeants et, d'une façon générale, les leaders charismatiques l'ont bien compris et ponctuent régulièrement leur discours de ces petites phrases qui renforcent le pouvoir de l'acteur : « J'ai décidé », « Je privilégie », « J'ai choisi ».

L'utilisation, hélas trop répandue, du « On » pour dire « Je » – « On n'arrive pas à cette heure-là ! », « On n'a pas le droit ! », « On sait bien que ça ne se fait pas » — renforce encore cette passivité, car le sujet est de surcroît absent de la phrase. Il n'y a plus d'acteur, juste un concept ! Remplacer le « Je » par le « On » affecte la confiance en soi et diminue l'estime que l'on porte à soi-même. Au contraire, parler en disant « Je », c'est déjà positionner le premier rôle de sa vie sur la scène de l'existence. Affirmer « J'ai la sensation », « J'ai le sentiment », « Je ressens », c'est donner de la vie à son personnage et lui faire confiance. Les plus beaux discours que j'ai entendus fonctionnent souvent sur le même canevas: une introduction issue d'une anecdote personnelle; l'enchaînement sur la leçon que vous a apprise cet événement; le partage de l'expérience. Les petites phrases comme «Dans la vie, on ne choisit pas toujours», «C'est comme ça», «Prévoyons ça, on ne sait jamais» agissent comme autant de petites programmations de notre impuissance. Amusez-vous à débusquer ces phrases pour les déprogrammer de votre vocabulaire.

Le son du verbe

Au-delà de son sens, chaque mot est porteur d'une énergie particulière. Cette énergie touche l'inconscient du spectateur, quel que soit le niveau de compréhension de ce dernier. La voix est le premier instrument de l'acteur. Dès qu'il la maîtrise, il fait vibrer les volumes, il maîtrise ses silences, son intensité et règle la chaleur de ses sonorités. Certaines personnes détestent leur voix, elles la trouvent trop métallique, trop éraillée. Elles n'utilisent que de 10 à 20 % de leur outil de base et de leur puissance. Lorsque j'ai commencé le théâtre, j'étais moi-même très complexé. J'avais gardé de mon enfance une difficulté à prononcer les «ch» et les «ss». Jusqu'à l'adolescence, j'ai retenu maladivement ma diction, si bien que j'étais inaudible à trois mètres. En réalité, ce que je contenais en serrant les mâchoires, c'était ma personnalité, celle que je n'osais pas affirmer. Il est difficile de dire «Je» quand on ne sait pas bien qui l'on est!

Dès l'âge de 16 ans, lorsque j'ai fait mes premiers pas au théâtre, je me suis autorisé à faire porter ma voix et à me découvrir en accompagnant sur scène mes premiers personnages, car j'agissais sous les traits d'un autre. J'y ai mis beaucoup de patience, et, peu à peu, mes complexes ont fondu sous la lumière des projecteurs. Par la suite, j'ai travaillé intensément ma diction, ma respiration, ma puissance vocale. Après des années de rigueur, cette voix est devenue mon principal outil. J'ai tellement appris à en découvrir le potentiel que j'ai pu l'utiliser pour travailler à la radio, doubler des films pour le cinéma, incarner des voix de dessins animés, enregistrer des disques, dire des textes de documentaires, etc. Tel un joueur de tennis qui s'améliore en étudiant pendant des heures ses coups les plus faibles, nous progressons à partir de nos faiblesses. Les artistes laissent rarement transpirer ce qu'ils ont été. Les faiblesses qu'ils ont transformées sont devenues leur force. C'est le principe même de la création qui fait de la fragilité un atout.

Pour aimer sa voix, l'acteur doit en connaître les failles, l'expérimenter, la travailler patiemment, en découvrir les contours, les limites. Nasillarde, métallique, ventrale, la voix comme le visage révèle notre personnalité. Si vous n'aimez pas votre voix, prenez le temps de la connaître, de « passer du temps » avec elle. Vous pouvez vous entraîner à lire des textes en ralentissant au maximum votre lecture pour appuyer chaque consonne, écouter chaque syllabe ; car les faiblesses de notre voix, les bégaiements, les zozotements, les débits trop rapides sont toujours des manques de conscience dans les cordes vocales. Pour apaiser ces faiblesses, vous pouvez, tout en lisant un texte, visualiser une lumière bleue qui vibre le long de vos cordes vocales, dans votre bouche, sur votre langue, etc. Ralentissez suffisamment votre lecture pour laisser résonner la moindre syllabe. Progressivement, votre voix deviendra plus pleine, plus harmonieuse, plus douce.

Aujourd'hui, lorsqu'une personne s'adresse à moi, même au téléphone, son débit vocal, sa diction, l'utilisation de ses résonateurs, sa puissance sonore, le fait que sa respiration soit posée ou non, m'en apprennent généralement bien plus que ses propos eux-mêmes. Certaines syllabes sont, à l'oreille, plus agressives que d'autres. Si vous écoutez un orateur à la radio, même dans une langue étrangère, vous ressentirez un apaisement ou un agacement en fonction de la vibration qu'il transmet.

Certaines syllabes apaisent, mettent en confiance, notamment si elles sont porteuses de lettres douces comme n, l et m. D'autres sont plus offensives, plus dynamiques, plus actives, particulièrement celles qui intègrent les lettres t, p, r ou f. Dans sa formation d'art dramatique, l'acteur apprend à aimer les mots qu'il dit, à les articuler, à faire résonner les consonnes, à teinter les voyelles. Il ne laisse aucune syllabe sans accompagnement. L'acteur réapprend aussi la ponctuation : le rythme imposé par les virgules, la domination des points finaux, la retenue suggérée par les points-virgules, la curiosité contenue dans les points d'interrogation. Ces petits signes sont, dans sa bouche, des occasions de colorer son récit, de surprendre son auditoire et de le captiver. En clarifiant son articulation, il clarifie sa pensée.

Phonétiquement, chaque mot est chargé d'une énergie. Cette énergie provoque une émotion. En lisant à voix haute chacune de ces phrases : « Je te tuerai », « Assassin ! », « C'est dégueulasse », « C'est interdit », vous ressentirez que l'énergie qui y est associée est lourde. En revanche, les phrases suivantes : « Merci », « Je suis aimé », « J'aime cette sensation douce », « Ça m'est agréable », sont porteuses d'une énergie légère. Leur compréhension s'enracine dans autre chose que la sémantique et fonctionne dans toutes les langues. Au-delà de son sens, le mot entendu phonétiquement inscrit une trace dans l'esprit de l'interlocuteur. C'est pourquoi, dans des situations comparables, un mot blessera l'un et apaisera l'autre suivant l'énergie qu'il transmet. Comme les notes de musique, chaque mot vibre à une fréquence particulière : les insultes et les reproches vibrent à une fréquence hertzienne très basse, tandis que les compliments, les remerciements et les paroles d'amour vibrent à une fréquence plus haute. Les louanges, les prières, les odes et les hommages vibrent à la fréquence la plus élevée. Nous sommes très sensibles à la variation de ces fréquences.

Du reste, les expériences menées tant sur le monde animal que sur le monde végétal confirment que le verbe influence tous les êtres vivants, même ceux qui n'ont pas accès à leur signification.

Au cœur du mot

En sanskrit, le terme ***mantra*** signifie « formule magique ». Les mantras sont des psaumes de quelques syllabes qui agissent sur l'esprit. Ces formules soufflées, dit-on, par les dieux, sont chargées d'une énergie vibratoire particulièrement haute. Les animaux et les nouveau-nés réagissent de façon très active aux sons « Ohm », « Ah », « Houng » et « Hri ». Certains de ces sons développent le sentiment d'ancrage ; d'autres, la clairvoyance ; la majorité d'entre eux apaisent l'esprit. De nombreux chamanes, depuis des siècles, et plus récemment les musicothérapeutes, utilisent mantras et sons dans la guérison d'un grand nombre de maladies. On sait, par exemple, que le son « Ohm » grave stimule les glandes surrénales, alors que le « i » aigu, qui part du sommet de la tête, stimule l'épiphyse. Certains hôpitaux ont observé également de nettes améliorations dans le traitement de la maladie d'Alzheimer par l'utilisation de sons et de chants de syllabes.

Mais les mantras ne sont pas seuls à influencer notre état. Chaque sonorité qui se retrouve de façon plus diluée dans notre vocabulaire quotidien agit à long terme sur l'état intérieur de notre interlocuteur et sur le nôtre. Notre voix guérit. Chaque fois que nous nous plaignons, que nous sommes dans le reproche ou que nous critiquons, nous créons une vibration hertzienne basse qui se répercute dans l'univers, touche le métabolisme (tant le nôtre que celui de notre interlocuteur) et le fragilise. Chaque fois que nous encourageons, que nous félicitons, que nous remercions, nous contribuons à l'émergence d'une vibration hertzienne plus haute qui a l'effet contraire. Pour le sentir dans votre corps, entraînez-vous une dizaine de fois à dire le mot NON en toutes situations. Puis, prononcez une dizaine de fois le mot OUI en quelques minutes. Vous sentirez comment la vibration de l'un et celle de l'autre agissent sur le corps. En y étant attentif, vous pouvez produire une énergie et transmettre une intention au moyen de chacune de vos phrases. Si vous intégrez une intention d'apaisement, de bienveillance dans votre diction et dans le choix de vos consonnes, naturellement, votre interlocuteur y sera sensible.

NOUS SOMMES SUR SCÈNE !

De la même façon que le théâtre regroupe un grand nombre de styles – des comédies, des drames et des satyres, notamment –, nous pouvons donner à notre incarnation tous les styles possibles.

Nous avons toujours la possibilité de vivre un même événement comme une tragédie ou comme une comédie. Pour ma part, devant la richesse de notre répertoire, je ne peux me limiter à ne jouer que dans un seul registre. Je prends beaucoup de plaisir à jouer des personnages légers dans les pièces de boulevard ; le rythme des répliques, le sens du comique, les traits grossis des caractères stimulent ma cocasserie. De son côté, la tragédie renforce chez moi la notion de l'honneur, le goût de l'éthique, de l'engagement, de la fidélité et de la fraternité – autant de valeurs qui nourrissent mon besoin de vivre dans la dignité et la grandeur. Parfois, je me laisse totalement pénétrer par le tragique de l'existence, mais je peux, dès le lendemain, me sentir aussi léger que sur la scène d'un théâtre de boulevard.

Sur la grande scène de la vie, les acteurs que nous sommes se posent fréquemment les mêmes questions : « Qui est l'auteur de la pièce que nous interprétons ? », « Qui en connaît l'issue ? », « Est-elle déjà écrite jusqu'au bout ? », « Comment finit-elle ? », « Pouvons-nous modifier les passages qui ne nous conviennent pas ? » Et vous, avez-vous une confiance aveugle dans le metteur en scène ? Vous laissez-vous guider dans l'assurance que tout est parfait ? Acceptez-vous votre partition ? Êtes-vous indocile, rebelle ? Souhaitez-vous modifier continuellement les passages gênants de votre histoire ? Désirez-vous changer votre rôle en cours de pièce ? Avez-vous l'impression d'une erreur de casting ? Aimeriez-vous jouer le rôle d'un autre ? changer continuellement de décor ? Voulez-vous récrire le rôle de votre partenaire ?

De nombreux figurants ne choisissent jamais leur place. D'autres font les cent pas sur scène, ouvrent et ferment des portes, disent leurs répliques, observent les actes se succéder, font des efforts démesurés pour se faire repérer du public ; ils portent bien un costume et rangent tous les jours leur masque. Malgré tous ces indices, ils ne sont pas conscients d'être des personnages de théâtre et d'avoir le pouvoir de créer leur répertoire !

CHAPITRE 5

DÉCOUVRIR LES PERSONNAGES DE SON THÉÂTRE INTÉRIEUR

Les auteurs de théâtre apprécient les personnages destructeurs, névrotiques et paradoxaux. Ils créent les rebondissements de l'intrigue et le rythme de la pièce. Ils empêchent les spectateurs de s'endormir. C'est pourquoi, dans nos vies, lorsque nous nous ennuyons, nous cherchons parfois à provoquer le chaos pour redonner du mouvement. C'est le cas de Paul qui s'ennuyait avec Myriam, une femme stable et rangée, qu'il a quittée pour Sibel, une artiste caractérielle, névrotique, totalement imprévisible… qui a ruiné son appartement, l'a amené à se fâcher avec tous ses amis et l'a dépouillé de ses économies… Mais avec elle, il ne connaissait pas l'ennui ! Sibel chamboulait son quotidien, dynamisait le rythme de ses journées et déstructurait son répertoire trop rangé.

Le théâtre, miroir magique de notre société, et la vie se ressemblent sur bien des points. Nos faits divers inspirent les auteurs, et les personnages du répertoire, une fois créés, influencent à leur tour les spectateurs. Qui reproduit qui ? Modèles et créateurs s'imitent dans une danse sans fin. La plupart des rôles que nous jouons tous les jours existent déjà sur les planches. À travers les œuvres qu'il représente, le théâtre met en scène une multitude d'archétypes : le jeune premier généreux, la fidèle confidente, le vieux père égoïste, l'aventurier courageux, l'idéaliste insolent, le romantique naïf, le guerrier, la femme volage… Le fait de nous reconnaître à travers eux nous permet de mieux comprendre nos comportements et donne à notre existence une dimension plus romanesque.

Parmi les figures clés de notre panthéon théâtral, il est trois personnages récurrents que l'on retrouve dans la majorité des œuvres de grands auteurs tels que Molière, Goldoni, Brecht, Tennessee Williams, Shakespeare, de même que dans les canevas de la commedia dell'arte et dans les tragédies classiques. Pour faire rire ou pour maintenir la tension d'un récit, l'auteur a besoin de ces piliers dramatiques. C'est pourquoi ces héros, que je vais vous décrire, jouissent d'une popularité légendaire dans l'histoire du théâtre. Ils sont l'objet d'un tel succès que le public les exporte de scène pour les interpréter en famille, en couple et dans l'entreprise. Ces trois personnages, aussi dépendants que le clown l'est de l'auguste, s'attirent tant qu'ils ne pourraient vivre l'un sans l'autre. Il suffit que l'un des compères monte sur scène pour que les deux autres, animés d'une irrésistible envie de briller, se précipitent à leur tour sous les projecteurs. Ce sont la victime, le bourreau et le sauveur.

LE PERSONNAGE DE LA VICTIME

Le premier personnage à entrer en scène est la victime. Victime de quoi ? Avant tout, de son regard sur le monde. La victime est souvent désespérée, démoralisée. Elle se plaint, elle critique, elle reproche. Par essence, elle ne se sent pas responsable de ce qui lui arrive. Elle est obsédée par le sentiment d'injustice. La victime n'intègre pas du tout la loi du karma, ou loi de causalité selon laquelle chaque cause produit un effet, et chaque effet vient d'une cause. Pour la victime, si elle est malade, c'est la faute de son docteur ; si elle est en conflit avec ses voisins, c'est à cause du bruit qu'ils font. Si on lui a volé son sac, si sa voiture est cassée, si son fils est insolent, ou si ses plantes ne poussent pas dans son jardin, elle n'y est pour rien. La victime dénie totalement le moindre sentiment de responsabilité. Généralement, elle manque de recul par rapport à la situation. Elle ne croit pas pouvoir s'en sortir, du moins pas seule !

La vulnérabilité de la victime tient soit à sa vision du monde, soit à l'irruption d'un événement extérieur qui vient perturber ses habitudes. En fonction de l'histoire, elle connaît des soucis domestiques, amoureux ou existentiels. De son point de vue, l'enfer, c'est les autres. Au gré des histoires, elle est accablée par des créanciers, un mari tyrannique, une belle-mère envahissante, un patron despotique, des enfants ingrats, des voisins bruyants, etc. Elle ne peut imaginer qu'elle est, avant tout, victime de son propre regard sur le monde. Elle ne peut concevoir non plus qu'un manque de confiance en soi, une culpabilité exacerbée, une peur constante, une jalousie démesurée, un trop grand attachement aux biens matériels, une difficulté à s'exprimer clairement sont à la source de ce qui lui arrive. On rencontre des victimes à tout moment de la journée.

Au travail

La victime a la sensation, et c'est de là que vient son malaise, que le monde s'acharne contre elle. Elle est persuadée que les autres la font trop travailler, elle se sent harcelée par ses collègues, ses fournisseurs, son patron. Tiraillée par le souci de plaire, la victime, à son travail, rumine en silence les plaintes qu'elle ne sait pas transformer en demandes explicites: «Encore une fois, personne ne m'a prévenue que la réunion a été annulée», «Ils m'ont laissée me débrouiller seule avec la photocopieuse en panne», «Je sens qu'on va encore me demander de faire la fermeture», «Ça m'aurait étonnée que l'un d'eux pense à me proposer un café», etc.

Des freins essentiels limitent le potentiel de la victime: une peur obsédante envahit sa carte du monde. Elle est alors plus résignée que combative: «De toute façon, il faut bien travailler!», «Dans la vie, on ne choisit pas ce qu'on veut», «On ne peut pas tout faire par plaisir». Par ailleurs, la faible estime qu'elle se porte fragilise sa confiance en elle: «Je ne suis pas capable de m'affirmer», «Ils sont déjà bons de me garder», «Quel autre métier voudrais-tu que je fasse? Je ne sais rien faire d'autre!» Comme elle ne s'apprécie pas, par effet de miroir elle n'apprécie pas, non plus, ses congénères. Elle trouve son patron incompétent, ses fournisseurs exigeants, ses collègues égoïstes. À la question: «Comment ça va?», elle a pris l'habitude de répondre: « Comme un lundi ! », « Ça pourrait être pire… » ou « Vivement le week-end ! »

En famille

Ce dont souffre la victime en famille, c'est justement de faire partie d'une famille: elle ne supporte pas les liens qui l'unissent aux siens. L'enfant se plaint de n'être pas autorisé à faire tout ce qu'il veut. Il se sent victime des limites que lui imposent les adultes. L'adolescent se plaint de vivre entre deux mondes, le monde des enfants, qu'il a quitté, et le monde des adultes, qu'il n'a pas encore intégré. Dans ce ***no man's land,*** le jeune souffre de n'être pas compris, pas libre, pas entendu. Il se considère comme une victime de la société. Le parent se plaint que ses enfants sont trop bruyants, qu'ils vivent comme des enfants. En fait, il se plaint d'être un parent ! Les liens du sang qui unissent la victime au reste de la famille créent souvent un sentiment de fatalité. Elle est liée à vie aux siens, elle ne peut rien y changer.

En couple

La victime regrette que ses belles années soient derrière elle. Terminée la période où son compagnon était attentif ! Cette victime conjugale se plaint que son partenaire est moins amoureux, moins délicat, moins sensuel. Elle agit par comparaison: elle observe son couple d'aujourd'hui en regard de ce qu'il a été avant ou de ce qu'elle aimerait qu'il soit un jour.

La peur de vivre seul, la difficulté à se projeter dans une relation plus harmonieuse, l'habitude et la routine, maintiennent les amants dans la dépendance. La critique, le reproche et le chantage affectif parasitent la relation de ces couples: « Tu n'as aucune tendresse pour moi », « Tu ne fais jamais attention à ce que je désire », « Tu n'es plus spontané », « Tu ne prends aucune initiative », « Tu ne me fais jamais de cadeaux », « Je ne sers qu'à satisfaire tes besoins ». Cette victime conjugale demande à son partenaire d'apaiser ses besoins affectifs et matériels, des besoins qu'elle-même ne prend pas en main. Dans les moments difficiles, elle charge son partenaire de la responsabilité de la situation : « Tu ne communiques jamais », « Tu es égoïste ».

En amitié

En amitié, la victime se plaint de tout : du chômage, de la grippe aviaire, de la crise des banlieues, du climat d'insécurité, mais aussi de tous ses déboires personnels avec ses enfants, son conjoint, les médecins ou son directeur de banque. Certaines victimes entretiennent des relations amicales pour bénéficier d'une oreille attentive dans leurs moments de spleen. Elles distribuent à leurs meilleurs amis le rôle du confident : « Il n'y a qu'à toi que je peux confier ce secret. » Le confident, valorisé, peut difficilement s'échapper et se doit d'écouter les lamentations de son meilleur ami. La victime peut allègrement vider son sac. Tout y passe : son métier, sa famille, son compagnon. Ces victimes établissent souvent un contrat tacite de réciprocité : Alphonse accepte d'écouter les plaintes de Philomène, car il sait qu'en échange Philomène écoutera les siennes. Le répertoire de la victime débute souvent par : « Tu ne sais pas ce qui m'arrive ? », suivi de : « Jérôme avait une maîtresse, en fait, j'ai été bien naïve dans cette histoire », ou « Avec ces nouveaux radars, autant ne plus avoir de voiture », « Tu sais que mon ulcère m'a repris ? Les médecins sont nuls », « Je ne parlais déjà pas beaucoup avec mon fils, mais depuis qu'il a une petite amie, je ne suis bonne qu'à remplir le frigo ».

La victime a souvent une mauvaise image d'elle-même : « Je suis la bonne poire du groupe », « Je ne dois pas avoir assez de conversation pour qu'ils m'invitent à leur dîner ». Lorsque l'ami souligne l'une de ses qualités ou met en valeur une action positive de sa part, celle-ci ne manque pas de rectifier : « Oui, c'est vrai, pour une fois que ça m'arrive ! », « J'ai eu de la chance, mais ne t'inquiète pas, avec moi, ça ne dure jamais longtemps ! »

La victime peut cumuler les soucis professionnels, familiaux, de cœur et d'amitié. Il est insupportable d'être une victime. Pourtant, la victime tient à son rôle, car celui-ci, nous allons le voir, ne présente pas que des inconvénients… En effet, plus la victime endure, moins elle laisse indifférent ; or, rester en coulisses est la pire des destinées pour un personnage théâtral.

La victime : un personnage vedette sous les feux de la rampe...

Sur scène ou dans la vie, la victime suscite l'intérêt. Elle inspire les auteurs de théâtre. À la télévision, elle est invitée aux ***talk-shows*** pour témoigner de ses déboires. En privé, on attend impatiemment, lors d'un dîner, qu'elle nous raconte pour la huitième fois les péripéties qu'elle a eues avec la gendarmerie ou le cambrioleur. Oui, la victime a le privilège des feux de la rampe.

Au cinéma, certains acteurs ont tellement le physique de l'emploi qu'ils jouent ce rôle tout au long de leur carrière : Bourvil, Jacques Villeret, Fernandel, Darry Cowl, Pierre Richard, Jean Lefebvre se sont imposés dans ce registre comme des « têtes de Turc » idéales. Dans la vie, certaines personnes se comportent tellement en victimes qu'elles finissent par en adopter définitivement l'attitude physique. À force d'interpréter un rôle de martyr, on finit par en devenir un.

Lorsque je mets en scène l'un de ces souffre-douleur, pour aider le comédien à trouver son rôle, je le guide de deux façons. De l'extérieur vers l'intérieur : en modifiant sa démarche, l'acteur ressent intérieurement toutes les sensations de la victime ; et de l'intérieur vers l'extérieur : en imaginant tout ce qu'endure la victime, l'acteur finit par prendre l'allure d'une victime.

Le physique de l'emploi

La dégaine du souffre-douleur se reconnaît de loin : sa démarche est lente, il regarde le sol, pétrit maladroitement ses doigts, son volume sonore est soit très bas, s'il est résigné, soit trop haut, s'il est agressif, mais la voix n'est pas harmonieuse, l'expression est crispée, les yeux ne pétillent pas, le visage est tendu.

La victime n'est pas heureuse. Elle est exposée à tous les aléas de la vie quotidienne. Elle ne comprend pas pourquoi sa tartine tombe toujours sur le côté beurré. Elle souffre d'un sentiment d'injustice. Elle se voit évoluer dans un monde qui n'est hostile qu'à elle.

Enfin, la victime prend pour elle les souffrances de ses proches. Un enfant malade, un oncle qui a été licencié, le chat d'un voisin disparu, la région où vit la femme de son fils, sinistrée par les eaux, sont autant de prétextes dont va s'accaparer la victime pour attirer l'attention sur elle. La victime n'aime pas rester dans l'ombre.

LE PERSONNAGE DU BOURREAU

Comme le sentiment d'injustice n'existe que par rapport aux autres, la victime en veut au deuxième de nos trois personnages : le bourreau. Ce bourreau-là n'a rien à voir avec le tortionnaire masqué tel qu'on se le représente. Une administration joue le rôle du bourreau, un enfant de trois ans martyrise ses parents, une fenêtre qui ferme mal, un clou qui dépasse, un réfrigérateur en panne, la neige qui tombe, une allergie aux produits laitiers, sont responsables des tourments d'une victime. Une femme qui se refuse à son mari sera le tortionnaire de celui-ci. Nous pouvons rendre tout et tous responsables de notre malheur – question d'interprétation…

Au théâtre ou au cinéma, il existe quatre façons majeures d'interpréter ce rôle.

La caricature

Dans la plupart des films d'aventure, le bourreau est traité comme une caricature ; cela valorise les qualités du héros. Ses habits sont sombres et son visage est antipathique. Il est ouvertement agressif, violent, raciste, voleur, méprisant et irrespectueux. Il attise notre colère ; on souhaite sa mort, d'autant qu'il vient généralement semer la confusion, le chaos ou le conflit dans un environnement qui était jusque-là serein. Son apparition à l'écran ne fait aucun doute sur sa nature, il est le bourreau idéal !

Le bourreau faisant contre-emploi

Pour incarner un bourreau à l'écran, d'autres options, plus subtiles, sont possibles. Dans ***L'Emmerdeur,*** Jacques Brel joue un personnage de représentant de commerce sympathique et dépressif qui veut, à tout prix, aider son ami, un tueur à gages joué par Lino Ventura. Maladroit de nature, le sympathique emmerdeur empoisonne la vie du tueur tout le long du film sous le prétexte de l'aider. Dans ce cas, le bourreau prend l'apparence d'une victime. C'est le contre-emploi idéal. De nombreux scénarios attribuent le rôle du bourreau à un jeune enfant ou à une grand-mère impotente. Tatie Danielle en est un bon exemple dans le film d'Étienne Chatiliez.

Le personnage ambigu

Ce bourreau apparaît un jour sympathique, un jour antipathique. Les avis divergent à son sujet. Ce personnage a un profil de manipulateur. Comme un caméléon, il s'adapte en fonction de sa victime et des circonstances. Dans ***Masques***, de Claude Chabrol, personne ne peut imaginer que le rôle tenu par Philippe Noiret, celui du généreux animateur d'une émission pour le troisième âge, fait partie de la pire espèce des manipulateurs. L'ambigu apparaît ainsi comme un personnage attentionné. Pourtant, le masque souriant cache un homme pervers et manipulateur. Ce type de bourreau est assez difficile à cerner en raison de son ambiguïté. Il nous offre un cadeau, mais ce cadeau nous lie à lui. Il nous offre de venir déjeuner, mais à la fin du repas, nous nous sentons dévitalisés, fatigués, comme s'il nous avait pompé notre énergie…

L'homme invisible

Enfin, dans de nombreux films d'épouvante, le bourreau n'apparaît jamais. On aperçoit son ombre, on parle de lui, on confronte les indices, mais on ne le voit pas à l'écran. La peur naît de ce que l'on peut tout imaginer de ses intentions.

LORSQUE LE BOURREAU TRAVERSE L'ÉCRAN

Voyons à présent comment, au quotidien, le bourreau nous apparaît. En général, nous ne le supportons pas, c'est physique. Le bourreau est notre bête noire. Il ne fait aucun effort pour nous être agréable et ne s'intéresse pas à nos soucis. Nous n'avons aucun intérêt à le fréquenter, et pourtant, nous le fréquentons, car un lien d'un autre ordre nous lie à lui. Ce peut être un lien hiérarchique : c'est notre patron, notre collègue, notre professeur, notre banquier ; un lien social : c'est un voisin, le concierge devant la loge de qui nous passons tous les jours ; un lien familial : un frère, une sœur, le meilleur ami de notre conjoint ; un lien institutionnel : le gendarme qui nous arrête sur l'autoroute, l'inspecteur du fisc qui contrôle nos comptes, le tribunal qui ne reconnaît pas le bien-fondé de notre position. Dans bien d'autres cas, le bourreau est clairement toxique ; nous entretenons avec lui des liens de dépendance, des liens de perversion ; le bourreau a alors le profil d'un pervers narcissique, d'un manipulateur, d'un être bipolaire. Mais parce que sa personnalité ou son pouvoir nous fascinent, nous maintenons le lien ; aveugle à la toxicité de la relation que nous contribuons à entretenir inconsciemment. C'est ainsi que beaucoup de personnes vivent des relations amoureuses clairement destructrices, mais restent avec leur bourreau.

Compte tenu de ces liens, nous apprenons à composer, malgré nous, avec ce bourreau. Il fait partie de la distribution. Mais il est certain que nous nous protégerons mieux en mettant ce type de relation à distance.

Si le personnage de la caricature ne laisse aucun doute – il ne nous est pas sympathique et cela se voit –, la situation est plus délicate avec le personnage qui fait ***contre-emploi***. Ce bourreau-ci est attachant. Il nous offre des cadeaux, nous appelle pour prendre de nos nouvelles. Il se propose pour garder nos chats quand nous partons en vacances, il est prêt à nous écouter, éventuellement à nous prêter un peu d'argent. Dans les scènes de dépendance affective, le bourreau apparaît dans notre histoire comme un sauveur, un être charismatique propre à nous aider, à nous accompagner, à nous soulager. Il nous prodigue de bons conseils et nous aide dans un premier temps. Nous nous méfions tellement peu de lui que nous le laissons pénétrer dans notre intimité. Nous lui dévoilons les clés de notre fonctionnement émotionnel. Il nous livre les plus secrètes de ses affaires. Il fait rapidement partie de nos amis et tisse avec nous des liens de dépendance.

Très vite, cependant, la victime se sent prisonnière de ce bourreau si habile quand il s'agit de la culpabiliser : « Entre amis, on ne peut rien se refuser », « Avec tout ce que je t'offre, je ne comprends pas ta méfiance », « Il n'y a que sur toi que je peux compter ». En réalité, ce type de persécuteur donne généralement bien moins qu'il ne demande. De surcroît, il a tendance à nous culpabiliser en assimilant demande et demandeur : « Comment, tu me refuses ce service à moi, ton ami ? », « Tu ne veux pas venir avec moi, c'est donc que tu n'aimes pas ton propre frère ? » Ce faisant, il agit sur la corde sensible de la culpabilité. Sa manipulation tient en l'habile amalgame qu'il fait entre demande et demandeur, amalgame qui disparaît quand nous apprenons à dire « Oui » au demandeur et « Non » à sa demande si elle ne nous convient pas. Ce n'est pas incompatible : « Oui, tu m'es sympathique, mais non, j'ai d'autres projets que de t'accompagner ce soir faire la tournée des bars », « Oui, j'ai apprécié que tu m'offres ce cadeau à Noël, mais non, je ne peux pas te rendre le service que tu me demandes ». Cette façon de faire nous permet d'être bienveillants et ouverts, tout en demeurant vigilants et précis. Elle nous met également à l'écoute de nos besoins profonds.

Le prototype de ***l'ambigu*** (ou rôle de composition) est plus rare. Il est imprévisible : charmant un jour, odieux le lendemain. Il vous semble attentionné, pourtant on vous a répété qu'il vous avait calomnié en votre absence, ce qu'il niera farouchement. Avec ce type de bourreau, la relation est complexe car il ne se ressemble jamais d'un jour à l'autre. Il fait souffrir ses victimes, mais n'en est pas toujours conscient. Ce bourreau a généralement beaucoup de personnalité. Il a, lui aussi, une forte tendance à la manipulation.

Il maîtrise tellement ses émotions que nous avons du mal à savoir clairement ce qu'il pense de nous. Dans sa stratégie, il divise pour mieux régner, adapte ses propos à ce que l'on a envie d'entendre.

Le bourreau ambigu joue de toutes les cordes émotionnelles de la relation : il use parfois de flatterie, parfois de chantage affectif, parfois de culpabilisation. Ses demandes sont rarement claires. Il vous dira : « Je suis vraiment ennuyé, Françoise a annulé notre dîner et je me retrouve seul ce soir. Ma voiture est au garage, je ne sais même pas comment je vais rentrer chez moi », puis il attendra que vous lui proposiez spontanément de le raccompagner. Ainsi, il ne vous sollicite pas et ne vous doit rien, car ce manipulateur n'aime pas se sentir redevable. Il ne sait pas formuler des demandes claires, car il a du mal à distinguer ce qu'il reçoit de ce qu'il donne. Si les circonstances vous amènent à fréquenter ce type de personnage, une grande vigilance vous sera nécessaire pour clarifier suffisamment demandes et besoins de façon à ne pas vous laisser embarquer par un tel charmeur ! « Peux-tu répéter clairement ce que tu attends de moi de façon que je te dise si je suis d'accord ? » Plus l'estime que vous vous portez et la confiance que vous avez en vous seront établies, moins vous serez vulnérable aux attaques de ce genre de personnage.

Nous fréquentons peu la dernière catégorie de bourreau, ***l'homme invisible***. En revanche, lui exerce sur nous une véritable pression. Il peut être incarné : c'est la directrice que l'enfant aperçoit une seule fois le jour de la rentrée, mais qui fait peser la menace toute l'année, le directeur à qui l'on doit rendre des comptes à l'assemblée générale, le maître-nageur dont on entend le sifflet au loin ; d'autres symboles d'autorité ou de répression agissent en son nom. Il arrive aussi que ce bourreau ne soit pas incarné, qu'il n'ait ni visage ni nom : une administration (impôts, poste, fisc), une communauté (les fascistes, le gouvernement, les actionnaires, l'État, la concurrence), le spectre du temps (le temps qui passe, le temps qui reste, les impondérables, les imprévus), le spectre du contexte (la crise ambiante, une épidémie, la peur généralisée, un contexte défavorable). Ce sont autant de circonstances qui donnent à la victime le prétexte nécessaire pour ne pas prendre ses responsabilités.

La relation bourreau-victime est très présente dans les relations de couple. Combien d'hommes et de femmes se plaignent de ce que leur compagnon leur mène la vie impossible ? Il existe tellement de façons de faire souffrir son partenaire : le bourreau s'impose par la violence physique, les coups, les humiliations répétées et la dévalorisation. Il use de mensonges, de calomnies, de sarcasmes ; il entretient le harcèlement plus ou moins ouvertement. Sans compter tout le palmarès des stratégies invisibles qui se mettent en place au sein du couple au fil du temps.

Même si certaines personnalités sont particulièrement toxiques – les vampires, les manipulateurs, les pervers narcissiques –, notre responsabilité est toujours engagée dans une relation bourreau-victime, et il est possible de modifier la situation même si ce changement exige un travail courageux pour développer confiance en soi et estime de soi. Certains bourreaux développent toutefois des troubles particulièrement lourds et difficilement décelables dans les premiers temps de la relation. Le changement d'attitude s'opère parfois si lentement que le conjoint victime reste attaché à l'image du compagnon des premiers temps sans réaliser que celui-ci a totalement changé. Chacun fait payer à l'autre son mauvais jour. La relation se pervertit. Progressivement, l'amour se voit remplacé par l'habitude et la peur du changement. Des événements comme la naissance d'un enfant, l'achat en commun d'un pavillon ou le fait que l'un des partenaires ne travaille pas renforcent la dépendance de la victime envers son bourreau. Bourreau et victime s'attachent alors davantage l'un à l'autre. Lorsque le manque de recul est flagrant, il est utile de se faire aider pour mieux analyser la situation et prendre les mesures qui s'imposent.

Dans nos relations amicales, le bourreau nous appelle à 3 heures du matin pour parler car il se sent déprimé, il prétexte la camaraderie pour nous emprunter notre voiture ou envahir notre garage avec ses vieux meubles. Nous sommes liés à ce bourreau de diverses manières : une amitié vieille de dix ans, une passion commune (il est notre partenaire de tennis, notre voisin), un tiers (il est le meilleur ami de notre compagne, un membre de notre association), un sentiment de culpabilité : « On ne dit pas non à un ami. »

Vous avez sûrement remarqué qu'il vous est plus aisé d'alléger votre carnet d'adresses de certaines fréquentations encombrantes lorsque l'estime que vous vous portez se développe. Cette attitude est saine, car elle permet de préserver aux relations l'une de leurs qualités fondamentales : le mouvement.

Les bourreaux ne croisent pas notre chemin par hasard

Dans les tragédies classiques, les épreuves ont pour but de mettre en lumière les qualités du héros. Dans notre existence aussi, les personnages de bourreau ont pour effet de révéler nos qualités : le manipulateur nous oblige à être vigilants quant à nos engagements ; l'agressif nous amène à maîtriser nos émotions ; l'intrusif, à définir notre territoire ; le violent, à défendre nos positions, etc. De plus, pour qu'une relation manipulatoire puisse s'installer, elle a besoin du consentement des deux protagonistes ; le manipulateur et celui qui va accepter consciemment ou inconsciemment de se laisser manipuler. Il en est de même pour le harcèlement, la perversion, l'envahissement, la dépendance…

En animant des stages sur le harcèlement, j'ai pu remarquer, par exemple, que c'étaient toujours les mêmes profils de victimes qui attiraient à elles les mêmes manipulateurs. Prisonnières d'un manque de discernement, d'une difficulté à dire non, d'une peine à se positionner, à clarifier une situation, à prendre de la distance, les victimes multiplient les histoires toxiques. Certaines attirent, généralement sans en être conscientes, des personnes violentes, ou des personnes intrusives, ou encore des personnes dépendantes, ou malhonnêtes, ou perverses narcissiques, etc. Dans ce cas, elles consacrent beaucoup de temps à comprendre et à discuter du caractère pervers de leur bourreau, plutôt que de chercher en elles les ressources pour s'en protéger et les conditionnements intérieurs qui les ont fait les accepter. Même lorsqu'elles rompent avec le bourreau, elles retombent assez vite dans une autre histoire curieusement semblable avec un autre protagoniste. Les acteurs changent, les scénarios se reproduisent tant qu'ils n'ont pas été identifiés et déprogrammés. Dans ce cas-là, la victime a mis un programme dans son disque dur qui l'autorise à se laisser manipuler. C'est un manque d'estime de soi qui est à la source de cette propension à accepter une situation toxique. Ce manque de confiance trouve généralement sa source dans la construction de l'enfant.

Du point de vue de l'auteur, toute l'histoire de notre vie a un sens, elle est cohérente. Mieux, elle est totalement harmonieuse ! C'est une mécanique parfaitement huilée ! Chaque personnage, chaque obstacle, arrive au bon moment pour bouleverser l'ennuyeuse monotonie de l'existence et pour vous permettre de vous révéler ! C'est pourquoi, si vous ne pouvez pas éviter la fréquentation de ce type de bourreau, recherchez le sens de la relation qui vous unit à lui. Pour sortir des histoires toxiques, sortez de la position confortable de la victime et affrontez le devant de la scène. Chaque épreuve nous offre un message, c'est en décryptant nos épreuves que nous redonnons tout son sens à notre vie.

Ruptures, deuils, licenciements, faillites, relations toxiques, nous aimerions souvent supprimer ces scènes tourmentées de la pièce de notre vie. Lorsque les obstacles se présentent, nous sommes tentés de sauter des pages. L'émotion que nous ressentons à court terme nous aveugle et nous décourage. Pourtant, lorsqu'elle est assumée, l'acteur réalise qu'il grandit. Pour ma part, les personnages de bourreaux que j'ai rencontrés dans mon parcours m'ont appris à me positionner, à clarifier mes besoins et mes demandes, à renforcer la confiance et l'estime que je me porte. Ma vie, sans eux, aurait sûrement été plus fade et je ne regrette pas leur présence dans la distribution.

LA VICTIME FACE À SON BOURREAU

Lorsqu'une victime devient la proie d'un bourreau, elle peut donner la réplique en jouant différents personnages.

Le fataliste

La victime plonge totalement dans les méandres de son rôle. Elle considère qu'elle n'a pas de chance, mais qu'elle n'a pas le choix. Elle réalise que son partenaire, son patron, son père est un bourreau, mais elle se sent impuissante à bouger. Pour elle, la « faute » vient de l'autre. Son goût prononcé de la fatalité la persuade qu'il faut bien accepter son sort. La résignation l'anime. Son attitude revêt une dimension tragique. C'est un sentiment d'injustice qui alimente la dépendance de la victime vis-à-vis de son bourreau.

Le réactif

Le réactif refuse de payer seul. Il devient lui-même un bourreau et se venge de ses souffrances. Dans l'entreprise, cette forme de réaction se traduit souvent par : « Mon patron m'impose des dépassements horaires injustifiés, je vais lui coller deux semaines "d'arrêt maladie" pendant la période des soldes ! »

Mais c'est peut-être dans la relation conjugale que cette réaction d'***œil pour œil, dent pour dent*** est la plus flagrante. Alternativement, chaque partenaire fait payer à l'autre les blessures qu'il a reçues : « Tu m'as imposé ton match de foot ce soir, je ne ferai pas l'amour avec toi. De toute façon, j'ai la migraine », dit l'un. « Tu t'es refusée à moi hier, je rentrerai tard demain pour que tu t'inquiètes », décide l'autre. Pardon pour ces clichés ! Il est vrai que, certaines fois, les partenaires sont plus créatifs pour faire payer à l'autre le prix de leurs frustrations. Dans le cas évoqué, toutefois, atteint d'une usure certaine, le couple entre dans une danse vertigineuse qui le fait plonger dans les abîmes de l'incommunicabilité.

L'hypocrite

La victime devenue bourreau peut faire payer sa souffrance à une nouvelle proie : il peut s'agir d'un enfant si le compagnon est le bourreau, du conjoint si c'est le patron qui fait souffrir… La victime est alors victime de l'un et bourreau de l'autre. Les entreprises sont minées par ces personnages que l'on appelle les « petits chefs », qui, ne supportant pas la pression qui leur est imposée, la font payer à leur tour, et souvent plus intensément, à leurs subalternes.

L'alchimiste

La victime fait ici preuve de discernement pour se sortir de la relation destructrice. Elle développe sa lucidité, étudie ce qu'elle peut changer en elle. Cette attitude exige un sincère travail sur soi pour développer autonomie, confiance en soi et estime de soi. C'est pourquoi, bien qu'elle soit la plus constructive, cette attitude n'est pas la plus aisée. À moins que la victime ne choisisse cette quatrième solution, qui revient à se sortir seule du harcèlement dont elle est l'objet, elle aura tendance à chercher une aide extérieure pour se protéger. Elle la trouvera en la personne du troisième personnage de notre triangle : le sauveur.

LE PERSONNAGE DU SAUVEUR

Le sauveur confirme la victime dans sa croyance que ce qui lui arrive est injuste. C'est la bonne copine qui écoute les lamentations en insistant bien sur les défauts du bourreau incriminé. Dans l'esprit de la victime, le sauveur est celui qui s'oppose au bourreau, celui qui rétablit la stabilité, le bon droit et l'équité. Plus la victime croit en un sauveur, plus elle développe son sentiment d'injustice. Dans l'imaginaire collectif, le sauveur peut prendre une multitude d'aspects : Dieu, le chef d'un parti politique, la police, la justice, un leader syndical, l'amant, le confident, le chirurgien, bref tout personnage qui vient rétablir l'équilibre par rapport à ce qui apparaissait injuste.

En famille

En famille, le sauveur est celui qui écoute la victime là où le bourreau ne l'entend plus. Une femme incomprise par son mari peut, par exemple, transférer sur son bébé le pouvoir de la sauver: «Tu es le soleil de ta maman», «Tu es ma seule joie», «Si je ne t'avais pas, ma vie n'aurait pas de sens». Un enfant peut attribuer le rôle du sauveur à son chien ou à son chat: «Toi, au moins, tu m'écoutes», «Tu es toujours là quand j'en ai besoin». Le pouvoir du sauveur est proportionnel à la projection de la victime.

Au sein du couple

Lorsqu'un couple est fragilisé, il arrive qu'un amant ou une maîtresse de passage apparaisse comme le sauveur de l'un des partenaires. Cet amant ou cette maîtresse incarne les qualités que la victime ne voit plus chez son compagnon fatigué: si le compagnon est rassurant et stable, l'amant sauveur sera probablement léger et fantaisiste; si le compagnon est doux et tendre, le sauveur sera fougueux et viril; si, au contraire, le compagnon se comporte de façon machiste, le sauveur sera subtil et délicat. La victime idéalise souvent le sauveur par réaction au compagnon qu'elle a. Parfois dans le couple, c'est la mère de l'un des deux conjoints qui veut sauver son petit : « Ta femme n'est pas assez douce avec toi, reviens donc voir maman», «Ton mari ne gagne pas assez pour t'entretenir. Tiens, prends ce billet». Dans ce cas, le parent entretient le grand jeu du trois: bourreau, victime, sauveur.

Au sein du couple, il n'est pas rare que l'un se positionne comme le sauveur de l'autre et se maintienne à cette place des années. Dans ce cas, il y a souvent un marché déguisé. Ainsi, Jacques, dirigeant d'entreprise, gagnait bien sa vie. Son salaire couvrait assez les frais du foyer pour que Sandrine, sa compagne, n'ait pas à travailler. Cet arrangement apparaissait aux yeux de Jacques comme une évidence. Pour lui, il s'agissait d'un «cadeau» naturel. Les circonstances lui faisaient gagner plus qu'il n'avait besoin. Quel intérêt aurait eu Sandrine à poursuivre un travail d'infirmière qui la fatiguait? En fait, par ce marché, Jacques, sans le reconnaître, achetait la présence de Sandrine à la maison. Ainsi, Sandrine s'occupait des enfants, du ménage et des repas, et elle était disponible pour lui prodiguer tendresse et réconfort à son retour du bureau. Comme le marché n'avait jamais été clairement établi, Jacques maintenait Sandrine dans un état de culpabilité permanente tout en lui donnant l'impression de lui faire un cadeau. En se faisant passer pour un sauveur aux yeux de son épouse, Jacques est vite devenu le bourreau d'une victime qui a accepté une relation de dépendance. Mais, comme nous le verrons plus loin, dans le triangle bourreau-victime-sauveur, chacun interprète sa partition à tour de rôle.

Dans l'entreprise

Clotilde incarnait la victime parfaite. Secrétaire dans un groupe industriel, elle souffrait de migraines, qu'elle attribuait à de mauvaises conditions de travail : harcèlement, dévalorisation, ironie, rien n'était épargné à Clotilde, qui n'en pouvait plus d'être le bouc émissaire de sa société. Elle a demandé l'aide des syndicats, puis celle des prud'hommes, qui ont confirmé l'abus de son patron. Difficulté à se positionner, timidité, peur de dire non, manque de confiance en elle, besoin de reconnaissance, respect de la hiérarchie, Clotilde était la proie idéale. Pour sortir de l'impasse, elle a saisi sa chance lorsque le PDG d'une société concurrente lui a proposé de l'engager comme assistante. Horaires aménagés, ambiance détendue, treizième mois, Clotilde avait trouvé son sauveur. Pourtant, six mois à peine après son engagement, Clotilde était de nouveau en arrêt de travail pour une dépression, qu'elle attribuait au harcèlement dont elle se sentait, une fois encore, la victime. Elle ne s'était pas remise pas en question, car, pour elle, elle était victime de la loi des séries.

Une introspection sincère lui aurait certainement permis de prendre conscience de sa responsabilité dans le triangle infernal. Les bourreaux existent et il en restera toujours mais il faut s'en protéger ! Clotilde les attire par son besoin de reconnaissance. Lorsqu'il y a un bourreau dans sa sphère, c'est avec la précision de l'aigle qu'il bondit sur elle et pas sur une autre. Pourquoi ? Parce qu'elle est la victime parfaite ! C'est de ce rôle qu'elle doit apprendre à se libérer si elle veut se protéger du prochain bourreau.

En amitié

Le sauveur est rarement celui que l'on croit. Dans son film ***La Crise***, Coline Serreau met en scène le couple paradoxal sauveur-victime. Le personnage joué par Vincent Lindon, brillant manager en communication, accepte charitablement à ses côtés la présence d'un pauvre bougre interprété par Patrick Timsit. Notre sauveur est persuadé de réaliser une bonne action en accueillant la compagnie de ce SDF. Le paradoxe vient de ce que, au fur et à mesure de l'histoire, le mécène réalise à quel point il a besoin de son clochard – plus que le clochard n'a besoin de lui ! De fait, le sauveur a besoin d'aider pour exister. Il n'est pas toujours conscient que c'est lui qu'il sauve en prêtant son concours à la victime, mais il est certain qu'en sauvant, il répare sa plus grande blessure : son sentiment d'inutilité. Ainsi, beaucoup de sauveurs se persuadent d'être indispensables : « Comment mon équipe ferait sans moi ? », « J'aimerais bien prendre mes soirées, mais mes enfants et mon mari seraient perdus ». Le personnage de sauveur se persuade qu'on a besoin de lui. C'est encore une question d'estime de soi qui alimente ce processus. « Pour que j'aie de la valeur, il faut que je sois utile, encore mieux, indispensable. »

N'est pas sauvé qui croit !

Le sauveur a besoin de reconnaissance. En prodiguant ses conseils, en prêtant sa voiture, en se sacrifiant pour aller vous chercher à l'aéroport au milieu de la nuit, en offrant des cadeaux démesurés, il se fait du bien. Sa fonction lui permet d'être reconnu par lui-même et par l'autre. L'abus du sauveur nous gêne cependant, car, pour qu'une relation soit harmonieuse, elle doit être équilibrée. Or, le sauveur rompt cet équilibre en donnant trop. Au-delà des services naturels que chacun se rend, il existe un « trouble du sauveur » qui insiste pour sauver l'autre même quand celui-ci ne l'a pas sollicité. Sauver l'autre pour mieux le dominer est une stratégie classique qu'utilisent de nombreuses sectes pour approcher leur victime à la façon d'un bienfaiteur.

Le sauveur est très imaginatif et prêt à tout pour aider ! Des parents manipulent leurs enfants avec ce stratagème. Sous prétexte de leur rendre service, ils exercent un pouvoir de contrôle sur eux et se font du bien en maintenant un lien affectif de dépendance.

Je ne parle pas, dans ce chapitre, des sauveurs sincèrement altruistes. Heureusement, il en existe ! Ceux-ci ne rentrent pas dans notre triangle infernal puisqu'ils sont réellement désintéressés.

Le personnage du sauveur pathologique se distingue par son insistance à vouloir sauver. Il est dangereux car il espère une contrepartie à son sauvetage mais refuse de l'admettre. Certains sauveurs excellent dans leur profession : psychologues, médecins, coachs, formateurs et thérapeutes. J'ai ainsi rencontré beaucoup de thérapeutes qui déconseillaient à des patients d'interrompre les séances sous le faux prétexte que la thérapie n'était pas terminée ; en fait, ils ne faisaient que s'assurer une rente à vie. Au-delà de la motivation authentique d'un très grand nombre de ces professionnels, vous reconnaîtrez le sauveur pathologique au fait qu'il donne toujours plus qu'on ne lui demande. Il suggère avant qu'on l'interpelle, il conseille sans qu'on le sollicite. Il est souvent adepte de la thérapie sauvage et veut vous réconcilier avec vos parents ou vos souvenirs même quand vous n'avez rien demandé.

LEQUEL DE CES PERSONNAGES JOUEZ-VOUS ?

Bourreau, sauveur, victime, pour les neutraliser, identifions celui des trois rôles que nous jouons le plus facilement !

Chacun d'entre nous héberge la graine de ces trois archétypes. Parfois, la graine est à peine germée, parfois, par habitude, le personnage nous colle à la peau ! Lorsque nous sommes en situation émotionnellement difficile, l'un des trois archétypes prend le dessus sur les deux autres. L'aspect qui domine notre personnalité attire son contraire. La victime attire son bourreau, le sauveur cherche désespérément qui il peut bien sauver ! Le bourreau repère ses victimes potentielles. Dans une relation de couple, deux acteurs peuvent se distribuer alternativement ces trois personnages. Le sauveur peut devenir bourreau, tandis que le bourreau devient une victime qui, à son tour, appellera un sauveur. Voilà ce qui rend infernale cette relation triangulaire ! Chaque personnage est capable d'inventer une multitude de stratégies de façon à garder un ascendant sur l'autre. C'est la dépendance au triangle infernal.

L'apitoiement

Une mère retient ainsi son enfant : « Quelle chance tu as de partir en vacances ! Malade comme je suis, je vais passer l'été au lit. Viendras-tu seulement me dire au revoir avant ton départ ? » Dans cet exemple, le bourreau s'apitoie sur son propre sort en adoptant le rôle d'une victime. Ce scénario est très courant dans la relation parents-enfants. On le retrouve également dans l'entreprise, lorsqu'un leader dirige de façon paternaliste, refuse de déléguer et se plaint cependant de ne pas réussir à tout faire pour tenir ses collaborateurs. Il existe d'autres façons de s'assurer la dépendance de l'autre.

La flatterie

La technique de la flatterie est aussi un grand classique du répertoire : « Je ne sais pas à qui confier ce dossier. Il ne peut revenir qu'à une personne d'expérience qui est à la fois autonome, rigoureuse et intelligente, une personne en qui je peux avoir vraiment confiance... À part toi, je ne vois pas... Mais oserais-je te demander ce service ? » Bien que les ficelles de cette manipulation soient assez manifestes, cette approche trouve de nombreux adeptes dans l'entreprise lorsqu'il s'agit de se débarrasser d'un dossier encombrant. Le manque d'estime de soi, le besoin d'être valorisées attirent de nombreuses victimes potentielles dans les mailles de ce filet bien tendu.

La dévalorisation

Si la flatterie échoue, le manipulateur peut utiliser la technique de la dévalorisation, notamment en faisant croire qu'il en sait plus que sa victime ou qu'il est notoirement plus compétent : « Écoute, je consens à te confier cette importante mission, c'est un cadeau que je te fais surtout qu'on ne peut pas dire que tu sois assommé de travail en ce moment», «Il ne manquerait plus que tu veuilles prétendre à cette augmentation avec le peu d'expérience que tu as! Tu fais ce job depuis à peine six ans, moi, ça fait vingt ans que je suis à ce poste!», «Ta dernière présentation était assez médiocre. Il faudrait que tu fasses un effort car les clients n'ont pas une bonne image de toi... » Notez que le manipulateur reste volontairement très flou sur ce qu'il fait réellement. La dévalorisation va toucher la victime à un point sensible: son manque de confiance en elle. Dans la relation conjugale, la dévalorisation est généralement le signe précurseur d'une maltraitance. Les femmes et les hommes qui ont été battus par leur conjoint ont toujours été dévalorisés au préalable. Si cette communication s'invite dans votre couple, courage, fuyez!

Le floutage

Dans ce stratagème, le manipulateur cache une partie des informations en faisant croire à sa victime qu'il en sait plus qu'il ne le dit. Il entretient un nuage de fumée: «Je ne peux pas te dire tout ce que les gens m'ont dit sur toi», «Je détiens des informations sur ce sujet que je ne peux pas révéler», «Il y a certaines choses que je ne peux pas te dire, mais je peux simplement te dire que c'est ton intérêt d'accepter ce que je te propose». Dans ce cas, amenez le manipulateur à éclaircir ses propos ou ne tenez pas compte de ce marchandage.

La culpabilisation

Bien que la culpabilisation implique davantage le bourreau sur le plan émotionnel, il recourt à cette stratégie car elle porte ses fruits: «Je t'ai fait confiance jusqu'au bout, je me suis investi avec toi, j'ai cru en ton honnêteté, je suis tellement déçu par ton attitude que je ne sais pas comment je pourrai me remettre de ta décision», «Dans notre relation, il me semblait que toi aussi tu accordais de l'importance à des valeurs comme l'amitié et la fidélité. Je vois dans ton refus que ces valeurs ne sont que des mots», «J'ai quitté ma femme pour toi, j'étais bien avec elle, tu m'as fait miroiter que nous serions heureux, et maintenant tu refuses de céder à mes projets... » Dans une scène de ce genre, c'est sur la crainte de la victime d'être désavouée que le personnage du bourreau joue. Puis il appuie sur la corde sensible de la culpabilité. Cette technique est tout aussi efficace que les précédentes.

La peur

Le bourreau n'hésite pas à utiliser la peur comme stratégie. Bien des manipulateurs imposent leur pouvoir, notamment dans le domaine commercial, en recourant à la peur : « Si, demain, votre chaudière explose, il vous en coûtera extrêmement cher de réparation, alors qu'avec une cotisation mensuelle minime, vous êtes couvert. Avouez que ça serait dommage de vous en priver ! » Beaucoup de victimes essuient ainsi les abus de pouvoir de certains spécialistes. Garagistes, chirurgiens, réparateurs de toutes sortes s'abritent derrière l'implacabilité de leurs connaissances et mettent à l'épreuve notre personnage de profane qui craint de prendre une mauvaise décision : « Vous êtes libre de ne pas faire cette réparation (ou cette opération). Mais si la situation s'aggrave, il ne faudra pas venir vous plaindre, je vous aurai prévenu ! »

Le chantage affectif

Enfin, dernier classique de la manipulation, le chantage affectif : « Puisque c'est comme ça, vous vous débrouillerez sans moi, je démissionne », « Tu ne m'as pas appelé hier, je ne veux pas te voir ce soir », « Tu ne veux pas faire l'amour avec moi, je te tourne le dos ». Chaque fois, l'intention est la même : faire mine de partir pour mieux se faire retenir.

Il existe une quantité infinie de variantes à ces stratagèmes. Chacun d'entre nous rivalise de bottes secrètes plus ou moins élégantes. Si, si, soyons honnêtes ! Lorsque Scapin cherche à détrousser Géronte par ses fourberies, il invente toutes les astuces pour obtenir les cinq cents écus qu'il attend du vieil homme. Si un procédé ne fonctionne plus, il en essaie un autre ! Culpabilisation, intimidation, vexation, tous les moyens lui sont bons pour obtenir la somme attendue.

Ces manipulations affectives maintiennent l'autre dans notre zone de contrôle, elles sont terriblement nuisibles à la relation ;

elles provoquent en effet un sentiment d'injustice chez la victime à qui elles donnent le sentiment que ce qui lui arrive n'est pas normal. C'est pourquoi nous nous sentons si libres lorsque nous réussissons à nous affranchir de ce mode de fonctionnement. Quel que soit notre degré d'implication dans le triangle, nous pouvons couper les fils de nos marionnettes infernales en disant: «Stop, j'ai identifié le jeu! Je me retire de la scène.»

VOTRE ATTITUDE DANS LA VIE

Rapports de force, domination, soumission, sur la grande scène de la vie, nous passons beaucoup de temps à nous comparer à nos partenaires et à chercher avec eux la posture juste. Lorsque nous sommes en conflit, qu'il s'agisse de la sphère professionnelle ou du domaine privé, nous avons souvent tendance soit à prendre sur nous toutes les responsabilités et à nous dénigrer, soit à rendre l'autre responsable de ce qui nous arrive, ou encore à perdre l'espoir d'une issue favorable. Notre réaction est conditionnée par la confiance et l'estime que nous nous accordons et par une position qui a été programmée souvent dès l'enfance.

Lorsque nous rencontrons un lion, il y a sensiblement quatre attitudes possibles:

- reconnaître l'implacabilité du destin: nous sommes tous mortels, alors maintenant ou plus tard, vous vous laissez dévorer sans résistance par le roi de la jungle puisque vous considérez qu'il n'y a rien à faire;
- reconnaître la supériorité du lion: vous n'avez aucune chance, sans trop y croire, vous prenez vos jambes à votre cou;
- rien ne dit que le lion est plus fort que vous: vous attrapez un bâton et courez vers le lion en espérant le faire fuir;
- ne pas agir par comparaison car le lion, bien qu'il soit dangereux, n'est pas un ennemi: vous envisagez des alternatives pour cohabiter en toute sécurité avec lui.

Il y a en fait peu de chances pour que vous vous retrouviez face à un lion et puissiez vérifier l'attitude qui vous correspond. En revanche, les pages suivantes vous permettront d'identifier votre réaction spontanée lorsque s'établit un rapport de force dans la relation.

Un point de vue d'enfant

L'hypothèse est la suivante : durant son apprentissage, l'enfant est confronté à toutes sortes de conflits. Avec ses parents, ses amis et ses enseignants, il est amené à faire face à différents rapports de force, de comparaison, de rivalité, de supériorité ou d'infériorité. Imaginons qu'une dispute éclate entre deux enfants. Le ton monte, car ils ne réussissent pas à se mettre d'accord. Intimidation, relation de force, chacun cherche sa place. L'enfant peut recourir à diverses stratégies. L'analyse transactionnelle, une école de psychologie, identifie quatre positions principales :

- ***Première position :*** « C'est toujours pareil, dès que nous voulons jouer ensemble, nous finissons par nous disputer… Nous n'arriverons jamais à nous mettre d'accord ! L'enfance est vraiment un pays difficile. » C'est la dévalorisation généralisée, de soi et de l'autre ; l'enfant se dévalorise (–) et dévalorise son interlocuteur (–). Ce constat pessimiste provoque dépression et fatigue. Il crée le retrait, la tristesse, voire le désespoir. Il communique alors sous le style de l'ironie et de l'humour noir.
- ***Deuxième position :*** « Encore une fois, je ne suis pas parvenu à me faire entendre, les autres m'écrasent toujours et abusent de ma faiblesse. C'est de ma faute ! L'autre est dans son bon droit, j'aurais dû faire attention ! Je manque vraiment de confiance en moi ! » L'enfant se dévalorise (–) et survalorise l'autre (+). Il développe honte et culpabilité, de la peur aussi. Il se justifie, s'excuse, se rabaisse.
- ***Troisième position :*** « J'ai bien raison de penser ce que je pense. Ils sont trop jeunes ou trop bêtes ou trop faibles… C'est de leur faute ! Tant pis ! Je joue seul ! » L'enfant se survalorise (+) tandis qu'il dévalorise les autres (–). Il développe du mépris et de la moquerie, voire de la pitié, généralement de la colère.

- ***Quatrième position:*** « Nous n'avons pas réussi à nous mettre d'accord cette fois-ci, ça ne veut pas dire que nous échouerons la prochaine fois. Chacun est capable d'efforts. » L'enfant se reconnaît (+) autant qu'il reconnaît l'autre dans sa différence (+). Il n'existe pas de rapport de force. Il s'accepte et accepte l'autre. Il ne se tourne plus vers le problème, mais vers la solution. C'est sur cette dernière position (la plus rare !) que se construisent les relations fructueuses.

Un souvenir d'enfance tenace

L'enfant que vous avez été a grandi. En revanche, lorsque vous êtes en conflit avec l'autre, celui des quatre schémas que vous avez développé durant l'enfance reprend facilement le dessus et influence vos choix. Il agit comme un réflexe. C'est pourquoi tant que vous ne l'avez pas identifié, vous reproduisez le même fonctionnement relationnel avec différents partenaires. Bien que votre personnalité soit familiarisée avec chaque position, une dominante vous caractérise. Imaginez que, tandis que vous lisez tranquillement, un inconnu pénètre brutalement dans votre espace en proférant de violents reproches. Avant même de connaître les raisons de sa colère, vous aurez une réaction réflexe, soit un sentiment de culpabilité : « J'ai dû faire quelque chose de mal, il vient se plaindre ! » ; un sentiment de colère : « De quel droit cet individu interrompt-il ma lecture ?! » ; un sentiment de désabusement : « Décidément, il est impossible de lire ce livre passionnant ! » ; une envie de communiquer : « Voyons ce que cet inconnu me veut et comment résoudre positivement ce conflit. » Notons que cette quatrième position (+ +) ; la seule qui nous oriente vers une solution non violente, n'est pas une réaction naturelle et demande de développer son sang-froid, son empathie et son sens de la communication.

Identifier sa position de vie

Vous pouvez à présent identifier la position de vie que vous reproduisez le plus fréquemment lorsqu'un conflit éclate avec un partenaire :

1. Je me dévalorise (–) et je dévalorise l'autre (–).
2. Je me dévalorise (–) et je survalorise l'autre (+).
3. Je me survalorise (+) et je dévalorise l'autre (–).
4. J'accepte les différences (+) et je me tourne vers la solution (+)

Comme au théâtre, l'intensité dramatique d'une scène dépend des personnages qui s'y rencontrent. Ainsi, lorsqu'un personnage conditionné par un programme – + (tendance à se dévaloriser et à survaloriser l'autre) rencontre un personnage conditionné par un programme + – (tendance à se mettre en avant et à dévaloriser l'autre), le canevas est tout tracé pour accueillir une scène de domination ou de harcèlement. Lorsque deux personnages au programme identique + – se rencontrent, ils vont chercher un bouc émissaire en cas de conflit ; car jamais ils ne se remettront en question. Lorsque deux personnages se rencontrent en position – –, ils vont passer beaucoup de temps à se plaindre, à critiquer et à reprocher… La posture vers laquelle nous avons intérêt à tendre est la posture + + (se valoriser soi-même et prendre conscience des valeurs de l'autre). Dans cette posture, vous développez tant la confiance en vous que la confiance en l'autre. Progressivement, la relation devient alors plus mature, plus inspirante et plus nourrissante.

Sur la grande scène de la vie, nous avons tendance à calquer un rapport de force dans une relation (tendance par exemple à se sentir inférieur si nous nous adressons à notre directeur, à un sénateur, à un député ou à une personne plus âgée ou plus influente) ou à prendre de haut une personne d'une position sociale inférieure (un stagiaire, un concierge, un serveur). Dans ce cas, nous confondons le personnage et l'acteur…

Enfant ou parent ?

Un autre outil permet de comprendre les rôles de notre théâtre intérieur. Il s'agit d'une grille de lecture grâce à laquelle il est possible de décrypter certains types de relation dans lesquels nous nous enfermons parfois. J'ai souvent entendu des hommes et des femmes se plaindre de ne pas réussir à s'affirmer face à leur parent. Ils avaient beau être âgés de 40 ou 50 ans, leur personnage d'adulte s'effondrait en un clin d'œil devant leurs parents. Une petite claque sur la joue, un « Je te connais par cœur mon petit, n'oublie pas que c'est moi qui t'ai fait », une façon attentive de préparer un panier de provisions, et voilà l'adulte qui redevient le petit garçon ou la petite fille « à sa maman ».

Ce rapport, fréquent avec les parents, se reproduit dans d'autres formes d'autorité (hiérarchique, institutionnelle, liée à l'âge, etc.). C'est plus fort que nous, dans certaines situations, notre interlocuteur nous semble tellement compétent que nous l'admirons avec la docilité d'un enfant. Dans d'autres relations, au contraire, les propos que tient notre interlocuteur nous semblent tellement naïfs que nous intervenons en donneurs de leçon : conseils, recommandations, reproches, nous recourons à toutes les attitudes d'un parent autoritaire réprimandant son petit.

Notre théâtre intérieur abrite en fait toute une famille. La première génération de cette famille est ***l'enfant***. L'enfant lui-même peut être un enfant ***soumis*** : il mangera jaune si on lui dit de manger jaune, dira oui si on lui demande de dire oui, votera bleu si on lui recommande de voter bleu. L'enfant soumis est envahi par un manque de confiance en lui et un manque d'estime de soi qui le font avoir sans cesse besoin de reconnaissance, reconnaissance qu'il brigue par sa soumission !

L'enfant peut au contraire être ***rebelle*** : bien que le rebelle soit persuadé d'être libre, il ne l'est pas puisqu'il agit en opposition. Il dira non si on l'invite au oui, s'habillera en vert si on lui demande de revêtir du bleu, mangera froid si on lui conseille un plat chaud. L'enfant rebelle revendique car il n'a pas trouvé son autonomie.

L'enfant ***libre*** est soumis aux influences du vent et sait s'y adapter. Cet oiseau-là sait voler à contre-courant quand le cœur lui en dit. Il respecte les règles quand elles sont bonnes et n'hésite pas à les transgresser si elles ne le sont plus.

L'enfant parle à la première personne du singulier. Il communique à partir de ses sentiments, de ses besoins, de ce qu'il ressent.

Le parent construit son attitude à partir des valeurs qui lui ont été transmises. Il est attentif à respecter ce qu'il faut et ce qu'il ne faut pas, ce que l'on doit et ce que l'on ne doit pas, ce qui est permis et ce qui ne l'est pas. Le parent est cérébral. Il utilise sa tête plus que son cœur pour résoudre une situation.

Le parent peut être un parent ***normatif***: «Il faut traverser sur les clous quand le petit bonhomme est vert», «Il faut le croire parce que c'est écrit», «Il faut arriver à l'heure pour être poli». Le langage de ce parent s'articule autour d'impératifs: «Il faut, il ne faut pas», «Ça se fait», «C'est comme ça», «Ça n'était pas prévu», «Ça ne se dit pas», «On ne fait pas ça», «C'est la règle», «Normalement». Le parent normatif se distingue en ne parlant pas de lui à la première personne du singulier. Ce qui est cohérent puisqu'il s'oublie lui-même! Il préfère suivre la règle plutôt que de comprendre pourquoi elle existe.

Le parent peut également être ***nourricier***: en ce cas, il nourrit l'autre de tout. De conseils, de recommandations: «Tu devrais manger davantage de légumes», «Moi, à ta place, je l'appellerais», «Pourquoi ne réponds-tu pas de cette façon?», «Tu pourrais au moins te lever plus tôt».

Le parent ***sauveur*** intervient toujours par rapport à l'autre puisque son objectif est de le sauver: «Ne t'inquiète pas, si tu ne sais pas décider, je le ferai à ta place», «Tu prends une mauvaise voie, laisse-moi choisir pour toi (ton métier, ta maison, ton mari), je le fais pour ton bien». Apparemment confident, rassurant, attentionné, ce personnage de sauveur (que nous avons déjà rencontré au sein du triangle infernal) se révèle profondément intrusif et castrateur, voire prédateur.

Le parent ***tyrannique***: c'est son point de vue qui prédomine sur celui des autres: «Tu es ridicule avec ce chapeau!», «Je ne vois pas ce que tu trouves à ton ami, il n'a aucune conversation…»

Enfin, ***l'adulte*** est autonome. Il se conforme aux lois et sait les respecter, mais il sait aussi s'en dégager et se mettre à l'écoute de ses propres besoins. Il s'assure toutefois que ceux-ci peuvent s'exprimer dans la communauté. L'adulte est attentif aux autres. Il jouit de son expérience tout en valorisant la spontanéité, l'enthousiasme et la naïveté de son enfant intérieur.

Ces personnages n'ont pas d'âge comme l'indique cette réaction d'un enfant de 10 ans : alors que son père (dans le rôle de l'enfant libre) lui proposait de prendre leurs vélos pour aller pédaler tous les deux, l'enfant (dans le rôle du parent normatif) a répondu qu'il n'était pas raisonnable de sortir à 19 heures, car ils ne seraient jamais rentrés pour le dîner ! Dans le couple, il est fréquent que les conjoints jouent alternativement les rôles du parent normatif et de l'enfant rebelle… Il existe une multitude de combinaisons.

Deux personnages s'entendent mieux lorsqu'ils se reconnaissent comme faisant partie de la même famille. Ainsi, une conversation entre un enfant rebelle qui se plaint de payer trop d'impôts et un parent normatif sera stérile si ce dernier dit : « Les impôts sont utiles pour construire des routes. » À l'enfant rebelle, il serait préférable qu'il dise : « C'est vrai, le gouvernement exagère », pour pouvoir, dans un second temps, exposer son point de vue.

SILENCE… MOTEUR… ACTION !

Triangle infernal, bourreau, victime et sauveur, enfant rebelle, soumis ou libre, parent normatif, tyrannique ou nourricier, adulte – cette grille ne vise pas à vous enfermer mais, au contraire, à vous permettre de mieux faire connaissance avec ***tous les personnages*** de votre théâtre intérieur de façon à les identifier lorsque vous avez la sensation qu'une scène tourne en rond. À présent que vous avez fait connaissance avec les rôles de ce théâtre, il est temps de monter sur scène… Le spectacle va commencer !

CHAPITRE 6

METTRE EN SCÈNE SON EXISTENCE

CHOISIR SON STYLE DE JEU

Sur scène, l'acteur qui crée un rôle incarne pour la première fois le personnage. Pourtant, bien avant lui, l'auteur et le metteur en scène ont déjà donné une première vie à ce rôle. En écrivant sa pièce, l'auteur fait sortir le personnage des fonds abyssaux. Il en dessine le profil, lui choisit un nom, lui donne un âge, un caractère, et lui compose un passé. L'auteur écrit aussi les situations à partir desquelles les protagonistes qu'il a retenus vont évoluer. Il attribue à chacun un style et tisse des liens entre eux. Il choisit la trame, l'enjeu, les rebondissements et l'issue de la pièce. En écrivant, l'auteur impose aux personnages les événements auxquels ils seront confrontés et il leur suggère une attitude pour les traverser. Ainsi, avant même qu'elle ne soit mise en scène, la pièce écrite est déjà une tragédie, une comédie ou un drame.

Puis intervient le metteur en scène, le ***metteur en vie.*** On me demande souvent quel est le rôle exact du metteur en scène de théâtre. Pour moi, c'est un maïeuticien : celui qui accompagne l'accouchement, celui qui donne vie à l'histoire. Le metteur en scène transforme les mots d'un auteur en un spectacle vivant. Il choisit l'œuvre, auditionne les acteurs, imagine un décor, puis il donne le ton à la pièce. J'ai ainsi assisté à une version de ***Britannicus*** totalement tragique, et à une autre pleine de facéties et de drôlerie. Dans les deux cas, le texte de Racine était pourtant respecté à la lettre. C'est en grande partie le regard du metteur en scène qui va rendre les personnages sympathiques ou non et donner son rythme à la pièce.

ÉCRIRE SA VIE

Les personnages de notre théâtre intérieur s'expriment au fil des épisodes de notre existence. Dans le même temps, à l'ombre des projecteurs, notre auteur et notre metteur en scène intérieurs tissent la trame de notre vie. Ils se chargent de régler les situations et de les modifier, si besoin est. L'auteur en nous est celui qui bouleverse la trajectoire de notre histoire, celui qui sort notre personnage de sa routine. Pour prendre conscience de son influence, vous pourriez, par exemple, décrire l'année qui vient de s'écouler : « Mon travail était trop dévalorisant, j'ai pris rendez-vous avec mon patron, je lui ai annoncé que je démissionnais », « L'hiver dernier, j'ai rencontré une femme, elle me plaisait tant qu'une semaine après notre rencontre, je lui ai proposé de venir vivre avec moi », « J'ai décidé de déménager et je suis venu m'installer à Montpellier », « Je n'aimais pas la tapisserie, j'ai alors repeint totalement ce nouvel appartement », « Son attitude ne me correspondait plus, j'ai mis un terme à nos rapports ». Tous ces fragments de vie sont le fait de l'auteur qui vit en nous. C'est lui qui agit pour changer le fil de notre histoire et la récrire lorsque celle-ci ne nous convient plus telle qu'elle est. Cet auteur intérieur intervient finalement assez peu. Nous faisons appel à lui pour réagir au moment d'une séparation, d'un mariage, d'un déménagement, d'un changement professionnel, ou lorsque nous sommes dans une impasse. Pour le reste, nous nous contentons bien souvent d'évoluer à partir de la trame déjà écrite sans chercher à la modifier. Nous avons tendance à considérer que l'auteur a rédigé sa partition, et que, désormais, il nous appartient de l'interpréter au lieu de le déranger à chaque scène difficile.

L'auteur est lié au mouvement. C'est lui qui crée les rebondissements, les événements, qui fait entrer de nouveaux personnages sur scène ; mais c'est aussi sur son écriture que repose le rythme. Parfois, son style est très lent et les événements sont longs à se dénouer ou à évoluer, car son style est trop bavard ; dans d'autres cas, il ne s'ennuie pas de figures de style et fait évoluer notre existence à coups de ruptures, de rencontres imprévues, de rebondissements permanents. Parfois également, la pièce est totalement décousue. Les événements se succèdent sans aucun lien de cause à effet. Vous avez toujours la possibilité de superviser l'auteur pour vérifier que son style correspond à vos aspirations profondes. Comme l'auteur écrit vos dialogues, décide de votre façon de vous exprimer, dans un style très accessible, ampoulé, simple ou très sophistiqué, vérifiez que ce qu'il choisit vous convient.

METTRE SA VIE EN SCÈNE

Il y a un autre personnage intérieur dont nous avons quotidiennement besoin : le metteur en scène. C'est le metteur en scène qui, à partir du texte qui nous est distribué (les événements imposés), nous éclaire sur la manière de le jouer. Un même événement peut en effet être interprété de façon bien différente en fonction du regard que nous portons sur lui.

Qu'un mari trompe sa femme et nous avons le prétexte à la plus classique des pièces de vaudeville. Plantons un décor adéquat : un intérieur bourgeois composé d'une chambre conjugale et d'un petit salon. Nous y placerons une maîtresse nymphomane en porte-jarretelles, un mari infidèle un peu coincé qui ne gardera que ses chaussettes et sa cravate, et nous ferons entrer la femme trompée à l'improviste. Si le budget le permet, nous cacherons un cambrioleur dans l'armoire, un détective privé qui s'est trompé d'adresse, une femme de chambre maniaque, et le succès de la comédie est assuré ! Pourtant, en quoi réside l'intrigue ? Un mari trompe sa femme. Les faits s'arrêtent là. Le reste n'est qu'une interprétation de la réalité, influencée par la cocasserie de l'auteur et l'imagination du metteur en scène.

Transposez cette situation dans un cadre tragique : la pièce sera écrite en alexandrins. Il sera question de trahison, de courroux infini, de cœur meurtri et de vie brisée. Le décor représentera un palais de la Grèce antique un soir de pleine lune. Les acteurs joueront avec sincérité. Le mari parjure criera son dilemme entre son devoir de fidélité et la fougue d'un élan dicté par les dieux. L'homme se lamentera, la femme sera déchirée, les cinq actes s'éterniseront jusqu'à minuit et nous assisterons à une saisissante tragédie. Avec un autre metteur en scène, nous pouvons assister à un drame ; dans ce cas, les dialogues seront interminables dans une succession de monologues entre le mari et la femme, en plan serré ; les larmes aux yeux, ils expriment leur impossibilité à s'aimer et à trouver une issue à cette situation malheureuse.

Au-delà de l'interprétation tragique ou dramatique qu'en fait l'auteur, l'intrigue est la même dans ces exemples : un mari trompe sa femme. C'est le metteur en scène qui renforce la dimension tragique. Ce qui fait que notre existence a l'allure d'une tragédie ou le ton d'une pièce de boulevard, c'est le traitement dramatique et la place que nous imaginons tenir sur scène. Nous avons toujours le choix de réagir différemment à chaque événement. De nos jours, par exemple, une grève suivie des transports provoque colère et indignation chez les uns, tandis que d'autres n'y voient que l'une des petites contrariétés de l'existence – cela alors que les conséquences et les expériences sont similaires.

Lyrique, dramatique, comique, quel style de mise en scène choisir ?

Lorsqu'une personne me relate un incident qui lui est arrivé, au-delà de l'histoire en elle-même, j'observe toujours quel type d'acteur incarne mon interlocuteur. A-t-il le sens de la démesure ? Projette-t-il son histoire dans une comédie de boulevard ou en fait-il une épopée lyrique ? Un drame peut-être ? Quel temps met-il à me raconter son anecdote ? Quel décor habite-t-il ? Quel personnage joue-t-il ?

Pour en savoir plus sur lui, j'adopte le regard du metteur en scène, c'est-à-dire que je concentre mon attention tant sur mon interlocuteur que sur son propos. Son comportement est-il cohérent avec les arguments qu'il tient ? Ses gestes sont-ils en harmonie avec ce qu'il dit ? Comment se tient-il dans l'espace ? Le rythme de sa respiration est-il retenu, accéléré, ralenti ? Qu'en est-il de ses expressions, du mouvement de ses yeux, de sa position ? Est-il stable sur ses jambes ? Où sa voix prend-elle sa source : dans sa tête, sa gorge, son thorax, son abdomen ? Les silences qu'il utilise sont-ils habités ? À travers cette grille de lecture, son comportement m'en apprend plus sur son histoire que ses mots eux-mêmes !

Si, par exemple, mon interlocuteur m'assure qu'il n'est pas du tout contrarié alors qu'il se gratte nerveusement la main, j'écoute peu ses arguments. En revanche, je me montre empathique avec lui de façon à percevoir moi-même ce qu'il ressent. Je fais cela intérieurement, en miroir, un peu à la manière de l'inspecteur Colombo de la fameuse série policière lorsqu'il imite le déplacement de ses suspects afin de ressentir, de l'intérieur, où se situe la faille de leur alibi. L'effet de miroir me permet de ressentir ce que l'autre ressent. Je suis à l'écoute des signes que m'envoie mon corps, je peux décrypter si, profondément, mon interlocuteur éprouve ou non de la colère, s'il a été dérangé, bouleversé, etc.

Il arrive que quelqu'un m'assure qu'il n'est pas en colère alors que, profondément, il l'est, pour la simple raison qu'il n'est pas conscient de sa colère. Elle est enfouie trop profondément. De nombreux personnages peuvent jurer sincèrement vivre en harmonie, tandis que leur corps ne trahit que frustration et souffrance. Cette désynchronisation entre le propos et l'attitude est souvent aussi flagrante que celle qu'offre un individu ivre et titubant vous assurant qu'il est en pleine possession de ses moyens. Avec un peu d'entraînement, il est possible de prendre conscience des émotions qui nous habitent et colorent nos actes, les nôtres et celles de l'autre.

C'est tragique !

Qu'il s'agisse d'une pièce de théâtre ou de notre existence, le mode tragique est un regard spécifique sur le monde. Ce qui est tragique, ce n'est pas l'événement en lui-même, mais le traitement que nous en faisons. Dans la tragédie, l'homme entretient un rapport singulier avec le destin. Le genre est particulier en ce sens qu'il repose sur la conscience de la fatalité contre laquelle se brisent les entreprises humaines : rien ne peut aller contre ce qui est écrit. La particularité d'une tragédie est que l'enjeu est annoncé dès le départ (il faut sacrifier Iphigénie sur l'autel, les Grecs doivent partir en guerre et les amants seront séparés…). Cette fin ne peut être changée ; en revanche, l'attention du spectateur va être portée non sur les ressorts de l'intrigue, mais sur la façon dont les héros vont trouver en eux les ressources pour se dépasser et transformer les épreuves en défis. Face à une situation tragique dont l'issue est inexorable, le public est résigné. Il abandonne tout espoir et oscille entre admiration et pitié.

Je rencontre beaucoup d'hommes et de femmes qui vivent leur vie comme une tragédie sans être conscients pour autant du véritable enjeu de l'obstacle qu'ils ont à transformer. Ils n'ont pas conscience qu'ils sont responsables de leurs actes et, en même temps, rejettent le monde dans lequel ils évoluent. Ils se plaignent et refusent la partition qui est la leur. À leur contact, nous éprouvons un sentiment de résignation, car ces relations laissent peu de place à l'initiative, à la création. Le poids de la fatalité brise tant l'élan de ces acteurs que celui de leurs partenaires.

Dans la tragédie, l'homme ne peut pas échapper à son destin et il le sait. Le public ne se demande pas quels vont être les rebondissements : la sentence est inexorable et annoncée dès le premier acte. La suprématie des dieux est attendue. La fatalité est implacable. Dès que le taureau est dans l'arène, c'en est fini pour lui. Les spectateurs sont attentifs, non plus à l'issue, mais aux étapes psychologiques que vont traverser les héros durant les cinq actes.

C'est un drame !

Dans le drame, en revanche, le personnage est libre de son destin. Le dénouement, souvent malheureux, n'est dû qu'à des facteurs humains. Dans le drame, l'homme ne croit pas en la suprématie des dieux, c'est ce qui le libère de l'intrigue. Il connaît des péripéties, il a conscience d'être responsable de l'issue de chaque épreuve. Il sait que chaque cause a un effet, et qu'il peut agir sur son destin. En revanche, les protagonistes d'un drame entretiennent le style de la pièce par leurs actes. Ils se vengent, veulent faire payer à l'autre, et ainsi, restent dans la dimension du drame. Dans le drame, chaque nouveau rebondissement transforme le personnage. Ce dernier est heureux lorsqu'il est aimé, lorsque son activité est florissante, lorsque ses enfants sont en bonne santé, puis, au fil des obstacles, il se met à douter, à déprimer. Ce personnage déploie beaucoup d'énergie pour éviter le drame et préserver son bonheur.

Quelle comédie !

Chaque traitement d'une même histoire en modifie la lecture. Dans la comédie, c'est l'obstacle qui est prétexte au rire. Le personnage principal est confronté à ce qu'il redoute le plus. C'est ce qui rend la situation comique.

Les comédies sont souvent construites sur un même canevas : lors d'une scène d'exposition, le personnage principal, confortablement installé dans sa vie, nous relate à quel point il est heureux de sa situation, de sa relation avec la femme qu'il aime, de son argent. La deuxième étape nous fait penser que le confort de notre héros va bientôt être mis à mal : un prétendant tourne autour de sa promise, son fils en veut à son héritage, sa femme se prépare à le quitter, une tuile est prête à tomber du toit… Moins notre personnage y est préparé, plus le ressort comique est tendu ! Dernière étape, le héros est confronté directement à ce qu'il redoute : c'est le dénouement de l'action, source de rebondissements rocambolesques.

Boulevard du théâtre

Dans le théâtre de boulevard, on porte assez peu de cas au sens des événements qui se produisent. Le rythme de ce genre de pièce ne permet pas l'introspection. La réaction du personnage face à l'épreuve se limite à trouver une solution immédiate ; il n'en cherche pas le sens profond. Le boulevard n'analyse pas l'origine des événements ni leur signification. Il reste en surface. Les mêmes faits peuvent se reproduire plusieurs fois au cours d'une même scène, l'acteur sera toujours surpris ! Théâtralement, cette naïveté constitue un ressort comique inépuisable. Un acteur assis sur une chaise peut brusquement tomber à la renverse en enlevant ses bottes. Comme il ne comprend pas que ce mouvement est à l'origine de sa chute, il va se rasseoir et, en toute simplicité, reprendre l'une de ses bottes à deux mains avant de tomber une nouvelle fois ! La clé du comique à répétition consiste à reproduire le même mouvement le bon nombre de fois. L'acteur traite l'événement sans analyser les raisons qui le font tomber.

Dans ce genre théâtral, les acteurs sont passifs quant à leur raison de vivre ; ce sont des figurants parlant et agissant. Il s'agit, hélas !, d'un style théâtral très prisé dans notre monde où tant de personnages ne saisissent pas les raisons profondes de leurs actes et occupent la scène machinalement.

Commedia dell'arte

Chaque culture, chaque époque invente le théâtre qui lui correspond. L'Italie a mis en scène sur ses tréteaux les figures qu'elle dénonçait, donnant ainsi naissance à la commedia dell'arte : un théâtre de masques populaire et caricatural. Jouée dans les foires, la commedia dell'arte permettait de distraire et d'amuser, bien sûr, mais aussi d'exorciser, par le rire, les personnages mal aimés : notaires, médecins, avares et autres grincheux.

Le Mahābhārata, théâtre sacré

À travers le Mahābhārata et le Rāmāyana, le théâtre indien se rapproche des dieux qu'il met en scène. Le théâtre est, pour le public, une méditation sur la nature humaine, sur le rapport au sacré, à la mort, aux divinités, aux éléments.

Le théâtre populaire

En France, les protestations qui ont enflammé la fin des années 1960 ont accouché d'une vague d'auteurs et de metteurs en scène contestataires dans un théâtre populaire, hyperréaliste et militant.

C'est la flambée d'un théâtre politiquement engagé qui sort des murs et brise les conventions traditionnelles de la mise en scène.

DONNER UN SENS À SA MISE EN SCÈNE

J'écris ces lignes au moment de Noël. Chacun se prépare à mettre en scène son réveillon. J'imagine, dans chaque maison, l'effervescence de tous ces metteurs en vie. Un réveillon s'organise comme un spectacle : on invente son menu, on choisit ses invités, on installe son décor, on règle les éclairages et on soigne son costume. Par cette succession de petits choix, c'est notre propre vie que nous mettons en scène. Comme nous la traversons souvent en étant persuadés que nous n'en sommes que les interprètes, il nous arrive de nous asseoir en cherchant à comprendre quel est le sens de notre existence.

Une soirée que nous mettons en scène est une occasion de concrétiser les valeurs qui nous tiennent à cœur. Ce peut être le partage, la célébration, l'écoute, l'offrande ou la rencontre de l'autre. Donner un sens à sa vie, c'est permettre à ces valeurs de s'incarner concrètement. On peut offrir de nombreux cadeaux, investir du temps et de l'argent pour organiser des fêtes somptueuses. Si l'intention d'offrir et la conscience de recevoir n'accompagnent pas le geste, il restera, chez chacun, la frustration de n'avoir pas partagé. Si les enfants sont encore avides après avoir déballé leurs jouets, c'est qu'ils ne savent pas encore ce que signifie recevoir. Donner en conscience, c'est prendre le temps de regarder dans les yeux celui à qui l'on donne, celui de qui l'on reçoit. C'est établir le lien, être dans l'intention d'offrir. La conscience de recevoir, comme celle d'offrir, nous apaise et nous nourrit. Souvent, plus que le cadeau offert, c'est notre metteur en scène intérieur qui donne son sens à notre vie, pas l'acteur. L'acteur se contente généralement d'exécuter, sans être conscient, un rôle qui, bien souvent, le dépasse.

Au théâtre, le metteur en scène fait longtemps travailler l'acteur pour qu'il incarne cette qualité si précieuse qu'est la présence – être présent ici et maintenant à chaque geste qu'il entreprend sur scène. Tant qu'il n'incarne pas sa présence, l'acteur passe inaperçu sur la scène ; en revanche, dès qu'il incarne la présence, le moindre de ses gestes prend toute son ampleur : offrir un cadeau en présence, le recevoir, mettre en scène un dîner, servir du vin. Il en est de même de notre vie de tous les jours. Lorsque nous sommes présents à nos gestes les plus quotidiens, nous donnons à notre existence sa dimension sacrée.

Mettre en scène ses propres rituels

Beaucoup d'événements sont fêtés machinalement. Ainsi, Noël, Pâques, Halloween, les anniversaires sont des occasions de s'offrir des cadeaux et de déguster des chocolats. Pourtant, le fait de célébrer l'événement plutôt que de le consommer nous permet d'accéder à son côté merveilleux. Pour cela, nous pouvons célébrer ces événements en conscience. Dans les civilisations des peuples premiers, les passages de la vie – naissances, passage à l'adolescence, premiers jours de chasse d'un individu, décès, etc. – sont toujours célébrés avec beaucoup de conscience par le groupe. Les rituels permettent de renforcer les liens au sein du groupe. La consécration d'un rituel renforce le sens d'un événement important tel qu'une naissance ou un anniversaire ; elle l'inscrit dans l'histoire. Le rituel peut consolider une relation, en développer la qualité. Pour jouir du bénéfice d'un rituel, osez le mettre en scène. Chacun peut le faire à sa façon.

Dans la famille, le rituel peut être l'occasion de dire ce que, par pudeur et habitude, l'on tait. Dans le couple, les amants ont tout le loisir de mettre en scène leur propre rituel afin d'honorer leur union. Le rituel permet de dépasser la dimension quotidienne de l'existence et d'atteindre sa dimension sacrée. Les premières règles chez une adolescente peuvent être célébrées, comme cela se fait dans beaucoup de traditions, avec les femmes proches de la famille. Le départ d'une maison peut être ritualisé dans un au revoir au lieu qui nous a accueillis... Pour fonctionner, le rituel doit s'appuyer sur un acte symbolique : dire une phrase, écrire une lettre, planter un arbre, allumer un feu ou une bougie, offrir une fleur, etc. Cet acte sera accompagné d'une intention : réconcilier, réparer, apaiser, pardonner, guérir, honorer.

Grâce à ces rituels, l'histoire de votre vie ne sera plus ponctuée par des événements qui vous échappent, mais par des actes que vous inscrivez dans votre légende.

Le sens de la brouette

Un observateur contemple des travailleurs en train de transporter de lourdes pierres dans une brouette. Curieux de leur chantier, l'homme demande à l'un des ouvriers :

— Que fais-tu donc ?

— Ça ne se voit pas ? Je porte des pierres, quelle question !

Notre observateur accoste alors un deuxième ouvrier qui exécute le même trajet que le premier mais qui semble être plus attentif. Il lui demande :

— Que fais-tu donc ?

— Vous voyez le tas de pierres qui est là ? Ce sont des pierres qui ont été taillées à la carrière. Moi, je les transporte dans ma brouette jusqu'au chantier à côté, de façon que d'autres les assemblent.

L'observateur en sait un peu plus, mais pas suffisamment. Il interpelle alors un troisième ouvrier qui exécute la même opération, mais cette fois-ci avec une conscience et un plaisir non dissimulé.

— Que fais-tu donc ? demande-t-il à l'homme.

— Moi ? Probablement la plus belle mission que l'on puisse avoir sur terre ! Pour l'amour de Dieu, avec tous les hommes qui sont là, nous bâtissons une cathédrale.

Dès que vous êtes en lien avec le sens de vos actions, vous vous reliez à votre chemin de vie. Dans l'exemple précédent, l'action est la même pour les trois ouvriers : transporter des pierres dans une brouette. En revanche, le metteur en scène intérieur de chacun détermine sa conscience et donne un sens à ses actions les plus anodines. Tous nos actes nous offrent la possibilité de satisfaire, en nous et chez l'autre, l'un ou l'autre de nos besoins fondamentaux : être reconnus, appréciés, encouragés, écoutés, apaisés. Notre bonheur naît de la satisfaction consciente de nos besoins.

L'infirmière qui soigne toute la journée, l'instituteur qui transmet un savoir, le biologiste qui cherche, se fatiguent rapidement s'ils se coupent du besoin originel qui a inspiré leur vocation : soigner, transmettre des connaissances, apprendre. Toutefois, face aux exigences, au manque de personnel, aux compressions budgétaires, beaucoup se plaignent de ne plus pouvoir exercer dignement leur mission. Leur plainte prend bientôt tout l'espace de la relation. Des soignants s'insensibilisent, des enseignants sont démotivés, des chercheurs se lassent. Pour maintenir le rythme, ils enchaînent leurs activités de façon mécanique. En revanche, ceux qui parviennent à se respecter dans leur vocation sont à même de maintenir un rapport humain de qualité, si bien qu'en fin de carrière, ils sont moins aigris, plus épanouis.

« Je veux sauver ma planète ! »

Nous sommes très nombreux à vouloir donner du sens à notre vie, à vouloir nous sentir utiles. Ce qui donne du sens à notre vie, ce n'est pas l'action en elle-même, c'est le lien que nous effectuons entre l'action extérieure et la valeur interne. Ainsi, nous pouvons traverser la terre en participant à des actions humanitaires et nous sentir pourtant inutiles, comme nous pouvons nous sentir utiles en restant dans notre village. Ce qui donne le sens de notre vie, c'est l'intention consciente avec laquelle nous incarnons nos actes quotidiens. Cela nous demande d'être « alignés » : corps, personnalité, esprit.

Beaucoup de militants d'organismes humanitaires ou écologiques courent le monde à toute allure. Ils ont besoin d'aider, besoin de rendre service, besoin de contribuer à apaiser les injustices et la souffrance. Ils donnent énormément de leur temps à travers des missions généreuses. Pourtant, beaucoup ressentent une frustration liée au sens de leur vie. La source de leur engagement se tarit au bout de quelques années. C'était le cas de Paul, médecin humanitaire et militant d'Amnesty international qui a brutalement mis un terme à ses activités: « Je me suis assez occupé des autres ; maintenant, je m'occupe de moi. » Si nous ne sommes pas conscients des besoins profonds à l'œuvre dans notre engagement, notre motivation s'érodera.

Notre engagement envers l'autre est juste lorsqu'il prend en compte nos besoins. Besoin d'être utiles, besoin de partager, besoin de célébrer, de rencontrer, de découvrir, besoin de donner une dimension sacrée à sa vie. Dans ce cas, chacune de nos actions sera animée par l'intention juste et le besoin juste. Ce n'est qu'en tenant compte de ces besoins que nous savons si notre aide sera plus juste en Afrique ou dans notre propre village ! Notre désir s'apaise lorsque le besoin qui y est associé est identifié. Des actions aussi anodines que nettoyer sa maison, prendre une douche, nourrir ses enfants, planter des fleurs, garder les enfants de la voisine, répondent à nos besoins fondamentaux et prennent tout leur sens dès lors qu'elles sont réalisées en conscience. Chaque vocation est juste.

Pour que sa mise en scène soit harmonieuse, le monde a besoin de volontaires dans les missions humanitaires, de soignants, d'enseignants, d'agriculteurs. Il a besoin de voisins qui s'entraident, d'artistes, de spectateurs, de boulangers — chacun ayant une place, il la trouvera mieux en étant conscient de l'influence qu'a sur l'univers la moindre de ses actions.

Ça a du sens !

Imaginons que dans un village coule une fontaine. Si tous les matins vous versez quelques gouttes de colorant dans cette fontaine, personne ne s'en rendra compte. Vous-même ne verrez pas l'eau changer et votre action quotidienne vous semblera inutile. Pourtant, si vous répétez ce geste avec application pendant des mois, voire des années, l'eau de la fontaine deviendra progressivement bleue, ou rouge, ou jaune, en fonction de la couleur que vous aurez choisie.

Cette fontaine imaginaire coule déjà en vous. Elle est votre vocation, la raison profonde qui fait que vous êtes sur cette terre. Le colorant, c'est l'intention qui, tous les jours, inspire votre vie. Celle-ci peut s'exprimer dans votre métier, bien sûr, mais aussi dans vos relations avec votre famille, vos amis, vos voisins, les commerçants de votre quartier et même les passants que vous croisez dans la rue. C'est parce que les fruits de vos intentions ne sont pas visibles que vous avez la sensation que votre vie n'a pas de sens. Découragé, vous privez vos gestes d'âme et entretenez la routine. Pourtant, chaque minute de votre existence peut revêtir une signification profonde.

Ce n'est pas la pertinence de l'action qui donne un sens à notre vie, mais l'intention qui l'accompagne. Nous pouvons offrir une boîte de peinture à un enfant en espérant qu'il aille jouer dans sa chambre et nous fiche la paix. Nous pouvons offrir la même boîte à cet enfant dans l'espoir qu'il développe sa créativité. Le geste existe par l'intention qui le motive. C'est la question que nous devrions nous poser à chacune de nos petites décisions : « Pourquoi est-ce que je fais cela ? »

UNE MISE EN SCÈNE HARMONIEUSE

Lorsque, au théâtre, le metteur en scène règle son spectacle, il garde un œil sur tout : les acteurs, les costumes, le rythme et la musique. Il ne laisse rien au hasard. C'est l'équilibre de tous les composants qui donne son harmonie à la pièce. Si, par exemple, le metteur en scène veut donner au public l'impression d'un couple amoureux, il fera en sorte que les costumes de l'homme et de la femme soient dans des tons complémentaires. Il créera un éclairage doux, appuyé de quelques bougies. Il installera les acteurs dans une position confortable et demandera au décorateur de faire couler une fontaine au fond de la scène. Chaque choix sera animé par une intention d'harmonie. C'est ce qui donne le ton à la mise en scène. Si, au contraire, il veut montrer deux personnages au bord de la rupture, il choisira des tons en dysharmonie, des couleurs criardes. Il peut créer un fond sonore gênant : une télévision allumée couverte par le bruit de la rue et la radio du voisin. Il peut asseoir l'homme sur une chaise bancale, la femme au bord d'un lit étroit. La lumière sera crue, blanche, les accessoires utilisés seront ébréchés, les personnages useront d'un vocabulaire agressif. Tout ce qui est visible et audible par le spectateur accentue l'impression générale d'harmonie et de paix ou, au contraire, de violence et de conflit.

Créer son décor

Dans notre vie, nous n'accordons généralement que peu de pouvoir à notre metteur en scène intérieur. Trop souvent, nous acceptons d'évoluer dans un décor totalement disparate sans prendre conscience de son influence sur les protagonistes qui y évoluent.

J'assiste parfois à des représentations familiales dans des cadres où tout est en dysharmonie. Aucun effort n'a été fait pour soigner le décor, les accessoires. Tout laisse pressentir le conflit, la rupture. C'est le cas, par exemple, de familles qui maintiennent chez elles un fond sonore avec une télévision ou un poste de radio (que personne ne regarde ni n'écoute), et qui parlent fort pour couvrir le volume sonore. D'autres vivent dans des pièces enfumées, jamais aérées. Comme les enfants sont très sensibles à l'ambiance, ils s'imprègnent vite de la dysharmonie. Ils se mettent à parler fort à leur tour, pleurent facilement, ont des gestes brusques, n'écoutent pas. Les parents s'énervent alors contre eux, sans avoir conscience que le cadre qu'ils leur offrent est en grande partie responsable de leurs pleurs.

Je parle ici d'harmonie et de confort. Ce confort n'a rien à voir avec le luxe ou la richesse. J'ai été invité dans de toutes petites cahutes de 20 m^2, en Inde et au Tibet, dans lesquelles vivaient des couples, leurs parents et leurs enfants. Malgré l'étroitesse des lieux, il régnait une grande harmonie entre les membres de la famille. Le sentiment d'équilibre vient de ce qui, dans la maison, est destiné à l'accueil, à l'offrande et au partage : un bâton d'encens, une bougie, du thé, des fleurs ; l'harmonie, elle, vient de ce qui est en lien avec le sacré. Lorsque vous sentez que vous perdez le fil de votre histoire, qu'un manque de cohérence vous habite, revenez à votre décor. Est-il harmonieux ? Prenez le temps nécessaire pour y mettre de l'ordre, pour ranger, pour changer les couleurs et les places des meubles. Créez ! Même s'il s'agit de changements mineurs, dès que vous changez votre intérieur, vous permettez à l'énergie du lieu de circuler et vous entrez davantage en vibration avec l'énergie du mouvement, du changement, de la vie !

UNE MISE EN SCÈNE SACRÉE

Un geste sacré est un geste plein de notre présence. Ce qui est sacré nous permet d'entrer en contact avec notre nature profonde, nos aspirations, la sensation d'éternité qui existe en nous.

Lors de mes voyages en Asie, j'ai toujours été touché par les gestes sacrés que chacun réalisait au quotidien : offrir des fleurs, allumer un bâton d'encens et une bougie. À chaque coin de rue, les hommes, les femmes et les enfants font des offrandes aux divinités ; parfois ils déposent quelques fleurs dans une coupelle ou donnent une pomme. Dans ce geste, ce qui est précieux et apaise le voyageur de passage, ce ne sont pas les offrandes en elles-mêmes, les dieux n'ayant que faire des fruits ! C'est l'intention avec laquelle l'offrande a été préparée. Pendant quelques minutes, quelques secondes, une personne a été animée par le désir d'offrir ; des enfants ont rassemblé des pétales de roses en se concentrant sur cette intention généreuse. Ces gestes dégagent une énergie qui se cristallise et que chacun peut percevoir au coin d'une rue ou dans une maison.

Cette façon très concrète de mettre en scène sa vie donne un sens à l'existence. Nous pouvons faire une offrande sacrée en plantant un poirier dans un jardin à l'intention des générations futures et nous relier ainsi à notre besoin d'être utiles. Nous pouvons avoir conscience de la souffrance des animaux et donner des graines aux oiseaux l'hiver. Nous pouvons allumer une bougie en visualisant que notre lumière intérieure s'illumine avec la flamme.

Au moment des attentats à Paris, des millions de personnes sont descendues dans la rue en hommage à ***Charlie***. Beaucoup se sont pris dans les bras ou ont posé une bougie devant leur fenêtre. Il s'agissait d'un geste de soutien spontané, d'un témoignage d'humanité, d'une pensée solidaire. Ces actes n'ont pas empêché d'autres violences, mais ils ont été l'expression d'une forme d'humanité et une façon de nourrir symboliquement le lien de paix. Les enfants sont souvent les premiers à prendre des initiatives de ce genre lorsqu'ils sont face à une injustice, à l'image de cette petite fille déposant une boule de coton au pied d'un arbre, car elle était inquiète de ce que les oiseaux ne trouvent pas de bois assez tendre pour faire leurs nids ! Je suis émerveillé des initiatives, souvent insolites, que l'être humain est capable d'inventer pour donner davantage de sens à son existence.

Vos intentions animent la Terre

Dans tous les pays du monde, des hommes et des femmes de toutes les traditions prient seuls ou ensemble. Ils prient pour la paix, pour l'amour et pour la cessation des souffrances. Récemment, en Amazonie, huit mille tambours ont résonné en faveur de la guérison sur la planète. Les prêtres et les chamanes d'Amazonie pensent que le son des tambours génère une énergie bienfaisante pour le monde. Pour ceux qui en jouent, cela ne fait aucun doute : les prières ont une réalité énergétique qui se répand dans l'univers. Cette énergie est perceptible : il suffit de pénétrer dans un lieu sacré pour ressentir l'apaisement que le groupe de croyants a généré. La prière laisserait-elle une trace dans l'espace ?

Une autre observation : un chat ne s'installe jamais dans une pièce où une violente dispute a éclaté. En revanche, il dort facilement dans une chambre où les amants se sont aimés. La prière, mais aussi l'amour et la colère laisseraient donc une empreinte tangible dans l'air ?

Le Dr Helmut Schmidt, qui a été directeur de recherche des laboratoires Boeing, a inventé, à la fin des années 1960, son premier générateur numérique aléatoire, sorte de machine à fabriquer du hasard. Par la suite, après avoir tenté de deviner un ordre de chiffres aléatoires, des volontaires se sont concentrés pour « influencer le hasard » en pensant tous au même chiffre. Les résultats furent si étonnants que, vingt ans plus tard, le professeur Roger Nelson approfondit ces expériences. Cette fois-ci, il ne demande pas aux participants de se concentrer sur un chiffre, mais de prier, de critiquer ou de chanter ensemble. Pendant ce temps, il active le générateur afin qu'il produise des séries de chiffres au hasard et à un rythme très rapide. Or, il observe que lorsque le groupe traverse un état émotionnel important, la machine, qui agit comme une sorte d'électroencéphalographe, se comporte différemment : au lieu de produire des tracés réguliers, elle produit des séries de chiffres irréguliers donnant des tracés avec des pics.

Des milliers d'expériences confirment l'hypothèse : lorsqu'un groupe vit une émotion forte, cette émotion peut être captée par une machine, qui va à son tour influencer le hasard. Intéressés par cette découverte, d'autres chercheurs se sont associés au projet et, à la fin des années 1990, quinze appareils ont été installés à différents endroits dans le monde pour étudier l'influence que des groupes peuvent avoir sur un champ magnétique. Les chercheurs ont été rapidement surpris : dans les moments où la charge émotionnelle de la planète est intense, notamment lors de l'accident de Lady Di et des événements du 11 septembre, les appareils crépitaient et s'affolaient. Mais une plus grande surprise encore les attendait : les crépitements enregistrés sur les quinze appareils placés dans le monde se sont déclenchés non pas après les événements, mais légèrement avant !

Ces études surprenantes démontrent que l'énergie émise par un groupe d'individus, non seulement peut être mesurée, mais influence les événements. Elles remettent ainsi en question nos connaissances sur l'intuition et l'intelligence collectives. Soixante-quinze appareils ont ensuite été commandés pour développer ces études. Les recherches confirment, s'il en était besoin, la réelle influence de nos pensées, de nos émotions et de nos intentions sur le champ énergétique qui entoure la Terre. Ainsi, la science le prouve, lorsque le public attend un spectacle précis, ce dernier finit par avoir lieu…

D'autres expériences ont été menées sur les mondes animal et végétal. Des chercheurs ont étudié les réactions d'animaux et de plantes ; pour ce faire, en les nourrissant, soit on leur prodiguait des paroles bienveillantes (encouragements, remerciements), soit on proférait des insultes ou encore on adoptait une attitude neutre. Les chercheurs ont observé que les animaux et les plantes pour lesquels on avait des pensées bienveillantes présentaient une croissance accrue et une meilleure immunité. Le plus surprenant est que les animaux et les végétaux qui dépérissaient le plus n'étaient pas ceux qui recevaient des insultes, mais ceux qui faisaient l'épreuve de l'indifférence.

Même à un degré infinitésimal, chacune de nos actions a une répercussion sur l'univers. C'est la conception selon laquelle les battements d'ailes d'un papillon dans la forêt amazonienne contribueraient à la formation d'une tornade dans le sud des États-Unis. Cette conception devrait atténuer notre sentiment d'inutilité et nous encourager à faire des choix ! C'est à travers une multitude de choix, fondamentaux ou secondaires, que notre personnage met en scène son existence. Chaque scène que vous vivez sur terre, chaque parole que vous prononcez, chaque rencontre que vous créez influence la trajectoire de la planète… À votre façon, aussi minime soit-elle, vous êtes vous aussi le programmateur, le producteur et le réalisateur de cette grande comédie de la vie sur terre !

CHOISIR LA BONNE ROUTE

Au moment où vous créez votre rôle et votre partition, vous pouvez hésiter entre différents personnages, différents décors, différents partenaires… « Quel rôle jouer, quelle posture tenir pour rester en lien avec les valeurs de mon personnage ? », « Dois-je accepter cette invitation en week-end ? », « Cette offre est une promotion, mais elle m'oblige à changer tellement d'habitudes ! », « Ce voyage en Australie me tente, mais c'est si cher ! Devrais-je le faire malgré tout ? », « J'ai envie d'autre chose, mais je ne me vois pas quitter le quartier ».

Lorsque nous avons du mal à choisir notre route, c'est souvent que nous sommes impatients quant à la solution. Nous nous crispons à la recherche d'un résultat au lieu de laisser la solution surgir d'elle-même. En tant qu'acteur, j'ai fréquemment été embarrassé au moment de choisir les pièces que j'allais interpréter. Je me demandais si mes besoins fondamentaux de créer, de partager, d'innover seraient satisfaits. Je me demandais si les choix que je m'apprêtais à faire allaient dans la bonne direction. Avant de signer chaque nouveau contrat avec un théâtre, j'hésitais. Je me heurtais au dilemme : fais-je le bon choix ou dois-je opter pour autre chose ? La décision était d'autant plus difficile à prendre que chaque spectacle m'engageait souvent pour plus d'un an. Je devais donc prendre des décisions importantes sans avoir toutes les cartes en main.

Vivre harmonieusement avec des archétypes contradictoires

Nos choix sont rendus difficiles lorsque nous nous confrontons à des archétypes de nous-mêmes que nous n'arrivons pas à faire cohabiter ou pour lesquels nous avons peu de sympathie. Nous nous trouvons alors comme un acteur qui ne sait pas encore quel rôle il va jouer dans sa prochaine pièce : Octave, Scapin, Géronte, l'homme lâche ou l'individu courageux, le personnage sérieux ou le joyeux compère ?

Lorsque deux personnages intérieurs ne parviennent pas à cohabiter, il y a conflit. Toutefois, avant qu'il n'explose avec le conjoint, un collègue ou un voisin, le conflit a lieu en nous. Le conflit vient de ce que deux personnages nous animent, alors que nous n'en assumons qu'un. Si, par exemple, la fidélité est une valeur importante à nos yeux, le personnage du mari fidèle sera mieux noté dans notre esprit que celui de l'amant volage. Celui qui associe l'amant volage au sentiment de trahison, au mensonge, à l'indignité, sera déstabilisé le jour où il sera attiré par une charmante personne. Le personnage du mari fidèle se verra envahi par la culpabilité.

Se construire par ses actes

Le conflit provoqué par les personnages intérieurs s'apaise quand nous prenons conscience que tout choix concerne notre action, jamais notre être. On ne choisit pas d'être intègre, courageux ou fidèle, pas plus qu'on ne choisit d'être lâche, menteur ou méprisant. Ces qualificatifs concernent notre être. En revanche, on choisit ses actions quotidiennes : déclarer la totalité de ses revenus sur sa feuille d'impôt ou non, intervenir lorsque deux inconnus se battent violemment dans la rue ou fuir, donner un peu de monnaie ou détourner le regard. Il est très difficile de prévoir à l'avance quelle sera notre réaction lorsque la situation se présentera avec tout son poids émotionnel. Il existe, dans une même journée et pour chacun, une multitude de situations au cours desquelles nous faisons preuve de courage et une multitude d'autres au cours desquelles nous nous conduisons en lâches ! Il en est de même pour la générosité, la patience et l'honnêteté. Nos paradoxes ne sont pas incompatibles, ils ne demandent qu'à cohabiter.

Or, la peur que notre être se modifie nous freine dans nos actions. De nombreux jeunes entrepreneurs n'osent briguer un poste à responsabilités, car ils ont peur de quitter le personnage joyeux qu'ils étaient pour hériter d'un personnage sérieux. Je suis surpris, en entreprise, de découvrir les caractéristiques des personnages qui restent dans les coulisses. Des créatifs, des insolents, des légers ! Ces personnages sont en général délaissés par l'acteur, car celui-ci craint d'être incohérent. Ces images de nous qui se superposent nous empêchent d'appréhender la réalité telle qu'elle est.

En finir avec le mythe du mauvais choix

Au moment où nous mettons en scène notre vie, se pose la question des choix. Si nous redoutons de nous tromper à chaque décision, c'est que nous ne voyons souvent qu'une partie de la réalité – la plus facile à vivre – et refusons de vivre l'autre – la plus initiatique. Recherchant le confort à tout prix, nous tâtonnons timidement sur le chemin de notre existence avec une prudence démesurée qui nous fait dire à chaque carrefour : « Pourvu que je fasse le bon choix ! »

Pourtant, au moment d'établir un itinéraire, nous ne pouvons en mesurer toutes les conséquences. Pour passer les vacances, les meilleures destinations ne sont pas forcément les plus lointaines, le meilleur cadeau n'est pas obligatoirement le plus cher, les meilleures études ne sont pas nécessairement les plus longues et la proposition la plus bénéfique n'en a pas toujours l'apparence ! Il n'est pas rare qu'un accident agisse comme une protection, qu'un licenciement serve de tremplin professionnel, qu'une séparation permette de rencontrer ultérieurement une compagne ou un compagnon plus adapté, qu'une maladie soit l'occasion d'une indispensable prise de conscience. Nous avons rarement la lucidité nécessaire pour apprécier les enchaînements qui composent la trame de nos existences.

Un conte zen rapporte l'histoire suivante : un vieil homme possédait un cheval. Son entourage ne cessait de lui signaler à quel point il était chanceux. « Je ne sais si je suis chanceux ou malchanceux, disait le vieil homme, le fait est que j'ai un cheval. » Voilà qu'un jour, le cheval, monté par son fils, chute. Le fils se fracture le pied et ne peut plus marcher. Son entourage plaint le vieil homme : « En fait, tu n'étais pas si chanceux et ce cheval a blessé ton fils », disent les voisins. « Je ne sais pas si je suis chanceux ou malchanceux. Le fait est que mon fils est tombé de cheval. » Puis, la guerre éclate. Les jeunes gens partent au front. Le jeune homme au pied cassé est exempté en raison de sa blessure. À son entourage qui lui faisait remarquer que, décidément, il avait de la chance, le vieil homme répondit avec sagesse : « Je ne sais si je suis chanceux ou malchanceux, le fait est que mon fils ne partira pas à la guerre. On ne sait jamais si ce qui nous arrive est une malédiction ou une bénédiction. À quoi bon se réjouir ou se lamenter des épreuves de l'existence ? »

Oser l'échec !

Aujourd'hui, je ne considère plus qu'un événement puisse être un échec. En méditant sur les obstacles qui ont jalonné ma vie, j'identifie bien des épreuves, sur le coup difficiles, mais qui m'ont permis, en fait, d'améliorer mon existence. Quand je suis tombé malade, voilà une vingtaine d'années, j'ai décidé de prendre ma santé en main. J'ai alors découvert les médecines douces, qui m'ont donné accès à une conscience nouvelle de mon corps. Ces expériences m'ont fait appréhender la maladie avec beaucoup moins de peur ou de refus que par le passé. Ma confiance en moi s'est considérablement développée.

Quelques années auparavant, si je n'avais pas souffert d'une séparation violente dans ma vie amoureuse, je n'aurais pas éprouvé le besoin de me libérer des scénarios émotionnels qui m'emprisonnaient. C'est pour guérir de mes blessures affectives que j'ai pratiqué la méditation, puis que je suis allé à la rencontre de maîtres tibétains. La souffrance a inspiré puis généré de la paix. Parce que j'étais timide et mal à l'aise à l'oral, le théâtre a été un révélateur. Et c'est au théâtre que j'ai exercé l'essentiel de ma vie professionnelle.

Encore un exemple d'une faiblesse qui finit par devenir un atout : parce que je manquais de confiance en moi quand se présentaient des conflits, j'ai découvert les arts martiaux et pratiqué l'aïkido avec passion et assiduité. J'ai appris à me dépasser, à m'affirmer dans mon rapport à l'autre, à me défendre, à moins craindre l'affrontement, le conflit. Enfin, c'est parce qu'une tournée a été annulée que j'ai trouvé la disponibilité pour écrire les premières pages de ce livre. Aujourd'hui, j'apprends à décrypter le sens de chaque épreuve. C'est cette compréhension des obstacles qui donne sa direction à mon existence. Il est bien difficile dans notre existence d'éviter les coups durs, les ruptures, les conflits et les séparations. En fonction de la posture que nous prenons alors, ils deviennent des échecs ou des défis.

L'auteur de théâtre a besoin d'accidents pour construire son histoire. Sinon, quel intérêt cette dernière présenterait-elle ? Ce sont les obstacles, la maladie, la séparation, la guerre, la trahison qui sont à la source des scénarios les plus haletants. Un auteur ne peut captiver un public en lui racontant que tout va bien, qu'il n'y a rien de particulier à signaler. Les personnages ont besoin d'épreuves pour grandir. Je ne me réjouis pas pour autant lorsqu'un proche m'apprend qu'il est malade ou qu'il vient d'être licencié. Pas plus que je ne recherche des accidents pour évoluer sur le plan personnel ! En revanche, j'ai expérimenté le fait que, devant un obstacle, plusieurs attitudes sont possibles :

- refuser la réalité, se crisper, agir en aveugle ;
- se résigner, se transformer en victime et se lamenter dans la plainte ;
- découvrir avec noblesse des façons de surmonter l'obstacle.

Il existe un idéogramme chinois pour traduire « échec », c'est le même que celui qui signifie « voie de l'amélioration ». L'échec s'offre comme une occasion pour améliorer nos qualités de persévérance, d'imagination et de spontanéité ; il ne signifie pas la défaite. La peur d'échouer freine le processus de réussite. Pourtant, nous avons besoin de l'échec pour nous construire. Nous avons besoin de crises pour aspirer à la paix et nous avons besoin de connaître l'insuffisance pour désirer la prospérité. L'expérience de l'injustice développe notre sens de l'équité et la maladie nous fait prendre conscience du caractère précieux de notre corps.

Épouser le fil du courant

Il est plus facile de nager quand on se trouve au milieu de la rivière dans le fil de l'eau. Sentir le courant est nécessaire pour opérer un bon choix. Bien sûr, il est parfois utile de donner un petit coup de reins pour éviter un écueil et faire quelques brasses renforce les muscles, mais, profondément, suivre le courant préserve notre énergie car cela nous met dans le sens de notre vie. Le changement, comme la réussite, a lieu lorsque nous avons préparé le terrain en amont et que nous acceptons tant l'échec que la réussite qui peuvent suivre en aval.

Les deux attitudes extrêmes qui nous empêchent de mettre en scène notre existence harmonieusement sont : ne rien vouloir changer et vouloir changer à tout prix ! Parfois, les aléas de l'existence nous poussent à changer de compagnon, de maison ou de travail. De nombreux signes nous sont envoyés pour nous indiquer que la période que nous traversons arrive à son terme. Toutefois, par peur de l'inconnu, nous continuons à nous cramponner à nos acquis, à nous agripper à nos habitudes ; nous nous acharnons à maintenir une relation totalement épuisante, à conserver un vieil appartement qui ne nous correspond plus du tout, à faire un travail ingrat. La peur du mouvement freine notre élan.

Parfois, au contraire, nous sommes bien à notre place, mais profondément malheureux. Nous cherchons une réponse à notre malaise dans un changement extérieur et nous voulons « faire quelque chose pour que ça bouge » ou pour « changer le monde ». Nous multiplions les actions d'éclat, nous déménageons trois fois dans l'année, nous nous fixons une nouvelle destination chaque fois que nous prenons des vacances, nous quittons notre emploi sur un coup de tête. Tout pour ne pas vivre la routine. Dans ce cas, ce n'est pas le mouvement qui domine notre vie, mais l'instabilité !

Pour que les changements de notre vie soient harmonieux, il n'y a souvent rien à faire, juste à laisser faire. Alors, il n'y a même pas de décision à prendre, il suffit de penser positivement pour que le changement se produise. C'est le cas lorsque nous sommes prêts en profondeur : la mutation se manifeste dans sa forme la plus adaptée sans que nous ayons à intervenir. Au théâtre, j'ai souvent vu des metteurs en scène changer la mise en scène à la fin de chaque représentation. Le spectacle ne tenait pas la route. Ils disposaient pourtant d'un bon texte, solide, mais le public ne suivait pas et les critiques étaient détestables. Après chaque représentation, le metteur en scène changeait un déplacement ou modifiait un costume pour retrouver la grâce des journalistes. Mais rien n'y faisait, la pièce ne décollait pas. Elle ne décollait pas parce que les acteurs n'étaient pas heureux, et donc pas à leur place. Dans ce cas, il est important de prendre bien soin des acteurs, de leur permettre une retraite de repos, de méditation pour qu'ils retrouvent le goût de vivre, le goût de jouer.

Cultiver sa vie

Un jardinier ne peut décider de la date à laquelle ses fleurs écloront. Au mieux, il retourne la terre, sème les graines, nourrit et arrose le sol, taille en respectant les règles de coupe, puis il laisse opérer la terre, le soleil, l'eau et le temps. Il met en scène son jardin en étant l'instrument de la nature. Il en est de même pour nos choix de vie. Nous pouvons prendre une direction, nettoyer notre parterre, choisir un terrain favorable, planter les graines de nos envies, entretenir les jeunes pousses de nos ambitions, couper les branches mortes de nos habitudes, mais ensuite, les fleurs s'ouvriront d'elles-mêmes. Aucune belle histoire ne peut surgir de notre jardin intérieur sans l'intervention de la nature. Un changement juste n'est pas le fruit d'un entêtement, mais, au contraire, celui d'un lâcher-prise.

Suivre le cours naturel de son existence

Pour mettre en scène votre vie, définissez vos perspectives, soyez attentif à vos objectifs et développez votre capacité d'adaptation. Comme le nageur, allez dans le sens du courant et évoluez avec la même légèreté. Trop se crisper pour que l'événement ait lieu l'empêche en fait de se réaliser. Ne rien attendre, ne rien vouloir, et rien n'arrivera non plus ! Entre ces deux extrêmes se trouve l'attitude juste de celui qui oriente son existence tout en se laissant porter par elle. En vous libérant de l'enjeu, en prenant du temps pour vous, régulièrement, en développant un art de vivre, vous nourrissez l'acteur en vous. Vous entretenez le terreau. Vous nourrissez en profondeur vos ressources dont vous aurez besoin le moment venu.

CHAPITRE 7
LA PRÉSENCE : UNE QUALITÉ DES GRANDS ACTEURS

Qu'est-ce qui fait qu'en groupe, certains réussissent à captiver le public en racontant des banalités, quand d'autres, souvent érudits, écoutent passivement sans oser dire un mot ? On dit des premiers qu'ils ont du charisme. On ne sait pas très bien définir cette qualité ; en revanche, on sent que celui qui a du charisme prend plaisir à parler. Il n'est gêné ni par la timidité, ni par le regard des autres et il attire facilement l'attention.

La qualité de l'écoute est moins proportionnelle à l'intérêt du propos qu'à la forme du récit. Je connais certains orateurs capables de passionner vingt personnes en leur racontant comment ils ont changé une roue sur l'autoroute ! Ces beaux parleurs charismatiques peuvent répéter tous les jours la même anecdote avec autant de conviction. Leur public reste attentif.

C'est ce qui arrive au théâtre lorsqu'un comédien joue une pièce cent ou cent cinquante soirs de suite et réussit malgré tout à nous émouvoir. Le théâtre est l'art de la répétition. Un art difficile qui demande à l'acteur de recommencer chaque soir sans jamais reproduire.

UNE PRÉSENCE SCÉNIQUE

Recommencer sans jamais reproduire, c'est ce que faisait cet acteur avec qui je jouais depuis trois mois. Malgré la répétition, il semblait toujours surpris des répliques de ses partenaires, comme s'il les découvrait pour la première fois. Lorsqu'à la fin du deuxième acte, il déclarait sa fougue à celle qu'il aimait, il était si honnête que rien ne trahissait qu'il avait appris son texte par cœur, maîtrisait la moindre de ses intonations et que ses mouvements suivaient une invariable partition. Depuis les coulisses d'où j'allais entrer, je me délectais à observer sa prouesse.

Mon attention était captivée par le geste sobre qui marquait la fin de l'acte : l'acteur montait à l'avant-scène, côté jardin (au théâtre, le jardin est la partie gauche de la scène quand on est face à elle, la cour est la partie droite), il s'approchait du grand fauteuil et saisissait son chapeau décoré d'une plume d'oie. De sa main gantée, il en lissait le velours, comme pour enlever une poussière imaginaire. Puis il ajustait son couvre-chef, regardait sa partenaire et quittait la scène qu'il traversait en diagonale et sans dire un mot. Je l'observais en train de sortir lentement dans le decrescendo de la lumière. La salle retenait son souffle. Pourtant, cette sortie silencieuse se déroulait sur près de deux minutes, ce qui, au théâtre, est très long. Les spectateurs étaient suspendus aux gestes de l'homme. Oui, cet acteur tenait son public en haleine. Il ne devait rien à une trouvaille du metteur en scène, le geste était ordinaire mais il était habité d'une qualité qui lui donnait toute sa dimension. En un mot, cet acteur avait « de la présence ».

Un acteur qui a de la présence s'émerveille de tout. Il est vivant. Il peut reproduire une situation tous les soirs, car il la redécouvre tous les soirs. Si le mouvement de son corps est le même d'une représentation à l'autre, l'intention qui l'anime, elle, est renouvelée, ce qui captive le public sans qu'il ait besoin de se concentrer. Si l'on observe en détail les jeux de Michel Piccoli, de Jean-Louis Trintignant, de Romy Schneider, de Michel Serrault, de Dustin Hoffman, de Robert De Niro, pour n'en citer que quelques-uns, on décèle la qualité qu'ils ont en commun et qui fait d'eux de grands acteurs : ces artistes ont du charisme, de la présence. Mais, concrètement, quelles techniques maîtrisent-ils pour capter notre attention ? Est-ce un don d'avoir de la présence ? Est-ce réservé à une élite ? Peut-on développer cette qualité ? Et la présence, qu'est-ce au juste ?

On ne voit que lui !

Les directeurs d'entreprises qui préparent leur discours, les hommes et les femmes qui se retrouvent en soirée et cherchent à aborder un inconnu sont confrontés à la même interrogation : pourquoi certains ont de la présence et d'autres, non ? Pourquoi certains captent l'attention de leur auditoire, même sans support ? D'autres, plus compétents, ont préparé leur passage pendant des jours. Pourtant, à la tribune, ils sont fades et le public s'ennuie ! Dire que l'« on écoute davantage M. Blanchard que M. Thibault, parce que, lui, a de la présence », n'explique pas tout. Selon la formule de Jouvet, le talent se résume à « 10 % d'inspiration, 90 % de transpiration ». Il faudrait donc travailler dur pour acquérir de la présence ?

En superposant la partition des orateurs pour analyser les différences, en observant, en détaillant, en épiant les gestes des uns et des autres, on comprend sur quelles bases fondamentales repose cette mystérieuse aptitude. La présence est une qualité précieuse qui ne permet pas seulement aux acteurs de briller sur une scène de théâtre ; la présence est également l'atout des décideurs, des maîtres charismatiques, des enseignants, des leaders d'influence et, d'une façon générale, des hommes et des femmes dans la vie qui réussissent à s'entourer de belles personnes et à développer un réseau véritable.

Dans les débats télévisés, de nombreuses personnalités sont redoutées par leurs adversaires, non pas parce qu'elles sont plus compétentes sur le sujet, mais parce qu'elles n'hésitent pas, en public et en direct, à affirmer haut et fort un point de vue tranchant. Elles ne sont pas consensuelles. Elles s'engagent dans leurs convictions sans peur du jugement, quitte à assumer un changement total de position trois jours après l'émission ! C'est souvent cette détermination, plus que le contenu des arguments, qui déstabilise l'adversaire.

Présence à soi et conscience de soi

Au théâtre, c'est par un travail de conscience corporelle que l'on développe sa présence. En étant attentif à l'instant, l'acteur synchronise son corps et son esprit. Chacun de ses mouvements est alors chargé d'intention; son esprit cesse de vagabonder et nourrit le moindre de ses gestes.

Dans votre quotidien, vous vivez chaque jour de nombreuses situations pour développer votre présence. C'est le printemps et vous avez le sécateur à la main. Vous vous préparez à tailler vos rosiers. Alors que votre corps est concentré sur cette activité, des pensées vous envahissent petit à petit. Ces pensées peuvent se rapporter au passé: « L'an dernier, j'avais attendu le mois de juin pour tailler mes rosiers. » Suit un autre souvenir: « C'était début juin. Je m'en souviens, mes parents étaient venus déjeuner, j'avais acheté, ce jour-là, une tarte aux fruits, nous avions apprécié cette tarte... J'aime bien manger des tartes aux fruits, elles me rappellent toujours mon enfance alors que... » De fil en aiguille, l'esprit vagabonde et abandonne totalement la main qui tient le sécateur.

De temps en temps, pour peu qu'une épine pique notre doigt ou que l'humidité s'infiltre dans nos chaussures, notre corps nous rappelle que nous sommes au jardin. Nous revenons alors au présent, jusqu'à ce qu'une autre pensée nous projette une nouvelle fois dans le passé ou dans le futur: « Tiens, un nuage gris... Il se pourrait qu'il pleuve bientôt... S'il doit pleuvoir, il serait bon que je rentre maintenant; ainsi, je pourrais allumer un bon feu de cheminée... J'aime bien être devant la cheminée, cette ambiance me détend. Ce soir, je me reposerai devant la cheminée... » À nouveau, notre esprit est reparti sur des chemins de traverse. Nous « tricotons » nos pensées les unes avec les autres, tissant un filet qui nous éloigne de notre corps.

Nous menons souvent nos activités dans cet état d'absence vis-à-vis de nous-mêmes. D'autant plus si elles sont citadines et sédentaires. L'esprit vagabonde plus facilement lorsque nous sommes assis toute la journée que lorsque nous ramassons des champignons ou fendons du bois.

La présence n'est rien d'autre qu'une union du corps et de l'esprit dans l'action. Chaque mouvement est habité par l'intention qui lui correspond. La tête n'est pas ailleurs. Les gestes sont épurés.

La présence naît de cette qualité d'attention à soi. Un mouvement aussi anodin que nettoyer ses lunettes peut retenir l'attention d'une assemblée de mille personnes s'il est accompagné de l'intention juste.

Si vous voulez discipliner votre esprit, accompagnez votre activité du moment des pensées qui lui correspondent. Pour reprendre l'exemple du jardinage, vous vous aiderez en vous disant: «Je suis conscient de tenir une rose dans ma main», «J'apprécie le vent sur mes doigts», «Je sens la résistance du ressort du sécateur», «Je perçois la densité des bourgeons», «Je prends conscience de la sève qui monte dans les nervures de la feuille», «J'observe le blanc des pétales de la rose». Plus vous mettez de conscience dans votre geste, plus vous alimentez votre charisme. Notre présence est là où se trouve notre esprit. Pour vous aider, appuyez-vous sur l'écoute de vos sensations dans le corps: «Je sens les muscles de mes cuisses se tendre, se détendre», «Je sens une vibration dans mon poignet».

Présence et énergie

Je suis toujours attentif aux attitudes qui renforcent la vitalité et à celles qui, au contraire, la fragilisent. Pour argumenter au sujet du lien entre présence et vitalité, j'aimerais comparer quatre observations.

La première me vient d'un voyage en Chine. Alors que je marchais dans les rues, j'étais surpris d'observer le nombre de personnes âgées qui pratiquent le taï chi chuan. Des hommes et des femmes, âgés de 70 ans et plus, évoluaient en silence sur les pelouses des jardins publics très tôt le matin. Le taï chi chuan est un art qui, par une succession de mouvements lents, favorise une meilleure union du corps et de l'esprit. Les gestes de ces pratiquants étaient pleins, c'est ce qui attirait l'attention du spectateur. Il ne s'agissait pas pour ces personnes d'accomplir un exploit physique — tout le monde ou presque, peut pratiquer cet art martial –, mais d'entretenir leur vitalité corporelle en maintenant leur conscience en éveil. Plus tard dans la journée, ces mêmes personnes sur les chantiers poussaient des brouettes ou portaient de lourdes charges. Malgré leur âge, ces vieux Chinois participaient à ces travaux physiques avec beaucoup d'énergie.

J'ai réalisé la deuxième observation alors que j'intervenais dans un service gériatrique d'un hôpital public de la région parisienne. J'accompagnais à l'époque des personnes en fin de vie. Plusieurs d'entre elles n'étaient frappées d'aucune maladie particulière. Toutefois, elles passaient la journée dans leur chambre et n'avaient presque aucune activité. Elles ressassaient leur passé en boucle et s'absentaient d'elles-mêmes, des heures durant, en regardant la télévision. Leur moral était souvent très bas et leur vitalité, presque tarie. En discutant avec elles, j'avais souvent la sensation qu'elles n'étaient pas « vraiment là », mais dans leurs souvenirs. Le manque de motivation et l'absence de sens de leur fin de vie contribuaient à leur dégénérescence.

En ce qui concerne la troisième observation, j'ai pu vérifier par moi-même le lien entre présence à soi et vitalité lors d'un entraînement d'aïkido. Je pratique cet art martial avec constance depuis plusieurs années. Certains jours d'entraînement, il m'est arrivé de me retrouver au lit avec de la fièvre quelques heures avant de devoir partir. Un tel jour, ma première réaction a été de manquer la pratique en me disant que j'avais besoin de repos. Puis j'ai voulu expérimenter l'aïkido dans cet état. Comme je me sentais fragile, j'étais attentif à chacun de mes mouvements. Je mettais de la conscience dans chaque partie de mon corps. J'économisais mon énergie en évitant les tensions inutiles. Durant ces entraînements, je disciplinais mon esprit, je l'empêchais de vagabonder. Au fur et à mesure de l'entraînement, je sentais naître en moi une énergie nouvelle. Curieusement, en quittant le tatami, ma fièvre avait disparu et j'étais plein d'une nouvelle vitalité. J'ai expérimenté l'entraînement dans cet état à plusieurs reprises et, chaque fois, j'ai pu constater que l'ajustement entre mon corps et mon esprit me redonnait de la force.

Enfin, le dernier exemple concerne un exploit qu'avait réussi une vieille femme lors d'un tremblement de terre en Corée. Alors qu'elle était prisonnière des décombres, elle avait trouvé la force d'enfoncer une porte et de soulever de lourdes poutres pour sauver le petit-fils dont elle avait la garde. Comme la femme était considérée comme impotente par ses voisins, tous avaient crié au miracle.

Ce qui est miraculeux, c'est la puissance dont nous sommes capables lorsque notre esprit s'unit à notre corps. Quand notre corps et notre esprit sont tous deux concentrés sur l'action et seulement sur elle, nous accédons davantage à notre puissance.

À LA DÉCOUVERTE D'UNE ÉNERGIE DE TOUJOURS : LE KI

À la source de cette vitalité se trouve notre aptitude à canaliser notre énergie vitale intérieure, le ki. Le ki est souvent abstrait pour nous, Occidentaux. Bien qu'il soit invisible à l'œil nu, chacun de nous peut pourtant le percevoir, comme il perçoit le courant marin qui anime les vagues de l'océan. Le ki (énergie) porte la matière (l'eau).

Si vous observez une tempête depuis la plage, vous ressentirez ce qu'est le ki de l'océan. L'énergie des vagues, le contact des embruns vous revitaliseront. Si, par la suite, vous recueillez une bassine de cette eau de mer, celle-ci vous semblera inerte car son ki est inactif. De même, si vous portez un enfant endormi, vous constaterez qu'il est plus lourd que lorsqu'il est éveillé. Un corps inerte est plus pesant qu'un corps vivant, car il est privé de ki. Un dernier exemple pour vous aider à comprendre le ki : quelques secondes avant que vous ne vous mettiez en colère à l'endroit du chat que vous surprenez dans vos draps, ce dernier va bondir et disparaître. La colère est en effet précédée de l'intention qui l'accompagne ; or, c'est cette intention d'agresser que perçoit le chat ; cette intention est mêlée au ki.

Le ki est un courant d'énergie composé de particules minuscules. Il est invisible à l'œil nu, il s'agit d'une onde. Les

Orientaux sont familiarisés avec le ki que l'on retrouve dans l'aïkido (que l'on peut traduire par « la voie du ki »), le ***taï chi chuan*** et le ***ki kong*** (ou « chi kong »), mais aussi dans le ***kiatsu*** (ou « shiatsu » ou « chiatsu ») et l'acupuncture. La médecine chinoise, vieille de plusieurs siècles, repose sur l'harmonisation du ki à travers les méridiens corporels. En piquant sur certains points d'énergie, on permet au ki de circuler partout dans le corps. Comme toute énergie, le ki ne s'arrête pas aux limites de notre corps physique, mais nous relie à l'univers. On pourrait dire du ki qu'il est la conscience de chaque mouvement.

Selon Koichi Tohei, l'un des grands maîtres d'aïkido, chaque fois que nous réalisons un acte dans la pleine conscience de nous-mêmes, nous renforçons notre potentiel d'énergie, donc notre ki. En revanche, dès que nous agissons machinalement, que nous subissons les événements en spectateurs passifs, nous épuisons nos ressources de vitalité. Agir en pleine conscience signifie unifier son corps et son esprit dans la même action. De nombreux maîtres d'arts martiaux ont démultiplié leur puissance grâce à leur capacité de concentration. On ne peut casser une brique avec le poing ou fendre la transversale d'un bambou avec un sabre si l'on ne met pas toute l'énergie de sa pleine conscience dans la précision du mouvement. Chacun a le pouvoir de développer sa présence et d'accéder ainsi à sa puissance, mais peu d'entre nous en sont conscients.

Une présence dans chaque geste

J'ai accompagné un lama tibétain alors qu'il préparait un rituel tantrique. Il peignait, selon la coutume, une petite divinité réalisée en pâte d'amande. Nous étions plusieurs à l'observer attentivement, fascinés par la perfection de son geste. Aucune distraction ne le perturbait. Ce jeune lama était concentré sur son acte et uniquement sur celui-ci. Seul le mouvement du pinceau comptait à ses yeux, tout son corps ne faisant que prolonger le petit manche en bois. En même temps, il était totalement détendu. Il était dans la présence de l'ici et maintenant. Nous suivions, silencieux, le mouvement du fin pinceau qu'il rinçait délicatement dans une coupelle d'eau ; la petite brosse caressait ensuite la rondelle de peinture, puis venait chatouiller la figurine.

La présence de ce lama était reposante pour tous ! Au quotidien, ses gestes étaient conscients. Lorsqu'il marchait, son corps s'investissait dans la marche ; lorsqu'il caressait un chien, donnait des miettes aux oiseaux, versait de l'eau dans un verre, il avait l'émerveillement d'un homme qui accomplit ce geste pour la première fois. Il ne faisait aucun mouvement machinalement, même ceux qu'il répétait tous les jours. Ses déplacements étaient pleins de vigilance. De même, lorsqu'il donnait un enseignement sur la méditation, il captait l'attention de chacun sans le moindre effort. Comme l'acteur que j'évoquais au début de ce chapitre, cet être-là avait de la présence !

Devenir le temps

Lorsque nous nous entraînons à être vigilants au moment présent, nous observons deux choses :

- ***chaque geste acquiert une profondeur:*** quand nous mangeons avec attention, la palette de saveurs des plats nous paraît beaucoup plus variée. Nous entrons en contact avec plus de nuances de poivrés, de sucrés, d'amers, de suaves. De même, les odeurs, les images réveillées par tous nos sens, sont plus contrastées. Qu'il s'agisse de sentir une fleur, de déguster une salade, d'écouter un oiseau ou d'observer une coccinelle, chaque sensation est plus riche ;
- ***la notion de temps disparaît:*** plus nous sommes présents à ce que nous faisons, plus la journée passe vite. Comme si le temps n'existait pas ! En fait, c'est la notion de temps qui s'efface. Le temps est un concept, non une réalité. « Ce n'est pas le temps qui passe, c'est nous », écrivait le génial Facteur Cheval, en sculptant sa pendule horizontale sur les murs de son palais de Hauterives.

Conceptuellement, il existe bien un passé, un présent et un futur, qui nous permettent de nous situer socialement, de communiquer avec les autres. Arbitrairement, nous découpons ce futur en trois échéances: le court terme, le moyen terme et le long terme, mais nous pourrions tout autant le découper en quatre ou en huit temps. «Nous sommes en 2016 après Jésus-Christ», «J'ai perdu ma première dent à quatre ans et demi», «Nous nous retrouverons à 18 heures». Ces repères nous permettent de nous accorder collectivement, mais sur le plan énergétique, il n'existe qu'un seul temps: le présent. Tout ce que nous réalisons, nous le réalisons dans le présent. Tout ce que nous réaliserons, nous le réaliserons également dans le présent. Lorsque je préviens: «La semaine prochaine, je prendrai l'avion», je projette une intention pour raconter une histoire, mais le jour où je prendrai l'avion, ce sera au présent! Pourtant, beaucoup d'entre nous se fatiguent à vivre leurs peurs par anticipation: «La semaine prochaine, je prendrai l'avion, j'ai peur en avion; d'ailleurs, ça y est, je le sens, j'ai déjà un poids sur l'estomac, j'en suis malade à l'avance!» C'est cette suranticipation qui génère du stress et de la souffrance.

Dans la conscience du moment présent, nous sommes plus sensibles aux cycles naturels: le cycle du jour et de la nuit, le cycle des saisons, le cycle de la santé, les âges de la vie, les heures de la journée. Nous apprécions chaque cycle sans le retenir. Nous acceptons que l'hiver meure pour laisser venir le printemps. De cette façon, nous éprouvons moins de regrets et moins de frustrations.

« Suis-je bien là où je suis ? »

En tant qu'acteur, j'ai développé ma présence scénique. Pourtant, je me suis moins entraîné au théâtre qu'en méditant dans ma cuisine ou dans mon jardin, car la présence est avant tout une question de vigilance en toutes circonstances. Avec nos occupations incessantes, quelle gageure de maintenir notre corps dans cette qualité de présence! Notre esprit est toujours sollicité, toujours en mouvement. Comment accéder à l'émerveillement que procure la présence à soi lorsque nous beurrons une tranche de pain en étant préoccupés par notre taux de cholestérol? quand nous prenons notre douche en pensant qu'il faut acheter du shampoing? lorsque nous coupons du bois rapidement pour ne pas rater le journal télévisé de 20 heures ? quand nous cueillons une rose en parlant au téléphone du dernier attentat ? lorsque nous prenons notre repas en regardant la météo ? quand nous écoutons notre interlocuteur en faisant mentalement la liste des commissions ? Si votre corps n'est pas animé par l'intention qui l'accompagne, vos mouvements seront vides. Vous serez absent à vous-même et vos mots ne pourront plus ni convaincre, ni rassurer, ni enthousiasmer.

Dans un conflit, il n'est pas rare que les protagonistes parlent en même temps, se coupent la parole, n'arrivent pas à garder le silence et s'épuisent inutilement. Ils comparent le présent, qu'ils refusent, à la situation imaginaire à laquelle ils aimeraient aboutir. Plus leur refus du présent est intense, plus forte est leur colère. Qu'il s'agisse de renforcer la présence d'un acteur sur la scène de théâtre ou de développer notre présence pour mieux apprécier la qualité de chaque instant, le secret est le même et réside dans la lenteur. Pour vous entraîner à la présence, ralentissez votre rythme. Accordez-vous quelques minutes pendant lesquelles vous ralentissez suffisamment un mouvement pour percevoir dans votre corps toutes les sensations physiques au niveau des os, des muscles, des tendons et de la peau. Dans un premier temps, vous devrez ralentir à peu près de moitié votre rythme et aurez l'impression qu'à ce rythme, vous n'aurez le temps de rien faire. Mais avec l'entraînement, votre présence se renforcera naturellement. Vous serez alors étonné de constater que votre pouvoir d'entreprendre et d'initiative se multipliera proportionnellement à la qualité de votre présence.

« Je t'entends mal ! »

Avant de négocier, le médiateur doit amener les protagonistes à reprendre conscience de leur corps, à redescendre sur terre. N'avez-vous jamais vu un jeune enfant s'arrêter subitement de pleurer parce qu'il entend une cloche sonner ? Son esprit cesse de vagabonder, car une sensation physique vient de l'interpeller et l'a ramené au présent.

Lorsqu'un enfant en bat un autre, il est inutile de chercher à le raisonner, à lui expliquer que « Ce n'est pas bien de battre », que « Ça n'est pas gentil ». Ces interventions ne font que confronter l'enfant à ce qu'il fait comparativement à ce qu'il devrait faire, et cela, à un moment où il n'est pas disponible puisqu'il se trouve sous le coup de la colère. Cela oblige l'enfant à se concentrer mentalement et l'empêche d'être présent à lui-même. Selon moi, un enfant agressif n'est pas conscient de son corps, il n'est que « dans sa tête ». Une bonne façon de l'apaiser consiste à le toucher physiquement : les épaules, les bras, les mains, et surtout le ventre. En posant sa main chaude sur l'abdomen de l'enfant, sans la bouger, le parent apaise celui-ci, car, sous le nombril, se trouve la source du ki que les Japonais appellent le ***hara***. Ce contact apaise les tensions. Les parents peuvent prendre l'habitude de masser le ventre de leur enfant de façon préventive. C'est une très bonne chose !

Dans la paume d'une main

Il n'est pas indispensable, pour apaiser un enfant, de maîtriser des techniques élaborées de massage. Le simple fait de poser votre main sur son ventre le calmera dans la plupart des cas. Pour cela, accompagnez votre mouvement d'une qualité fondamentale : la présence. Ne massez pas votre enfant en pensant au linge que vous devez repasser ou à l'émission de télévision que vous êtes en train de rater ! Pour que votre massage soit efficace, nourrissez votre geste de tendresse et de toute votre présence : « Je pose ma main sur le ventre de mon enfant et je suis conscient de poser ma main sur son ventre. » Visualisez que votre main héberge votre conscience. Ce geste chaleureux est la base du contact haptonomique qu'utilisent les sages-femmes pour communiquer avec les bébés à travers le ventre de leur mère. Il n'y a pas de durée préconisée, parfois quelques minutes suffisent. Lorsque l'enfant est allongé et que vous posez votre main sur son ventre, il sentira lui-même lorsqu'il sera assez nourri de votre tendresse. Il écartera alors votre main, spontanément.

QUALITÉ DE PRÉSENCE ET QUALITÉ DE MOUVEMENT

Les moments durant lesquels nous avons peur sont des moments durant lesquels nous ne sommes pas présents. La peur n'existe pas dans le présent. Nous avons peur parce que nous projetons ce que nous vivons dans un futur imaginaire: nous avons peur d'une araignée, car nous imaginons qu'elle pourrait nous piquer; nous avons peur d'un groupe de jeunes qui vient vers nous, car nous nous souvenons de faits divers violents qui avaient mis des jeunes en cause; nous avons peur de passer l'examen du permis de conduire, car nous nous disons qu'en cas d'échec, il nous faudra redoubler, payer de nouvelles leçons, mobiliser temps, argent et énergie, etc.

Un esprit détendu se libère de l'enjeu. Détendez-vous, vous adapterez mieux votre réaction à l'obstacle. Lors de vos prises de parole en public, si vous êtes concentré sur l'information que vous transmettez, chaque mot sera entendu, chaque intention sera captée. Ce qui brouille votre message, c'est la projection de vos peurs: «Pourvu qu'ils me comprennent», «J'ai peur que le public me juge incompétent», «Je crains de transpirer, et que cela se voie sur ma chemise», «Cet auditeur semble s'endormir. Est-ce de ma faute?»

Pour renforcer votre présence, montrez-vous méthodique et assidu. Je vous recommande de vous entraîner dans des circonstances quotidiennes où il n'y a pas d'enjeu: se brosser les dents, faire infuser du thé, sortir la voiture du garage, tailler un rosier, sont autant de prétextes permettant de développer la présence à soi. Avant d'agir, posez-vous la question: «Suis-je présent à ce que j'entreprends ici et maintenant?»

Actuellement, quelle partie de vous est concentrée sur ces pages? Quelle autre partie est préoccupée par divers impératifs de la journée à venir ou déconcentrée par les bruits des alentours? Dès qu'il s'échappe, ramenez votre esprit à la conscience du moment présent: «Actuellement, je lis un livre.» Progressivement, cette présence accompagnera vos déplacements, même dans les endroits les plus mouvementés. En étant présent, vous vous sentirez moins seul quelles que soient les circonstances. Parce que vous serez toujours accompagné de vous-même, votre confiance en vous et votre sentiment de sécurité se renforceront.

L'ÊTRE HUMAIN EST UN ÊTRE « TRICÉRÉBRAL »

Parmi les acteurs, certains « parlent avec leur cœur ». Ils jouissent d'une facilité à émouvoir leur public. Chacun de leurs mots nous touche. Ces acteurs nous font partager leur tendresse, ils réussissent à nous faire pleurer sans difficulté, car ils sont en contact avec leur sensibilité. Gérard Philipe illustre bien ce type d'acteurs.

D'autres « parlent avec leur tête ». Ils sont à l'aise dans les scènes dramatiques, les atmosphères lourdes. Ils interprètent des personnages intelligents, ont une vue d'ensemble et un regard vif. Ils sont cérébraux. Michel Bouquet incarne ce type d'acteurs.

D'autres enfin sont « puissants ». Ils réveillent nos instincts profonds, notre colère, notre indignation, notre enthousiasme, car ils jouent avec leurs tripes, leur ventre, leur vitalité. Leur centre est placé dans le hara. Gérard Depardieu en est peut-être, en France, l'exemple le plus populaire.

L'acteur parle à partir de là où se situe sa conscience. Je vous propose de distinguer les trois intelligences primordiales dont celle-ci dépend.

L'intelligence mentale

Elle est généralement la plus importante. Vous y avez recours dès que vous faites une opération mentale, quand vous envisagez un itinéraire ou comparez des devis, par exemple. Cette intelligence, de nature rationnelle, est constituée des connaissances intellectuelles, des normes, des lois, des règles et des doctrines que vous avez assimilées depuis votre scolarité et au fil de vos expériences de vie. Elle se nourrit d'informations virtuelles et culturelles. Ce centre cérébral compare ce qui « est » à ce qui « pourrait » ou « devrait » être.

L'intelligence du cœur

Elle n'est pas rationnelle, et n'est pas forcément raisonnable. « Le cœur a ses raisons que la raison ignore », écrivit Musset. C'est l'intelligence du désir, de la spontanéité. Cette intelligence tient peu compte des normes et des règles, de ce qu'il « faudrait ». L'intelligence du cœur rayonne à partir du plexus solaire.

L'intelligence vitale

Elle est située sous le nombril, au niveau du hara. Ce point a une réalité énergétique. Il est utilisé dans les arts martiaux et, d'une façon générale, dans le sport et l'activité physique. C'est notre centre de gravité ; il est lié à l'action, à la vitalité, à la décision, à l'initiative.

En fonction de notre profession, de notre éducation et de notre nature, notre conscience se localise dans notre tête, dans notre cœur ou dans notre hara. Elle peut aussi se situer dans des régions intermédiaires, telles que la gorge ou l'appareil sexuel.

Le centre d'une personne ne se trouve pas au même endroit suivant qu'elle est cognitive ou émotive. Les personnes cognitives parlent du monde à partir des événements auxquels elles assistent. Elles vont vous intéresser à leur voiture, à leur métier, au cours de la Bourse, en adoptant un point de vue extérieur et sans faire état de ce qu'elles ressentent intérieurement. Les personnes émotives, elles, parlent à partir de leur monde intérieur. Elles disent ce qu'elles ressentent, elles partagent leurs émotions et leurs sensations. Personne n'est totalement émotif ni totalement cognitif. Nous fonctionnons à 80-20 %, 70-30 %, 60-40 %, etc. Lorsqu'une personne s'adresse à moi, j'essaie de localiser son intelligence dominante pour mieux la recevoir. Sa voix est le principal indice.

La source de notre voix émane de notre tête, de notre gorge, de notre thorax ou de notre abdomen en fonction de nos habitudes fondamentales. Au théâtre, les acteurs s'entraînent à développer leur voix d'abdomen. C'est grâce à cette voix médium qu'ils peuvent être entendus de loin sans pour autant s'abîmer les cordes vocales.

Nombre d'hommes politiques, habitués à la dimension virtuelle du monde dans lequel ils vivent, parlent avec une voix de tête. George W. Bush, Tony Blair, Bill Gates, Lionel Jospin en sont des exemples. Les sportifs de haut niveau, au contraire, parlent davantage avec une voix de ventre. Vous pouvez vous entraîner vous aussi à localiser la source de la voix de votre interlocuteur. Sa voix prend-elle sa source dans la tête, dans la poitrine ou dans le hara ? Vous remarquerez que lorsque deux interlocuteurs utilisent la même source, le courant passe bien et ils arrivent facilement à communiquer. En revanche, lorsque l'un d'eux s'adresse à vous en étant dans la tête, alors que vous êtes dans le cœur, ou l'inverse, le courant ne passe pas. Avant d'ajuster les arguments, prenez un temps pour établir le canal à partir de la bonne source. Pour cela, écoutez réellement d'où parle votre interlocuteur et d'où vous parlez vous-même.

Au théâtre, pour un metteur en scène, diriger un comédien dont l'intelligence dominante est cérébrale génère souvent un rapport de force, car le metteur en scène a besoin de la présence d'un acteur vivant et vibrant pour porter son texte. Dans la vie de tous les jours, j'ai souvent entendu des femmes se plaindre que leur mari ne parlait pas de ses sentiments, ne les exprimait pas et peut-être même ne les ressentait pas. Ces femmes reprochent alors à l'homme d'être intellectuel, mais incapable d'exprimer une émotion. Dans un cas comme dans l'autre, c'est parce que les trois intelligences ne sont pas harmonisées que naît le conflit.

L'intelligence de la pieuvre

La pieuvre dispose de trois cerveaux. En fonction des circonstances, elle sollicite l'un ou l'autre. Nous pouvons nous aussi recourir à nos différentes intelligences. Imaginons que vous souhaitiez acheter une nouvelle voiture et que cette idée vous obsède. Vous vous voyez au volant, sur la route des vacances. L'intelligence du cœur est sollicitée puisqu'il s'agit de votre désir. Une fois le désir à l'œuvre, votre intelligence mentale entre en action avec son flot de repères, de consignes et de règles à respecter. Elle peut trouver votre voiture trop voyante, trop sportive; elle peut craindre qu'elle consomme trop ou, surtout, qu'elle n'entre pas dans votre budget! La négociation va commencer entre l'intelligence du cœur, qui vous encourage à acquérir la voiture, et l'intelligence cérébrale, qui la trouve trop chère. La discussion entre le deuxième et le troisième étage durera jusqu'à ce qu'intervienne la troisième intelligence: l'intelligence vitale. C'est elle qui va vous faire sortir de chez vous, aller au garage et acheter la voiture. L'intelligence vitale ne conçoit pas, elle agit!

La présence est le fruit d'une délicate harmonie entre ces trois intelligences. Parfois, vous pencherez trop vers la raison, pour, le lendemain, écouter votre cœur. Petit à petit, vous équilibrerez ces parties de vous-même. Les personnes qui ne privilégient que leur intelligence du cœur sont généralement plus épanouies sur le plan affectif, mais plus déstructurées. Celles qui mettent en avant leur intelligence mentale sont plus raisonnables et souvent quelque peu ennuyeuses. Enfin, certains grands leaders ne s'appuient que sur leur intelligence vitale; ce sont alors des êtres charismatiques qui sont rarement à l'écoute de leur entourage.

Voyons à présent les circonstances qui nous éloignent de nous et, par conséquent, nous donnent la sensation d'être «trop dans notre tête». La liste n'est pas exhaustive.

LE RAPPORT AU SAVOIR

En Occident, l'intelligence intellectuelle est la plus développée. Notre système scolaire privilégie l'acquisition de connaissances théoriques à l'expérience intérieure. Par l'étude de l'histoire, des mathématiques, de la géographie, nous apprenons à nous situer dans un temps et dans un espace virtuel. Cette connaissance du monde ne concerne pas nos émotions. En France, la confiance en soi et l'estime de soi, matières fondamentales à la construction de la personnalité, ne sont pas enseignées sur les bancs de l'école. Le projet de faire intervenir l'ordinateur dans les écoles dès l'âge de trois ans est un non-sens total; cela répond à des besoins économiques, mais à aucun besoin de construction de l'individu. Sur la scène comme dans la vie, l'individu se construit d'abord en explorant son corps, ses sensations, en apprenant à faire confiance à ses ressentis et à ses intuitions. Il a besoin pour cela de ne s'appuyer que sur ses expériences intérieures. Ce n'est qu'à partir de sa deuxième septaine (à l'âge de 7 ans) qu'il est disposé à apprendre réellement. Il peut alors s'appuyer sur sa conscience corporelle et son ressenti.

Beaucoup d'entre nous ont consacré de longues années à étudier l'économie, la littérature ou la biologie et sont des experts dans leur domaine. Cependant, en groupe ou en famille, ils n'arrivent pas à parler d'eux. Ils manquent d'assurance et peinent à exprimer leurs émotions. « Trop dans la tête », ils ont du mal à aller à la rencontre de l'inconnu. De plus, leurs études ne leur ont pas apporté de réponses aux questions fondamentales qui concernent le sens de la vie.

Comment savoir ?

Au moment où il crée son personnage, l'acteur dispose de plusieurs voies. Il peut découvrir son rôle de l'extérieur vers l'intérieur; dans ce cas, le metteur en scène lui parle de son personnage, de l'auteur, de la dramaturgie; il transmet à l'acteur un grand nombre d'informations historiques ou philosophiques sur l'histoire, l'environnement et la période concernés. Puis l'acteur digère toutes ces informations et finit par ressentir les mouvements internes de son personnage.

Parfois, c'est le chemin inverse. On apprend de l'intérieur. L'acteur alors ne dispose que de son intuition. Il plonge dans le texte, et dans le personnage. Puis, en se fiant à son ressenti et à ses sensations corporelles, il devine par son intuition beaucoup d'informations sur la vie de l'auteur, l'histoire de l'époque, etc. Je me souviens d'un acteur qui devait interpréter un texte de Baudelaire. Ne sachant rien de la vie du poète maudit, il a réussi à en dresser une biographie très proche de la réalité, en laissant un poème des ***Fleurs du mal*** résonner en lui.

Dans nos sociétés, la principale source de savoir est le savoir intellectuel. L'information va de l'extérieur vers l'intérieur, en opposition avec la connaissance méditative, ou connaissance intérieure, qui se diffuse de l'intérieur vers l'extérieur. La faiblesse de cette forme d'apprentissage vient de ce que nos connaissances sont fragiles comme l'est la source de nos informations. De plus, nous considérons comme des vérités des points de vue que nous n'avons jamais expérimentés par nous-mêmes.

Notre première réaction, lorsqu'une personne exprime son point de vue, consiste à lui demander: «Comment le sais-tu?» En fonction des arguments qu'utilisera notre interlocuteur, nous lui répondrons: «C'est vrai, tu as raison», sous-entendu: «Je le sais moi aussi, je l'ai lu», ou «C'est faux, tu te trompes», sous-entendu: «J'ai lu le contraire». Mais face à un grand nombre d'informations liées à l'existence, nous sommes souvent démunis. Comment vérifier des affirmations comme: «Il existe une vie sur d'autres planètes», «Après la mort, l'âme se réincarne», «La marche est meilleure pour la santé que la course», «Ce vin est bouchonné», «Les fées existent», «La vaccination permettra d'enrayer l'épidémie», «Une personne dans le coma n'entend pas», «Les Américains n'auraient pas dû intervenir en Irak», «Jésus n'a jamais marché sur l'eau», etc.?

Ces sujets nous laissent souvent perplexes. Certains d'entre nous sont d'accord avec ces affirmations, d'autres sont en désaccord, d'autres encore n'ont pas d'opinion. Cela se comprend, car le raisonnement fondé sur des données rationnelles ne suffit pas à valider ces hypothèses. Qu'est-ce qui accrédite en effet la véracité d'une information? Et dans ce cadre, quelle place accordons-nous à notre expérience intérieure? Prétendre que «Ça se fait comme ça depuis toujours», qu'«On l'a vu sur Internet», que «Ça vient d'être prouvé» ou que «La télévision en a parlé», ne suffit pas à valider une information. En effet, combien de données médicales, géographiques, biologiques et historiques ont été «prouvées» un jour et démenties le lendemain! Pour mémoire, ces prédictions annoncées en leur temps comme des vérités : « Les machines volantes plus lourdes que l'air ne peuvent exister », disait lord Kelvin, un physicien, en 1895, et « La télévision n'a pas d'avenir, les gens se lasseront de regarder une boîte en contreplaqué tous les soirs », affirmait le producteur Darryl Zanuck en 1946. Peu importe qu'il soit « Plus évident de penser ainsi » ou « Mieux d'agir comme ça », à quoi bon vous contenter du fait que « C'est normal » si vous n'êtes pas en harmonie avec celui qui a défini la norme ?

Savoir et expérience intérieure

Il existe une autre source d'information que nous utilisons peu et qui est liée à notre expérience intérieure. Les abeilles savent où trouver le pollen nécessaire à leur miel. Les chats sont assez savants en médecine pour localiser la douleur d'un malade et se coucher auprès de celle-ci. Les fourmis connaissent suffisamment la géologie pour creuser une galerie à la profondeur nécessaire à l'éclosion de leurs œufs. Les hirondelles sont assez douées en géographie pour retrouver leur nid après un an de migration.

À l'image de ces animaux, vous avez la possibilité de confirmer ou de réfuter presque toute information qui vous concerne directement. Pour cela, renforcez votre présence à vous-même. À une affirmation telle que « Les anges gardiens existent, ils nous accompagnent toute notre vie », certains ne croiront jamais, alors que d'autres vivront avec cette croyance au quotidien. Ne cherchez pas à raisonner à partir de concepts. Oubliez ce que vous avez lu et entendu auparavant sur le sujet. Soyez simplement dans l'instant, présent à vous-même. Plutôt que de raisonner, laissez l'affirmation résonner en vous, laissez-la imprégner votre être : « Les anges gardiens existent, ils nous accompagnent toute notre vie. » Observez votre réaction lorsque vous la formulez. Comment réagit votre corps ? Est-ce que cette phrase vous apaise ou vous irrite ? vous rassure ou vous inquiète ? Ne faites pas appel à votre savoir, à vos connaissances. Dans le silence, votre corps vous donnera bientôt une réponse. Votre intuition vous soufflera des indices qui vous permettront de vous situer. Ce peut être un sourire intérieur, une respiration plus profonde ou, au contraire, une toux, une crispation, un éternuement ou une crampe. Écoutez votre corps, il vous donnera l'information nécessaire. En développant cette écoute de l'intérieur, vous développerez d'autres qualités naturelles comme l'intuition, la présence et le charisme. À ce moment alors, peu importe que d'autres aient des croyances différentes des vôtres, cela ne vous déstabilisera nullement, car vous aurez trouvé votre stabilité dans votre axe intérieur.

Avec l'expérience, vous pourrez croiser naturellement votre écoute intérieure avec des signes extérieurs apparemment anodins. La réponse à la question que vous vous posez peut vous être donnée par d'autres moyens : un arc-en-ciel au-dessus de votre maison, un coup de tonnerre au moment où vous prenez une décision, le passage d'une biche dans un sentier, une ampoule qui éclate, etc. Personne ne pourra jamais prouver qu'il existe un lien de causalité entre la décision que vous venez de prendre et un vol d'oies sauvages au-dessus de votre maison. Personne ne pourra non plus prouver qu'il n'y en a pas. Certaines cultures vivent totalement à l'écoute des signes que la nature leur envoie. Ce fut le cas des Mayas, des Égyptiens, c'est encore aujourd'hui le cas des aborigènes de divers pays, des Amérindiens, des Tibétains… Ces peuples interprètent la forme des nuages, les intempéries, les manifestations animales comme autant d'indices qui leur parlent.

L'utilisation de ces signes extérieurs permet à l'être humain d'être mieux intégré dans le monde dans lequel il évolue. En fait, pour les civilisations « primitives », l'être humain n'est pas coupé de la nature. L'ego est moins développé. Ainsi, quand le cosmos manifeste un signe de son évolution, il le fait à travers toute forme de vie, car l'ensemble des atomes sont reliés les uns aux autres, chaque cellule est en interconnexion avec la cellule voisine. Chaque mouvement se répercute de la vie animale à la vie végétale. Le point important est que ces cultures, qualifiées à tort de primitives, utilisent ces informations extérieures pour asseoir leur connaissance intérieure, de façon harmonieuse. Elles ont ainsi élaboré les bases d'un savoir très perfectionné, notamment en matière de connaissance du corps, de médecine, d'utilisation des plantes, d'éducation des enfants, de culture céréalière, d'élevage, d'astrologie, etc.

Ressentir pour savoir et trouver la sérénité

Quelles que soient vos croyances sur un sujet donné, l'expérience intime que vous en avez les renforce. Vous n'éprouvez alors aucun besoin de vous confronter à d'autres points de vue. La connaissance intérieure vous apporte un élément précieux : la sérénité.

Les points de vue qui créent des conflits en vous sont les points de vue que vous n'avez ni expérimentés en profondeur ni assimilés. Dès lors qu'ils le sont, ils renforcent votre présence à vous-même et votre charisme. Vous admettrez sereinement que d'autres personnes pensent différemment et cela ne créera aucun conflit. Un esprit agité, inquiet, toujours à l'affût des contradictions ne peut développer présence et charisme.

Revenons à l'exemple des anges gardiens. Certains y croient, d'autres n'y croient pas. Pour ma part, voilà plusieurs années que je n'ai plus aucun doute sur leur existence. J'ai commencé dans un premier temps à les percevoir, puis je les ai sentis plus concrètement. Aujourd'hui, je ne me demande plus si je crois en eux, mais plutôt : « S'ils étaient à mes côtés, comment manifesteraient-ils leur présence ? » Je préfère dire que je sens leur présence, plutôt que de dire que je crois en eux. Le fait que d'autres ne les sentent pas ou n'y croient pas ne fragilise en rien mon sentiment. Il en est de même pour tous les sujets sensibles liés à la vie intérieure : les fées, l'âme, l'esprit, Dieu, le diable, les vies passées… La question n'est pas de savoir comment mettre tout le monde d'accord, mais comment vivre le plus sereinement possible l'instant présent au milieu de ces interrogations.

Un signe !

Dans les pièces de Shakespeare, les éléments ont un rôle très important dans l'intrigue. Dans ***Macbeth*** et ***Othello***, dans ***La Tempête*** et ***Richard III***, le vent, la pluie, la forme des nuages ont un rôle prédominant pour avertir les personnages d'un danger, signaler un présage. Le spectateur réagit naturellement. Il sait que les nuages lourds ne sont pas de bon augure au-dessus de la tête du héros qui s'apprête à partir au combat. Il ressent en revanche que l'arc-en-ciel qui se dessine au moment où le couple quitte la scène est porteur de bons signaux pour les amoureux en devenir. Tous ces signes naturels sont utilisés pour ponctuer le rythme des intrigues au théâtre et au cinéma. Nous sommes naturellement très attentifs à ces signes lorsque nous regardons une pièce ou un film; encore plus s'il s'agit d'une intrigue policière... Nous cherchons à capter le moindre signe pour identifier le meurtrier.

Le jour où j'ai visité la maison que j'ai ensuite achetée, j'ai « demandé » à ce qu'un signe assez fort me soit envoyé pour me sentir conforté dans l'idée que cette maison serait propice à ma nouvelle vie. Quelques secondes après avoir formulé ma demande, je suis arrivé à un carrefour où j'ai vu une magnifique pie posée sur un panneau de signalisation indiquant « L'Ange Gardien », nom d'un lieu-dit voisin. Quelques mètres plus loin, m'a doublé un camion publicitaire sur lequel figurait une légende: « Vous êtes ici chez vous. » En effet, j'arrivais chez moi! Rassuré par ces indices, j'ai pris rendez-vous à la banque afin de négocier un crédit. Le lendemain, de manière totalement imprévisible, j'ai reçu une somme importante qui provenait d'un arriéré de droits d'auteurs sur un film datant de plusieurs années. Cette somme correspondait exactement au montant de l'apport dont la banque avait besoin pour débloquer le crédit... Bien sûr, pour choisir cette maison, je me suis appuyé sur des critères plus cartésiens que ces seuls indices! L'important est que ces signes m'ont apaisé et que je n'ai éprouvé aucun désir de visiter d'autres maisons. J'ai acheté celle-ci le jour même et ne l'ai jamais regretté!

Ainsi, lorsque je me trouve face à une alternative, je m'appuie à la fois sur des critères objectifs et mesurables, et sur des indices plus subtils. Je me mets à l'écoute de ces derniers. Éventuellement, ils me confortent dans mon choix. Cela fait un bon équilibre!

Anges, m'entendez-vous ?

Si vous souhaitez développer ce savoir intuitif, entraînez-vous à vous poser des questions qui concernent votre bien-être : « Ce traitement thérapeutique est-il adapté à ma maladie ? », « Cette personne me veut-elle du bien ? », « De combien d'heures de sommeil ai-je besoin par nuit ? » Observez ensuite les indices corporels qui vous apportent des éléments de réponse. Faites-vous confiance pour les décrypter. Enfin, soyez attentif aux signes qui peuvent se manifester dans votre environnement et à l'impression qu'ils vous procurent : de l'apaisement ou de l'inquiétude ? En faisant ces expériences, vous développerez vos capacités à ressentir et à percevoir. Le sentiment d'absence, la peur de la solitude, naissent de l'impression d'être « coupé », coupé de soi, des autres, du vent, des éléments et de la nature. Au fur et à mesure de vos expériences, vous serez surpris de constater que cette forme de savoir intérieur, parce qu'elle vous unit à l'univers, renforce votre présence à vous-même. La présence naît en effet d'un sentiment d'unité entre soi et le cosmos.

Pour conclure ce point, je voudrais vous faire partager le souvenir de cet ami avec qui je m'étais entretenu de ce sujet. Arrivé chez lui le soir, il repensa à notre conversation, car il s'interrogeait sur l'éventualité de quitter le poste qu'il occupait et dans lequel il se sentait très frustré. Au moment où il s'est posé la question, un courant d'air a fait claquer une fenêtre avec tellement de violence qu'une étagère de livres s'est décrochée du mur dans un fracas effroyable. Une bouteille en verre contenant une maquette de bateau s'est brisée en tombant. Est-ce le vent qui lui a soufflé l'idée ? Quelques mois plus tard, il démissionnait de son poste de directeur commercial et s'installait à Saint-Malo, où il a pu revenir à sa passion première : la voile. Aujourd'hui, il organise des croisières en mer à bord de ses deux bateaux.

Encourager la conscience de soi

Pour accompagner vos enfants, dès leurs premières années à jouer pleinement le rôle de leur vie, favorisez la conscience qu'ils ont de leur corps et leur autonomie. Puisqu'ils ont assimilé peu de jugements et de concepts, les jeunes enfants ont une capacité à ressentir, sans passer par un filtre mental, bien supérieure à celle des adultes. Ils ont accès, en eux, à une mine d'informations qui leur sont bien plus utiles que celles qu'ils piocheront plus tard sur Internet et dans les journaux !

Lorsque vous vous adressez à eux, même dans les propos les plus anodins, privilégiez l'expérience par rapport au concept. Évitez les affirmations catégoriques telles que : « On met son écharpe quand il fait froid », « Le père Noël nous gâte si l'on est sage », « Ne mélange pas tes couleurs, c'est moche », « Avec du beurre, c'est meilleur ». Ces phrases, énoncées comme des vérités, résonnent comme telles dans l'esprit de l'enfant. Elles ne sont pourtant que des points de vue résultant de nos expériences, de notre culture et de nos croyances du moment. Elles créent des repères qui éloignent l'enfant de lui-même et de sa capacité à ressentir. Aidez plutôt l'enfant à aller dans le sens de ce qu'il perçoit et éprouve afin de le conforter dans cette voie : « Que ressens-tu quand tu entres dans cette église ? », « As-tu envie de le remercier ? », « Aimes-tu le goût de ces fruits ? », « Te sens-tu capable de grimper sur ce muret ? », « As-tu l'élan suffisant pour sauter ? », « T'es-tu senti valorisé, écouté, respecté, aimé ? » Vous renforcerez ainsi, non seulement son autonomie, mais aussi sa capacité à ressentir de l'intérieur ce qui est bon pour lui. Un enfant qui est habité par l'affection, la confiance en soi et l'estime de soi, sera, une fois son autonomie affective établie, plus enclin à assimiler des informations intellectuelles de différentes traditions, écoles et cultures.

DE QUELQUES AUTRES OBSTACLES À LA PRÉSENCE À SOI

Un monde immense sur le petit écran

Le deuxième obstacle à notre présence est notre loisir favori : la télévision, en moyenne deux heures trente par jour par habitant. La télévision joue un rôle prédominant dans la coupure d'avec soi, car elle encourage un comportement passif. Une abondance d'émissions décrit l'évolution scientifique, économique et stratégique du monde à l'expert que nous croyons être. Nous avons des opinions sur ce que devrait entreprendre tel ministre pour redresser la situation, sur l'attitude que pourrait adopter la police dans les banlieues, sur ce que tel État aurait avantage à décider pour rééquilibrer son budget, etc. Pourtant, nous sommes démunis quand il convient d'entrer en contact avec notre monde intérieur, de communiquer avec nos propres enfants, de dénouer les conflits que nous avons avec nos voisins ou de gérer notre budget. La pollution nous révolte et nous en rendons les gouvernements responsables, mais nous évitons de remettre en question notre propre façon de consommer.

En sollicitant trop notre intelligence cérébrale, la télévision nous éloigne de nous-mêmes. Le trop-plein d'informations qu'elle nous donne fait de nous des spectateurs du monde. Spectateurs émus, spectateurs choqués, spectateurs révoltés, mais spectateurs avec toute la passivité qui va avec ce rôle. Beaucoup d'adultes passent, chaque soir, deux ou trois heures devant la télévision en rentrant du bureau, quelles que soit l'émission : ils ont besoin de se « vider la tête ». En fait, ils ne se vident pas la tête, ils la remplissent d'informations qui ne présentent pas vraiment d'intérêt pour leur vie. Cette absence à eux-mêmes leur procure une illusion de détente ; en réalité, elle accentue leur fatigue et leur éloignement par rapport à leur être profond.

« Ne bouge pas, je t'appelle »

Autre « habitude » qui nous éloigne de notre centre : la nature virtuelle de certains moyens de communication. En quelques années, on a développé des outils technologiques perfectionnés. L'essor d'Internet nous met en contact avec des hommes et des femmes de partout dans le monde, mais il ne nous permet pas d'entrer dans de « vraies » relations. Dans les entreprises, l'Intranet entretient la carence de communication. Instrument pratique pour transmettre rapidement des informations, cet outil n'intègre pas la dimension sociale et humaine de la relation. Chacun pénètre dans l'intimité de chacun sans même en avoir conscience et sans prendre de précautions. On en vient à écrire des choses que l'on ne dirait jamais à la personne si elle était physiquement devant nous. De nombreux responsables en entreprise traitent de 100 à 150 courriels par jour. C'est énorme ! De plus, la téléphonie mobile nous rend potentiellement joignables à tout moment. Du fait de cette intrusion, l'isolement, essentiel dans le domaine de la communication, devient difficile à protéger. Nous nous projetons mentalement partout en même temps sans jamais habiter notre corps.

Que pouvons-nous faire quand le téléphone sonne ? Ne pas répondre machinalement. Prendre plutôt quelques secondes pour nous demander : « Une personne est en train de venir à moi, suis-je prêt à lui accorder de l'attention ? » Si nous choisissons de répondre, établissons sincèrement le contact dès les premiers mots. Nous pouvons également choisir de ne pas répondre systématiquement et refuser d'interrompre une activité en cours, par exemple ; nous n'avons pas à nous culpabiliser de ne pas avoir de répondeur ou de ne pas décrocher à l'heure du repas.

Internet, portables, webcam, puisque les outils de communication sont là pour nous permettre de mieux communiquer, ils doivent être à notre service, et non pas nous au leur.

La course au temps

Une autre habitude nous fait nous éloigner de nous-mêmes : la simultanéité de nos activités. Pour gagner du temps afin de se détendre, certains d'entre nous éprouvent le besoin de toujours mener deux activités de front : manger en téléphonant, téléphoner en regardant le journal, courir en écoutant de la musique, faire la vaisselle en tenant une conversation, changer un bébé en parlant au téléphone, fumer en conduisant, etc. En développant ce type de comportements, notre esprit ne se « pose » jamais. Il court après le temps, d'autant plus que nous avons toujours « quelque chose d'important à faire ». Si l'activité s'arrête, nous voilà animés par un sentiment de frustration, d'irritabilité et de stress. Souvent, c'est sous le prétexte de vouloir « être efficaces » que nous nous agitons. Or, l'efficacité n'a rien à voir avec l'agitation. L'efficacité est le fruit d'un équilibre harmonieux entre le calme et l'action.

Dans ses jeunes années, l'enfant est très présent à chacun de ses actes. Depuis les premiers jours de sa vie jusqu'à sept ans, ses gestes sont pleins, concentrés. Un enfant manifeste généralement beaucoup plus de présence qu'un adulte. Lorsqu'il mange, tout son corps se tend vers l'action de manger. J'ai remarqué que sur scène, beaucoup d'acteurs sont gênés avec les enfants, car ceux-ci sont moins dans leur tête et plus présents qu'eux ; c'est pourquoi les enfants attirent l'attention du public ! Il m'est souvent arrivé, en dirigeant des acteurs sur une scène de théâtre, de faire référence aux enfants. Je les invitais à regarder attentivement un enfant manger, jouer, s'habiller, pour retrouver une qualité de présence scénique dans leurs mouvements quotidiens.

Maintenant que nous avons vu ce qui nous éloigne de nous-mêmes, venons-en à ce qui fortifie notre présence.

RENFORCER SA PRÉSENCE

Alléger ses pensées

Notre esprit est sans cesse en ébullition. Les pensées ne s'arrêtent jamais – en moyenne 80 000 pensées par jour, c'est énorme ! Ce flot de pensées ne s'apaise pas par la volonté, au contraire. Faites l'expérience suivante : concentrez-vous quelques secondes et dites-vous « Ne pense pas à un piano violet. » C'est fait ? Que se passe-t-il ? Immédiatement, l'image du piano violet s'imprime dans votre imagination.

Vous limiterez l'activité de votre esprit en identifiant le jeu de vos pensées. Les pensées sont comme les vagues de l'océan. Il y en a toujours une nouvelle pour remplacer la précédente. Vous ne pouvez pas les supprimer, mais vous pouvez apprendre à « glisser » sur elles comme les surfeurs sur la crête des vagues – à une condition : les dissocier de leur charge affective. Quand, par exemple, vous vous dites : « Je rentrerai du cinéma en métro », plusieurs émotions peuvent accompagner cette idée : « À cette heure-là, il y aura des places assises, c'est confortable », ou « Le soir, les rames sont vides, j'ai peur d'être agressé ». Ce qui affecte la qualité de votre présence, ce ne sont pas les pensées en elles-mêmes, mais les émotions que vous y associez. L'entraînement consiste à dissocier la pensée de sa charge émotionnelle.

Nous pourrions répartir les pensées en quatre grandes catégories : les pensées circonstancielles, prévisionnelles, discursives et intuitives.

Les ***pensées circonstancielles*** sont nombreuses, mais si futiles que vous ne les identifiez même pas : « Elle a un drôle de chapeau ! », « Ça sent le café ! », « Drôle de couleur pour une grenouille ». Ces pensées sont le fait de l'activité électrique naturelle de notre cerveau. Elles sont stimulées par nos six sens. Elles sont la source d'une agitation constante.

Les ***pensées prévisionnelles*** sont liées à votre organisation. Elles sont stimulées volontairement : « Je prends le train à 14 heures, il me faut dès à présent appeler pour réserver un taxi », « Je veux organiser un déjeuner, je dois réfléchir à ma liste d'invités ». Ces pensées ne sont pas associées à un état d'âme particulier. Nous choisissons de les accueillir ou pas au gré de nos besoins. Les pensées prévisionnelles sont des pensées constructives et nécessaires à l'activité. Elles créent du stress à partir du moment où elles deviennent trop nombreuses.

Les ***pensées discursives*** sont plus récurrentes. Ce sont les pensées discursives qui nous mettent comme en suspension : « Je n'aurais pas dû venir ici », « J'aurais voulu qu'il accepte ma proposition », « Pourquoi ne m'en a-t-elle pas parlé ? », « Si j'avais roulé moins vite, tout ça ne serait pas arrivé », « Il m'a blessé en me disant ça », « J'étais mieux dans cet ancien appartement ». Les pensées discursives nous coupent de nous-mêmes, car elles nous font quitter ce qui « est » pour mettre de l'énergie sur ce que « nous voudrions qui soit ». Avec les pensées discursives, nous refusons le présent.

Si, par inattention, vous percutez une voiture, votre esprit discursif refusera la réalité telle qu'elle est. Il voudra la modifier: «J'aurais dû être plus attentif et l'autre conducteur aurait dû rouler moins vite.» L'esprit, contrarié, résiste et veut changer la réalité. C'est pourquoi les pensées discursives sont en partie à l'origine de notre souffrance émotionnelle.

Les ***pensées intuitives*** méritent que l'on s'y attarde. Il existe un savoir qui ne repose sur aucun repère, aucune règle, aucune référence. C'est dans cet espace vierge de toute croyance que les pensées intuitives prennent leur source. Les pensées intuitives nourrissent l'inspiration. Elles ne nous appartiennent pas, nous allons les cueillir ailleurs. Nous avons tous des pensées intuitives; en revanche, elles passent souvent inaperçues, car elles sont noyées dans le flot des autres pensées. Il arrive que l'on pense à une personne, qu'on la sente proche, et puis le téléphone sonne et déjà l'on sait que c'est elle! De même, on hésite à prendre le métro un soir, car on a l'intuition que ça peut être dangereux; au moment où l'on se fait agresser, on se dit: «J'aurais dû suivre mon intuition...» Lorsqu'on reçoit une bonne nouvelle, on lance avec un rien de fierté: «Je le sentais bien!»

Je me souviens d'un comédien que je dirigeais sur une scène de théâtre. Nous n'arrivions pas à trouver son personnage depuis plusieurs répétitions. Alors qu'il jouait un homme raffiné et distingué, un jour, sans raison apparente, il s'est mis à articuler ses phrases avec un léger tic de langage. Cette fragilité dans son expression a transformé le rôle, lui a fait perdre son arrogance et a donné au personnage toute la profondeur dont nous avions besoin pour servir l'œuvre. Cette initiative d'acteur a été totalement intuitive. Lorsque vous vous sentez coincé dans une situation, lorsque vous devez faire un choix délicat, il n'est pas rare que des pensées intuitives se forment; aurez-vous l'ouïe assez fine pour les reconnaître?

Comparativement aux animaux, l'être humain écoute très peu son intuition. Or, l'intuition, qui constitue une énergie toujours en mouvement, a ceci de particulier qu'elle doit être écoutée, suivie, et même entretenue. Pour cela, beaucoup de silence intérieur est nécessaire. De nombreuses découvertes, inventions, réalisations artistiques doivent leur création à l'intuition. Nombre de poètes, d'artistes, mais aussi d'hommes politiques, de chercheurs et de chefs d'entreprise s'appuient sur leur intuition pour orienter leur recherche et leurs travaux.

Curieusement, nous accordons plus facilement du crédit à ce que la science peut prouver avec certitude qu'à notre intuition. Or, la science a ses limites. Il y a quelques siècles, elle était incapable de prouver que la terre est ronde ! Au-delà de leurs calculs, il a fallu beaucoup d'intuition aux navigateurs pour prendre autant de risques sur les mers. Dans le domaine de la médecine, la science occidentale, qui repose sur ce qu'elle peut analyser, prouver et reproduire, admet depuis à peine trente ans que le fœtus est capable de percevoir les sons et d'identifier les voix. Voilà encore soixante ans, elle ne concevait pas que le fœtus ressente émotions et douleur. Il y a un siècle, elle ne disposait pratiquement d'aucune information sur la vie intra-utérine. Comparativement, les premières planches de médecine tibétaine, qui datent du IVe siècle, décrivent en détail l'évolution du fœtus à chaque stade de la grossesse, la composition de son corps, sa position, la façon dont il s'alimente, etc. Ce qui est étonnant, c'est que ces représentations, comme l'ensemble des planches de médecine tibétaine, sont d'une précision étonnante. Le foie, les reins, l'estomac, la vésicule biliaire sont dessinés avec exactitude. Pourtant, la médecine tibétaine n'a jamais pratiqué la dissection, et les médecins ne disposaient pas d'appareillage d'imagerie électronique permettant de connaître la place exacte des organes dans le corps, leur forme, etc. L'exactitude de ces informations datant du IVe siècle a été vérifiée depuis lors par les différents outils qui sont à notre disposition, notamment la radiographie et la tomodensitométrie (***scanner***). Le savoir médical tibétain s'est élaboré à partir d'intuitions que médecins et lamas ont eues au cours de leurs méditations. Au moyen de la connaissance intérieure, ceux-ci ont acquis les bases d'un savoir rigoureux sur lequel ils ont élaboré une médecine pertinente et efficace depuis plusieurs siècles.

Ailleurs, en Inde, en Chine, en Grèce, en Égypte, de précieuses informations astrologiques, médicales, biologiques, géologiques se sont constituées à partir de pensées intuitives d'êtres qui ne disposaient pas de moyens à même de prouver leur intuition. Aristote, Michel-Ange, Léonard de Vinci ont utilisé leur savoir intuitif comme fondement de leurs travaux.

Développer son intuition

Vous pouvez, si vous le souhaitez, développer votre intuition. Chacun de nous a de l'intuition, mais on ne le réalise pas toujours. C'est une question d'habitude. Il ne sert à rien d'opposer les pensées intuitives à la raison, car l'intuition est avant tout un voyage au centre de soi. L'intuition nous permet de trouver ce que nous pourrions, dans certains cas, prouver par l'étude et l'analyse.

L'intuition a besoin de calme. L'agitation mentale la brouille. Dans un premier temps, il convient donc de renforcer le calme et la présence à soi pour offrir de l'espace à l'intuition. Ne laissez pas votre logique dominer. Les informations intuitives sont avant tout captées par la peau. La peau de chat a longtemps été utilisée dans la fabrication d'appareils servant à mesurer plusieurs types d'énergies. Les chats sont très intuitifs. Chaque cellule de notre peau a la capacité de recevoir une information et d'en émettre une nouvelle. Nous ne sommes pas entraînés à ce mode de communication lié à nos origines animales.

Il existe beaucoup d'informations dont nous pouvons avoir connaissance : la planète terre mesure 40 000 km de circonférence, la France est peuplée de 60 millions d'habitants, etc. Nous pouvons également lire des quantités de livres sur les religions ; ce savoir nous permettra de comparer intelligemment l'histoire des religions, mais il ne nous sera pas d'un grand secours pour rencontrer Dieu ! Vous pouvez développer votre savoir intuitif pour connaître ce qui est juste pour vous, pour vous orienter dans un choix important. Cela demande de vous couper de toute influence. Beaucoup de choix sont bridés par des pensées telles que « Ça ne va pas plaire à ma femme », « Ça va choquer ma famille », « Je risque de décevoir si je fais ça ». Ces pensées parasites voilent la communication avec notre inconscient en renforçant l'agitation mentale.

Il existe un savoir plus profond que celui qui est lié à notre compréhension mentale : c'est le savoir qui ne dépend pas d'un « Je » qui sait (par opposition à un « Je » qui ne saurait pas), car il est un savoir sans sujet. Cette forme de connaissance n'est pas tributaire de la volonté : on ne ***veut*** pas savoir, on ne ***croit*** pas savoir, on ne ***pense*** pas savoir, on ***sait***, simplement. Cette forme de savoir est paisible car elle relève de l'univers. Dans le ventre de sa mère, le fœtus sait. Il sait comment se nourrir, comment évacuer. Il sait quel jour naître. Il sait également dans quel ordre former son estomac, son foie, ses reins. Il est relié à sa mère et relié à l'univers. Il n'a pas encore conçu un « Je » de sujet. Son savoir lui est donné.

Le savoir intuitif est lié au présent. Que sait une abeille de la vie d'une abeille ? Elle sait où se trouvent les fleurs, où elle butinera le pollen et quelle variété de fleurs est bonne pour elle. Elle sait former un huit horizontal en évoluant dans le ciel pour communiquer aux autres abeilles où se trouvent certaines fleurs, la distance jusqu'au champ, l'origine et la qualité du pollen ainsi que le nombre d'ouvrières nécessaires à la récolte. Elle sait communiquer ces informations en quelques secondes. L'abeille sait faire le miel, l'oiseau sait faire un nid, l'hirondelle sait quel jour est propice à la migration. Grâce à ce savoir intuitif et collectif, toutes les hirondelles quittent les pays froids à la même date.

Terminons cette énumération par un dernier exemple relevé par les cornacs lors du tsunami qui a frappé l'Asie. Ceux-ci ont observé que, plusieurs heures avant le raz-de-marée, les éléphants savaient que la mer allait envahir les côtes et où ils pouvaient se réfugier pour ne pas être emportés par les flots. De nombreux éléphants ont arraché leurs chaînes bien avant le désastre et ont marché plusieurs heures jusqu'à des endroits stratégiques où ils ont pu se protéger. Certains habitants ont choisi de suivre les éléphants, d'autres ont appliqué les directives des centres de surveillance météorologiques perfectionnés. Les premiers ont été sauvés.

Ces exemples empruntés à la vie animale nous montrent que c'est essentiellement l'activité intellectuelle qui freine l'accès à la précieuse source d'informations qu'est l'intuition. Pour entraîner votre intuition, identifiez, dans votre vie quotidienne, les moments où vous la percevez ; entraînez-vous à vous poser des questions simples : lorsque le téléphone sonne, demandez-vous si l'on vient vous apporter une bonne ou une mauvaise nouvelle. Contentez-vous de ressentir, sans analyser logiquement. Lorsque vous vous rendez à un entretien, estimez les résultats que vous pouvez espérer. Si une ville vous attire, osez vous y rendre. Quand vous pensez subitement à une personne que vous n'avez pas vue depuis longtemps, appelez-la pour savoir s'il n'y a pas actuellement des circonstances qui vous rapprochent d'elle.

Soyez présent à vous-même et utilisez tous les moyens dont vous disposez pour affiner votre perception. Cherchez des informations dans votre for intérieur. Accordez confiance et crédit aux manifestations physiques que vous ressentez. Profondément, nous avons tous de grandes choses à réaliser sur cette terre. Des défis à relever, des qualités à incarner. Quand nous avons identifié la nature de ces défis, l'existence est plus douce. Ayez confiance en votre intuition pour identifier et comprendre la nature de ces défis. Faites confiance à votre intuition pour développer vos ressources et vos talents cachés. Tant qu'elles demeurent dans la bibliothèque du metteur en scène, certaines œuvres théâtrales semblent fades ou ennuyeuses. Elles se révèlent lorsqu'elles sont choisies. Prenez le temps de choisir pleinement la vie que vous menez. Déroulez-en le fil comme un auteur, comme un metteur en scène. Révélez votre trésor. Osez montrer le meilleur de vous. Osez incarner vos ambitions les plus secrètes. C'est ainsi que vous jouerez pleinement et authentiquement le premier rôle… Le rôle de votre vie.

Habiter son corps : respirer, marcher, regarder

Celui qui a conscience de son corps incarne la présence. Notre personnage n'est pas vivant lorsque nous nous contentons de l'imaginer sur scène sans le ressentir dans la profondeur de notre chair. Aussi, dès votre réveil, tandis que vous êtes encore allongé, consacrez quelques minutes à prendre conscience de votre corps. Du sommet de votre crâne à vos orteils, voyagez à travers vos os, vos ligaments et vos muscles. Synchronisez votre conscience avec votre respiration, car celle-ci est toujours en vie et en mouvement. Ces minutes vous permettent d'entrer dans le nouveau personnage qui vous portera durant la journée. Ce n'est qu'une fois installé à l'intérieur de votre peau que vous commencez à vous mouvoir et à faire vos premiers pas.

La marche consciente est très adaptée pour revenir à soi et développer sa présence. Consacrez-y quelques minutes par jour en prêtant attention à votre corps, à votre bassin, puis à vos jambes, à vos genoux et à vos chevilles. Ressentez vos os, vos articulations, vos tendons et vos muscles. Ralentissez ponctuellement de façon à percevoir chaque micromouvement, puis régulez votre rythme.

Au-delà de l'intérêt de la pratique du yoga, le simple fait d'être conscient de chaque respiration est déjà une pratique bénéfique. Prêtez attention à chaque inspiration et à chaque expiration: «J'inspire et je suis conscient que j'inspire; j'expire et je suis conscient que j'expire.» Soyez conscient de l'intervalle situé entre l'inspiration et l'expiration. Cet espace entre les deux mouvements est moins encombré de pensées. Pour vous entraîner, commencez par compter un même nombre de secondes pour l'inspiration, la pause, l'expiration, puis une nouvelle pause. Dans un second temps, prolongez l'expiration qui doit être un tiers plus longue que l'inspiration.

L'esprit crée le temps avec un présent, un passé et un futur. Il enregistre toutes les expériences vécues. Il les stocke dans les rayons de la mémoire sous forme d'images agréables et désagréables. En comparant sans cesse sa réalité à sa bibliothèque référentielle, l'esprit agit comme un filtre. Pour passer au-delà de ce filtre mental, le dépasser en quelque sorte, entraînez-vous à regarder à partir d'un point situé à l'arrière du crâne, derrière les deux yeux. Ce n'est plus vous qui regardez, c'est la vie qui regarde à travers vous. Vous faites partie de la scène! Ce point de vue intègre l'acteur que vous êtes, la conscience du personnage que vous jouez et le regard du public. Il constitue un bon belvédère pour développer la conscience que vous avez de vous. Lisez les lignes qui suivent à partir de ce point. Votre vision du monde s'allégera. Entraînez-vous quelques minutes à observer à partir de ce point. Fixez un tableau, une bougie, un coucher de soleil, et demandez-vous : « Je regarde le coucher de soleil, mais qui, à travers moi, regarde réellement ce coucher de soleil ? Est-ce mon acteur intérieur ? »

Inventer un quotidien sans routine

Au théâtre, il existe une grande effervescence au moment des dernières répétitions. Puis, la veille de la première, le trac est à son comble. La première représentation est généralement porteuse d'une grande excitation. On fête le lever du rideau, on sabre le champagne, on découvre les réactions du public… Puis viennent la deuxième, la troisième… Beaucoup d'acteurs au bout de la septième ou la huitième représentation commencent à s'ennuyer. C'est tout un art de maintenir la spontanéité de la représentation lorsqu'on joue 50 ou 100 fois la même pièce.

Dans votre vie de tous les jours, que vous viviez seul ou en couple, le principal spectre de l'ennui a un nom, c'est la routine. Souvent, dans un couple, les premiers temps de la rencontre sont source de joie et d'émerveillement ; puis, progressivement, des activités comme faire la vaisselle, étendre le linge, préparer à manger deviennent synonymes de décadence conjugale. Pour freiner cette vieillesse relationnelle, le couple qui ne veut pas dégénérer investit un budget disproportionné en loisirs. Tout est bon pour innover, pour ne surtout pas reproduire ! Notre monde intérieur est pourtant bien plus susceptible de nous aider à sortir de la routine que les activités extérieures, car il est plus riche. Éviter la routine ne signifie pas inventer tous les jours des activités surprenantes, car cette quête est sans fin. Éviter la routine, c'est, au contraire, accomplir chaque geste quotidien en conscience. C'est parce que les acteurs maintiennent cette qualité de présence et d'émerveillement tout au long de leur parcours que vous pouvez aller voir la quatre-vingt-cinquième représentation d'une pièce ; vous aurez l'impression que les acteurs disent le texte pour la première fois et sont totalement joyeux, spontanés et vivants.

L'ennui ne naît pas de la répétition de gestes au quotidien. Il naît de notre absence de conscience par rapport à ces gestes. Comme l'acteur qui redécouvre chaque jour la scène, ses partenaires et le texte qu'il interprète, vous développerez votre présence dans vos actions quotidiennes en vous concentrant sur vos sensations. Laissez votre esprit en paix. Ne cherchez pas à reproduire ; soyez présent, simplement. Lorsque vous faites la vaisselle, ne considérez pas qu'il s'agit d'une corvée, d'une tâche qu'il ***faut*** faire. Ne vous absentez pas d'elle. Portez au contraire votre attention sur la vaisselle. Concentrez-vous sur l'eau qui coule sur vos mains, entre vos doigts, sur vos avant-bras. Soyez conscient du contact avec le savon, avec l'assiette. Comme cet acteur que je décrivais au début de ce chapitre, totalement présent à son mouvement, soyez présent à ce que vous faites. Lorsque vous jardinez, lorsque vous balayez, lorsque vous faites votre lit, lorsque vous préparez le repas, lorsque vous mangez, lorsque vous lisez ces lignes, synchronisez votre corps et votre esprit à chaque instant, soyez conscient et incarnez votre mouvement. Vous vivrez alors l'aventure de votre existence dans toute sa profondeur et sa globalité.

CHAPITRE 8

DANS MON COSTUME DE MONSIEUR

Lorsque nous rencontrons un inconnu, il est fréquent qu'un regard nous suffise pour le cataloguer. Quelques secondes furtives et notre œil averti jauge la qualité de notre interlocuteur. Un petit regard de rien du tout, et nous avons scruté le bonhomme ! Son look, ses vêtements, la façon dont il les porte, nous révèlent à qui nous avons affaire. Avant même qu'il ait parlé, notre personnage a déjà marqué son public, car la première image qu'il offre est visuelle, non auditive.

Je me rendais ce jour-là rue Amelot, dans le 11e arrondissement de Paris, à l'atelier de costumes de la Comédie-Française. Nous étions à un mois de la première représentation d'***Iphigénie*** et le moment était venu de « rencontrer » mon costume. Je dis *rencontrer* car l'essayage d'un costume, pour un comédien, est une véritable découverte. L'habit est une seconde peau qui donne à l'acteur la silhouette du personnage, son style, son époque. Dans ce palais des merveilles, je me sentais comme un enfant découvrant des malles de vieux habits dans le grenier, des chapeaux et des tissus de toutes les couleurs. Un enfant dont c'est le métier de s'amuser.

Le parc à costumes de cette grande maison s'étend sur trois étages de plusieurs centaines de mètres carrés. Chaque vêtement est le fruit d'un travail minutieux réalisé par des couturières passionnées. Sur les cintres, les uniformes militaires côtoient les chemises à jabot. Les robes de bal dorment entre elles en attendant d'être choisies par une actrice qui dansera sur une scène ou devant une caméra.

CHOISIR SON COSTUME

Après de nombreux essayages, nous nous mettons d'accord avec la costumière : c'est un manteau pourpre aux rubans de velours mauve, porté sur un ensemble bleuté, qui sera retenu. Le costume porte l'acteur autant que ce dernier le porte. On ne traverse pas la scène de la même façon selon que l'on est en jean ou en costume d'époque. La perruque, les chapeaux ou les postiches nous permettent, en nous transformant, de prendre contact avec une partie de nous-mêmes jusque-là inaccessible. Ces tenues nous stimulent à jouer vraiment un rôle, à nous abandonner.

Combien de fois ai-je vu des acteurs insignifiants se révéler le jour où ils essayaient leur costume de scène ? Comme si, au moyen de cette apparence, ils disparaissaient d'eux-mêmes pour naître au rôle. Les alexandrins gagnent en élégance lorsqu'ils sont dits en pourpoint et hauts-de-chausse. La grâce du rôle, sa rudesse ou son raffinement se nourrit de couleurs et d'étoffes. L'influence du costume ne s'observe pas que sur le comédien qui le porte. Elle opère également sur les partenaires et sur le public.

Les repères visuels nous en apprennent beaucoup sur les personnages. Ils nous confirment leur identité. Au cirque, par exemple, le nez rouge donne sa légitimité au clown. Du reste, les enfants sont souvent déçus par les clowns modernes qui ne portent plus de nez rouge. Cette légitimité du personnage n'est pas valable que sur la piste. Nous sommes également rassurés lorsque le docteur porte sa blouse blanche, le pompier, son casque, le dépanneur, sa salopette bleue, l'avocat, son dossier épais et le réparateur, sa mallette noire. Ces accessoires et costumes nous confortent dans nos repères, ce qui nous sécurise inconsciemment.

Dans une entreprise, un mécanicien m'avait montré fièrement la clé à molette qu'il tenait à la main : « Le secret de la tranquillité, pour moi… C'est ça ! » m'avait-il dit en la désignant. Puis il m'avait expliqué que s'il voulait faire librement la conversation dans les couloirs, il avait besoin de sa clé. Elle lui servait d'alibi : tant qu'il l'avait à la main, tout le monde était persuadé qu'il était occupé et personne ne le dérangeait !

Le costume : un sésame pour se reconnaître

Voilà quelques années, j'avais joué dans un film d'époque. Le décor était monté dans une plaine perdue de Picardie. Les caravanes de loges, de maquillage et de cantine étaient dressées légèrement en retrait. Au moment du déjeuner, les comédiens qui jouaient les marquis se sont réunis autour d'une grande table. Spontanément, les marquises les ont rejoints. À une autre table, les soldats se sont regroupés dans un alignement militaire. Leur attitude était plus guindée. On réservait aux gradés les sièges de choix. Enfin, de nombreux « gens du peuple », dans des chemises de toile de jute beige, attendaient docilement qu'on vienne les placer. Pourtant, nous étions tous comédiens et employés aux mêmes conditions pour jouer dans un film de cinéma. Nous nous étions tous levés de bonne heure pour faire la route sous la pluie jusqu'à Beauvais, et, même si nous ne nous connaissions pas les uns les autres, nous nous étions tous changés dans la promiscuité des cars-loges qui nous étaient destinés. Mais la force de l'image est telle qu'une hiérarchie s'était imposée d'elle-même sous l'influence des costumes. Les assistants proposaient spontanément un fauteuil à un comédien en habit de marquis et un tabouret à une comédienne jouant une servante.

Quant à moi, à la fin de chaque journée, je quittais le costume qui m'avait fait vivre de délicieuses émotions. J'ôtais ma redingote de velours bleu nuit, ma chemise dont le col se perdait dans un flot de dentelles blanches, mes chaussures vernies rehaussées de dix centimètres de talon et je posais sur un cintre mon gilet de soie ; ensuite, j'enfilais mon jean et mon pull, je prenais mon casque, je saluais l'équipe et je rentrais chez moi en moto. Pendant près d'une heure, je me sentais entre deux états. Plus vraiment duc, pas encore motocycliste. Comme si je n'étais pas encore totalement incarné dans ce second personnage. J'étais toujours habité par les délicieuses sensations que m'avait procurées, la journée durant, un costume délicat porté dans une ambiance de banquets et de bals ; pourtant, je conduisais ma moto sur l'autoroute du Nord.

«L'habit ne fait pas le moine... mais il permet d'entrer au monastère», ai-je entendu dire. Cette distinction par le costume, je l'ai retrouvée à l'œuvre quelques mois plus tard à l'occasion d'un mariage. Lorsque je suis arrivé à l'église, les premières places étaient déjà occupées, non par les proches des mariés ni par ceux qui étaient arrivés en avance, mais par celles et ceux dont les effets de toilette étaient les plus extravagants. Les grands chapeaux fleuris, les costumes raffinés s'étaient installés d'eux-mêmes aux premiers rangs...

Notre look sert également de sésame à l'entrée des boîtes de nuit. Ici, le costume est obligatoire pour les hommes; là, il faut porter du blanc. Certaines soirées «branchées» sont réservées à ceux qui portent du cuir; d'autres, aux amoureux du latex. Dans les soirées mondaines, l'originalité de leur look permet aux stars de se faire remarquer. Dans certaines bandes de jeunes, il faut porter du noir, des tenues militaires ou des jeans déchirés. Dans bien des cas, ce que l'adolescent revendique en suivant des modes provocatrices (grunge, punk, destroy), c'est son autonomie: il veut appartenir au mouvement de son choix. Autonomie qui cache souvent un cri du cœur: «Regardez-moi, j'existe!»

Ces tendances sont plus que des modes. Lorsque, dans un lycée, c'est tout un clan qui adopte le look *gothic*, le look «baba» ou, plus sagement, le look étudiant, il faut une certaine solidité personnelle pour fréquenter le groupe en restant soi-même. Le look inspire un caractère, un potentiel, une personnalité. Pour Joséphine, préoccupée par les résultats scolaires de son fils Cédric, il faudrait qu'il change d'allure et coupe ses tresses. C'est bien connu, la résolution d'équations mathématiques dépend de la coupe de cheveux! Nos préjugés sont forts, et c'est bien en fonction de l'apparence de notre interlocuteur que nous lui accordons notre confiance, notre reconnaissance et notre estime.

Un look V.I.P.

J'ai remarqué moi-même les attentions particulières dont nous sommes l'objet en fonction de notre tenue, lorsque je prenais l'avion par exemple. Des hôtesses m'ont souvent proposé un surclassement quand je voyageais en costume, jamais lorsque j'étais en jean ! Nous avons tous observé cette discrimination naturelle. Désormais, je prends mes précautions…

Sur la grande scène de l'entreprise aussi, le costume déteint sur celui qui le porte. Les influences sont plus subtiles, car les modes sont moins rigides aujourd'hui qu'à l'époque napoléonienne, quand les plumes et la superposition de dentelles imposaient le respect. Et pourtant… Cravate ou pas cravate ? Tailleur ou pantalon ? Couleurs sobres ou vives ? Les jeux vestimentaires, apparemment improvisés, sont codifiés en fonction de chaque culture.

Dans nos costumes de ville

Je suis intervenu dans certains groupes où le port de la cravate, censé renforcer l'image de sérieux et de professionnalisme des agents commerciaux, était conseillé par la direction. Dans d'autres groupes, au contraire, le port du costume était déconseillé, non pas parce que l'entreprise était plus souple mais parce qu'elle souhaitait donner une image décontractée. Dans tel magasin, les vendeurs portent des blouses rouges pour stimuler les clients à acheter rapidement, tandis que dans un autre, on porte du bleu nuit pour rassurer.

Lorsque j'interviens pour la première fois auprès d'une équipe, l'accueil est totalement différent en fonction du costume que je choisis de porter. À compétences égales, certains vêtements rassurent plus que d'autres. Si j'anime un séminaire en jean et en tee-shirt, les stagiaires, pour peu qu'ils soient en costume, auront plus de mal à assimiler les techniques que leur propose un consultant qui n'est « pas des leurs ». Ils douteront de sa connaissance du terrain. En revanche, s'il s'agit d'un stage de dynamisation d'équipe, le costume-cravate du consultant renverra une image dont, justement, ils essaient de s'éloigner en portant ce jour-là un polo et un pantalon à pinces. Aussi, avant chaque séminaire, je m'amuse à choisir mon costume comme je choisissais mes habits dans les coulisses – en fonction du personnage que je m'apprête à interpréter. L'entreprise aime ceux qui lui ressemblent. Par effet de miroir, elle a besoin de se reconnaître à travers chacun. Cette ressemblance passe avant tout par le visuel.

Pour vous amuser sur la grande scène de la vie, n'hésitez pas à changer de couleur, à porter ne serait-ce qu'un chapeau, un collier ou un sac de marque. Amusez-vous à regarder ce qui se modifie en vous en termes de confiance, d'assurance et d'estime. Une fois que vous avez goûté à cette qualité, vous n'aurez plus besoin de l'accessoire. Je me suis ainsi amusé un jour à traverser un hôpital en portant un pyjama, puis à refaire le trajet inverse en blouse blanche. Je peux vous assurer que les sensations ne sont pas les mêmes !

CHOISIR SA COMPAGNIE

« Monsieur René »

Monsieur René est un personnage réel. J'ai été impressionné lorsqu'il m'a été présenté par Francis, un de ses collègues : 1,90 m, 90 kg, de larges épaules, les cheveux couleur de jais, un visage buriné, une voix grave, un regard profond. Monsieur René en impose. Ses silences vous mettent vite mal à l'aise. Monsieur René sait se faire respecter lorsqu'il négocie. Du reste, il garde très souvent le silence et chacun est suspendu à sa réaction, à son assentiment : « Pourvu qu'il soit d'accord ! »

Lorsqu'il fronce les sourcils, danger ! Il est contrarié. Lorsqu'il tousse, c'est signe qu'il est en désaccord. Lorsqu'il regarde son agenda au milieu d'une phrase, son interlocuteur comprend qu'il s'ennuie. S'il se redresse de toute sa hauteur, c'est que la négociation touche à sa fin. Chacun surveille les faits et gestes de ce négociateur particulier.

Dès lors qu'une tractation s'avère difficile pour l'entreprise, Monsieur René vient sur le terrain pour accompagner Francis et Jacques, deux amis qui font des prouesses commerciales dans les métiers de l'assurance. Lorsque ce trio négocie, il est bien rare que leurs partenaires essaient de les filouter, et la présence de Monsieur René y est pour beaucoup.

Ce que les négociateurs de la partie adverse ignorent, c'est le rôle réel que joue ce personnage énigmatique. Monsieur René travaille bien pour le compte de la compagnie d'assurance, mais il y est veilleur de nuit ! Ses collègues viennent le chercher dans sa loge les jours de tempête commerciale et lui prêtent un costume sombre, à sa taille. Sa présence n'a pour but que de renforcer l'image visuelle des commerciaux et d'inspirer le respect ! Dans une négociation, le non-verbal, le comportement, les jeux d'influence et la tension sont autant d'éléments susceptibles de faire pencher la balance. Les contrôler est un atout.

Nous nous doutons bien que cette stratégie du visuel est utilisée dans le ***casting*** des vigiles et des infirmiers psychiatriques : ils mesurent souvent 1,90 m, ce qui est fait pour impressionner. Mais nous sommes moins conscients que cette manipulation existe aussi chez les commerciaux, les assureurs et dans de nombreux autres domaines d'activité.

Le respect est beaucoup une affaire d'image. Combien d'hommes, en entreprise et ailleurs, invitent à la dernière minute une amie à eux, jolie et silencieuse de préférence, pour leur tenir compagnie lors d'un séminaire, d'un vernissage ou d'un dîner. La présence d'une jolie femme à leurs côtés renforce, dans l'imaginaire collectif, leur pseudo-pouvoir de séduction. Être accompagné est un costume en soi ! Certains manipulateurs sont assez habiles pour ne jamais apparaître seuls face à vous. En jouant à l'homme accompagné, ils alimentent l'image d'un homme important et inaccessible, une façon de faire dont l'interlocuteur n'a généralement pas conscience même si la stratégie est connue. Ils espèrent ainsi prendre un ascendant sur leur vis-à-vis.

« Dis-moi qui t'accompagne, je te dirai qui tu es ! »

Cette manipulation par le visuel, un ami célibataire en quête d'aventures en avait compris les ficelles. Un jour où, pour rendre service à sa sœur, il avait emmené son neveu faire une promenade en poussette au jardin public, il avait été surpris de se faire aborder deux fois par des mères accompagnant leurs propres enfants ; ce sont elles qui engageaient la conversation. Désormais conscient du fait que le déguisement de « papa-poule » est un moyen de séduction habile, il avait proposé à sa sœur, à la grande surprise de cette dernière, de promener régulièrement le petit Benjamin dans les rues de Paris !

Au théâtre, les comédiens apprennent beaucoup à partir du costume qu'ils portent. Ce costume les conduit à révéler certaines de leurs qualités insoupçonnées. Dernièrement, lors d'un stage organisé dans un château de la Renaissance, j'avais proposé aux participants de faire un effort particulier de tenue pour notre soirée commune. Nous avions donc dîné en smoking pour les hommes et en robe de soirée pour les femmes. Ces tenues, que rehaussait l'ambiance raffinée du château, avaient mis en valeur l'élégance naturelle de chacun. Nous avions par la suite identifié les différents signes d'élégance à l'œuvre dans la communication. Les bals costumés ont pour effet de révéler, par le costume, certains de nos personnages que nous connaissons peu ; ils nous aident à mieux assumer certains de nos traits.

Dans mon costume de « Monsieur »

Ce jour-là, j'avais rendez-vous avec le directeur des ressources humaines d'une société bancaire afin de programmer un stage pour une équipe d'agents commerciaux. Cette rencontre était décisive car elle finalisait notre collaboration. Mon interlocuteur était un homme d'une cinquantaine d'années, toujours tiré à quatre épingles, les cheveux légèrement teintés et gominés à la mode des acteurs dans les vieux films américains. L'homme était très sérieux, ses petites lunettes d'écaille délicatement fumées laissaient filtrer deux petits yeux noirs. Il vouvoyait tous ses collaborateurs, y compris les plus intimes, et ne s'était pas autorisé une marque quelconque de convivialité avec moi. Aussi, je m'étais préparé avec précaution à cet entretien. Il était 8 heures. J'avais le temps, avant de prendre la route pour La Défense, d'accompagner ma fille à l'école maternelle. J'ai rangé la tenue de campagne que j'avais mise pour m'occuper du jardin pendant le week-end, puis j'ai revêtu un costume bleu nuit et une chemise claire. Au moment où je descendais l'escalier, ma fille m'a apostrophé, ravie de me voir dans ce qui était pour elle un « déguisement » ! « Oh papa, tu fais sérieux quand tu mets un costume de Monsieur ! » Pour elle, j'étais déguisé en « Monsieur », comme elle se déguisait en fée ou en princesse…

Sur le coup, j'ai été déstabilisé. Je me suis senti comme au théâtre sous l'influence de l'habit. Puis, cette réflexion m'a amusé et a réveillé mon cœur d'enfant. C'était vrai : je me préparais à aller en ville pour jouer un personnage de Monsieur, comme au théâtre je portais un costume pour interpréter un marquis, un bourgeois ou un voyou. J'allais jouer le rôle du consultant en communication dans un monde où le sérieux est de mise. Je renforçais la crédibilité de mon personnage par un habit adapté. J'ai même senti que, si je n'étais pas vigilant, l'allure austère du costume déteindrait sur mon comportement, ce que je souhaitais à tout prix éviter, car cette société avait justement été séduite par l'aspect ludique de ma proposition. J'ai donc gardé à l'esprit que j'étais un grand enfant qui, pour les besoins de la pièce, jouait le rôle d'un consultant. Je ne devais pas devenir trop sérieux pendant ce rendez-vous, mais, au contraire, laisser toute sa place à la spontanéité, à la créativité et à l'imagination que mon enfant intérieur ne demandait qu'à exprimer.

Cette prise de conscience m'a permis de beaucoup m'amuser ce matin-là. Les résultats de ce rendez-vous ont été au-delà de mes espérances !

LORSQUE LE RÔLE DÉVORE LE COMÉDIEN…

Dans nos rapports professionnels, la fonction est souvent plus considérée que l'être humain qui l'occupe. On reçoit un « commercial », on a rendez-vous avec le « dir. com » (directeur de la communication), on cherche à voir le « DG » (directeur général), on accueille un médecin, on rencontre un consultant, on dit d'untel qu'il est un manager. Au cinéma, l'intrigue est plus crédible lorsque l'homme ou la femme a le physique de l'emploi. Certains directeurs de casting manquent d'imagination en faisant toujours appel aux mêmes acteurs pour jouer les mêmes rôles. Plusieurs comédiens sont ainsi spécialisés dans le rôle de ministre ; d'autres, dans celui de prostitué(e), de malfrat, d'avocat(e) ou de garagiste. Dans le monde des affaires, comme en politique, ressembler au stéréotype rend crédible la fonction. On imagine mal des députés se rendre à l'Assemblée nationale en jogging et en tennis ! On se souvient des commentaires ravageurs lorsque Jack Lang, alors ministre de la Culture, avait « osé » participer à un débat télévisé sans cravate ! Ces quelques centimètres de tissu serré autour du cou représentent plus qu'un genre vestimentaire à la mode. Dans l'imaginaire collectif, ils constituent un gage de crédibilité que les hommes sérieux utilisent pour se reconnaître entre eux.

L'austérité ne vient pas de ce qui est classique, mais de ce qui est systématique et en devient obligatoire. Il est étonnant comme le sexe a encore un rôle très important dans les relations professionnelles. On verra plus facilement un médecin accompagné d'une infirmière ou un directeur avec sa secrétaire qu'une femme médecin accompagnée d'un infirmier ou d'une directrice avec son secrétaire. Notre culture misogyne a probablement quelques belles années devant elle. Ici encore, l'allure du casting prévaut sur les compétences professionnelles.

Du classique à l'austérité

La plupart des rôles de politiques, de managers, de cadres, de dirigeants, tels qu'ils sont écrits dans l'histoire, sont des rôles sérieux, tristes, voire sans fantaisie. Ceux qui ne collent pas à leur personnage inquiètent le public : « Il est trop sensible pour faire un bon commercial », « Il ne fait pas sérieux pour un comptable », « Il n'est pas assez carré pour ressembler à un directeur technique ». Le sérieux, la droiture, l'austérité représentent, dans l'inconscient, un gage de crédibilité. La joie, la légèreté, l'allégresse, la jubilation et l'enthousiasme souffrent de n'être pas valorisés sur le marché du travail. Ne dit-on pas « Tu peux avoir confiance, c'est du travail sérieux », pour dire en fait « C'est du travail bien accompli » ?

SÉRIEUSEMENT, RIONS UN PEU !

Ce phénomène est d'autant plus étonnant que le rire est l'un des principaux leviers de la créativité. Mon expérience d'acteur m'a permis de le vérifier : notre cerveau retient mieux un texte qu'on lit en riant. Le rire, encore, stimule l'imagination et l'inventivité ; il développe l'audace, encourage l'initiative et affine l'intuition. Lors de négociations ou face à un conflit bloqué, c'est le « trop sérieux » qui empêche notre cerveau d'imaginer des perspectives nouvelles et de solutionner des situations complexes. Le rire ouvre des portes, il élargit notre vision.

Certains universitaires américains ont repéré qu'après des « séances de rires », ils réussissaient à résoudre des équations mathématiques devant lesquelles ils étaient bloqués auparavant. Le rire oxygène le cerveau et permet d'en optimiser les capacités. En régulant les tensions nerveuses, il améliore également notre adaptation au stress. Le rire repousse la morosité et incite à la rencontre, à la négociation, à la communication. Autant de qualités, nécessaires au dynamisme professionnel. Travailler en riant, c'est travailler mieux !

Nez rouge sur costume sombre

Il y a quelques années, j'ai participé à une réunion entre différents responsables d'entreprise chargés de sélectionner le spectacle de leur congrès. Un duo complètement burlesque a été retenu. À l'agent artistique qui était venu présenter l'équipe, le directeur financier, préoccupé de savoir si ce spectacle de clowns plairait aux employés, avait machinalement posé cette question : « On peut leur faire confiance ? Ils sont sérieux ? » Ce qui, pour des clowns, n'est pas un atout ! Mais le sérieux rassure.

À la fin d'une journée, celui qui est sérieux donne l'impression d'avoir mieux travaillé que celui qui est léger et de bonne humeur. Devant deux versions d'une même histoire, on donne plus de crédit à la version tragique. Pourtant, la gravité n'a jamais été un gage de compétence ni d'efficacité, bien au contraire ! Qui plus est, les managers graves, parce qu'ils n'ont pas appris à s'amuser en travaillant, recourent à la culpabilité.

La légende de l'entreprise entretient le mythe qu'il faut travailler dur pour être efficace, qu'on n'est pas payé pour s'amuser, qu'il faut souffrir pour être beau. Or, quand on souffre, on est sûrement tendu, mais on est rarement beau ! Un beau visage est un visage détendu qui prend plaisir à être lui-même. C'est ce qui explique le manque de fantaisie vestimentaire en entreprise. Les complets bleu foncé, gris et noirs ont encore de belles heures devant eux ! Où sont les vêtements turquoise, émeraude et ambre ? Où sont le cuir, le satin et la soie ? Pourquoi les superpositions, les impressions et les motifs ont-ils tant de mal à franchir les portes des grandes tours ?

Le « trop sérieux » règne également dans deux autres domaines où, pourtant, le rire gagnerait à avoir une place d'honneur : la médecine et l'éducation.

Silence ! Hôpital

Des initiatives ont été conduites par plusieurs hôpitaux parisiens dans le but d'égayer les enfants hospitalisés pour des maladies lourdes. Des clowns en blouse blanche offraient des sketches dans les chambres des enfants. Ces opérations, médiatisées, ont souvent lieu au moment de Noël. Les enfants, qui trouvent le temps long à l'hôpital, se réjouissent de l'irruption de ces clowns infirmiers. Ces interventions ont des effets très positifs. Ces initiatives restent toutefois des opérations marginales. Elles sont trop souvent regardées comme des expériences par le corps médical. Expériences favorables, certes, mais expériences au sens d'événements exceptionnels.

L'hôpital est un lieu où nous venons recevoir des soins. Les hôpitaux sont aménagés par spécialités : l'ophtalmologie, l'endocrinologie, l'hématologie, la dermatologie, la diabétologie, la psychiatrie, etc. Et les médecins ont tendance à s'adresser à un rein, à un œil, à un estomac ou à une maladie de peau plutôt qu'à une personne : « Comment va mon diabète (ou mon diabétique) aujourd'hui ? » Cette approche compartimentée ne favorise pas la rencontre humaine dans sa globalité. Elle privilégie le malade au détriment de la personne.

De plus, les hôpitaux sont contraints à des règles d'hygiène draconiennes. Or, l'asepsie nécessaire déteint souvent sur la relation et la topologie des lieux, qui deviennent à leur tour aseptisés et glaciaux. Les couleurs sont rares à l'hôpital. Le mobilier, de même que sa disposition dans les chambres, est souvent froid et peu original. Ce manque de chaleur ne favorise pas la convalescence.

Un ami architecte vient d'être sollicité par une clinique pour modifier totalement l'organisation des lieux à partir des règles traditionnelles du feng shui, soit l'influence des points cardinaux et des couleurs sur la circulation des énergies au sein de l'habitat. Des fontaines seront disposées à des endroits stratégiques, des couleurs seront choisies non pas pour être neutres et passe-partout, mais en fonction de leur influence sur le métabolisme. Chaque couleur a une incidence particulière. Le jaune favorise la concentration et la joie, en plus de stimuler l'esprit ; le rouge améliore le travail corporel et le mouvement ; le vert renforce le sentiment de sécurité et de tranquillité ; l'orange stimule la digestion ; le bleu clair joue sur la clarté et la parole ; le violet combat les émotions violentes, les phobies, les angoisses et les colères. Les couleurs des murs de cette clinique pilote seront choisies en fonction des besoins propres à chaque maladie. Des meubles en bois brut, qui développent le sentiment de stabilité et de solidité, remplaceront le formica, et le rotin et l'osier, le plexiglas. À ma connaissance, ce type d'expérience est assez rare, car trop souvent freiné par un réflexe d'uniformisation.

S'amuser à l'école

De même que l'hôpital est un lieu pour se soigner, l'école est un lieu pour apprendre. Cette phrase sonne comme une évidence.

Toutefois, sous ce prétexte, l'école n'autorise pas à s'amuser gratuitement. Ce faisant, elle prive les enfants de nombreux bienfaits liés à la joie et au plaisir. On sait pourtant que l'apprentissage des enfants est optimisé lorsque l'élève évolue dans le plaisir et qu'il a développé les trois axes fondamentaux de la confiance en lui : autonomie, affirmation de soi et estime de soi.

Consciente du fait que le manque d'estime de soi et de confiance en eux des enfants est responsable des phénomènes de violence et de l'illettrisme, l'école pourrait, d'ici quelques années, intégrer de nouvelles matières liées au développement personnel dans ses programmes. Cette perspective est plutôt encourageante.

LA JOIE, UN ATOUT

Accueillir le « petit prince naïf » ou l'« enfant intérieur » dans leur costume de Monsieur ne doit pas faire peur aux hommes sérieux. La tendresse et la douceur ne sont des signes ni d'immaturité, ni de faiblesse. La naïveté peut cohabiter avec l'expérience. La sensualité et la délicatesse ne sont pas incompatibles avec la puissance, bien au contraire. La joie et la vulnérabilité ne traduisent pas un manque d'autorité.

En décembre 1999, lors de la tempête qui a traversé la France, des chênes centenaires ont été arrachés par les vents quand, à quelques mètres d'eux, de jeunes roseaux pliaient la tête comme de petits enfants pour mieux se redresser après l'orage, intacts, à peine décoiffés. La dureté et la gravité cassent l'échine des hommes qui ne veulent pas assouplir leur âme, comme les bourrasques cassent les arbres trop durs durant une tempête.

Au cours d'une négociation, la souplesse est une qualité essentielle. Les négociateurs qui réussissent les plus belles affaires sont ceux qui ne permettent pas à leur tête d'adulte d'écraser leur spontanéité d'enfant. Pour vendre, diriger, animer une réunion ou négocier, nous sommes meilleurs lorsque nous prenons du plaisir. Les plus célèbres inventions et les plus belles aventures de création d'entreprise ont eu lieu dans la joie et dans le plaisir d'entreprendre. L'audace ne s'épanouit pas dans la gravité. Analyser, comparer, estimer et projeter sont des qualités qui font appel à nos compétences d'adulte. Créer, inventer, innover, changer, oser et surprendre sont des qualités liées à notre cœur d'enfant.

S'amuser est louche, prendre du plaisir est mal vu, être heureux inquiète : tout cela ne fait pas sérieux ! Nous pouvons pourtant vivre en harmonie avec ces deux pôles indissociables de nous-mêmes : l'adulte et l'enfant. Quelle que soit notre belle expérience, nous ne découvrirons jamais notre puissance en reniant notre tendresse et notre joie d'enfant. La force de l'enfant vient de ce qu'il ose agir pour se faire plaisir. Ah ! accepter d'être aussi fragile ! Je sens d'ici les résistances émaner de nos cœurs durs : « Tout ça, c'est bien joli, mais l'entreprise ne permet pas de donner dans la dentelle », « En affaires, celui qui a trop de sentiment se fait manger tout cru », « Lorsque je traite un contrat de plusieurs centaines de milliers d'euros, ce n'est pas de joie dont j'ai besoin, mais de mordant et d'agressivité ».

C'est bien de cœur dont nous avons besoin dans nos échanges. Trop d'entre nous abordent la négociation dans un contexte de combat, de guerre. D'ailleurs, le vocabulaire commercial est très proche du vocabulaire militaire. Les hommes y parlent de « stratégie », de « force de persuasion », de « mobilisation de troupes », de « campagne offensive », de « plan de frappe », d'« attaque » et de « cible ». Récemment, j'ai entendu un directeur du marketing faire mention d'une « frappe chirurgicale », par référence à la guerre du Golfe, pour désigner un envoi postal à une clientèle ciblée — quelle délicatesse ! Du fait de cet état d'esprit, la négociation commerciale est ressentie comme un bras de fer : il s'agit de gagner un combat contre l'autre considéré comme l'ennemi à abattre. Or, le seul combat à livrer l'est contre la part de nous-mêmes qui refuse de s'ouvrir à la joie et de se détendre.

Cette détente passe par le plaisir. Il n'existe pas de management plus efficace que celui qui est mû par le plaisir. La contrainte, l'obligation et le chantage ont prouvé leurs limites. L'entreprise qui intègre le plaisir et permet à ses salariés d'aménager leur costume de Monsieur pour y laisser pénétrer la vie, améliore ses résultats, favorise la créativité de ses membres et leur permet de développer leur confiance en eux.

« UN PEU DE SÉRIEUX TOUT DE MÊME, JE SUIS LE CHEF DE FAMILLE ! »

Un rôle que nous prenons, hélas, bien trop au sérieux, permettra de conclure ce chapitre : notre rôle de parent. Pour préserver leur autorité, de nombreux parents se sentent obligés d'être absolument rigoureux et de toujours se référer à des règles : « On ne parle pas à table », « Ne cours pas partout, tu vas tomber ! », « Cesse de rire bêtement », « Parle moins fort », « Marche droit », etc. Comment vous sentez-vous quand vous entendez ces phrases ? Ces injonctions ont des répercussions très négatives sur l'enfant, car elles cassent tant la représentation qu'il a de lui que son élan. Elles freinent sa joie. L'enfant a un imaginaire très développé. Son enthousiasme est bien plus étendu que celui de l'adulte. C'est pour cette raison que l'adulte a du mal à accueillir cette joie. Or, cela, l'enfant peut le comprendre pour peu que l'adulte parle de lui à la première personne : « Je vois bien que tu es plein de fougue et que tu as besoin de crier pour te détendre. En revanche, ces lieux ne permettent pas d'accueillir ton énergie. Je te demande d'en tenir compte et de rire moins fort », « Je vois que tu prends plaisir à grimper sur cet arbre et à sauter. En revanche, je suis inquiet car j'ai peur que tu tombes. Veux-tu bien me montrer comment tu maîtrises ton escalade ? », « Je vois que tu prends plaisir à faire le bébé. Je ne me sens pas à l'aise pour jouer avec toi à ce jeu ».

D'autres façons de dire sont possibles, bien sûr. L'important est de relever la différence entre le premier cas, quand le parent parle à l'enfant en lui imposant ce qu'il croit être bon pour lui à partir de son regard d'adulte, et le second, lorsque le parent s'ouvre à l'enfant en lui confiant ce qu'il ressent lui-même.

Rire, envole-toi !

À cet enfant de 10 ans, enchanté de se déguiser un matin en oiseau pour aller jouer au parc, la mère avait coupé les ailes par un cinglant : « Enfin, mon chéri, tu es ridicule à ton âge de te fagoter encore comme ça ! » Derrière sa critique, il est fort probable qu'elle ait été inconsciemment jalouse de voir son enfant libre du regard des autres, sans toutefois oser se l'avouer. À moins qu'elle n'ait vraiment eu peur que, dans son costume d'oiseau, son fils s'envole vers d'autres cieux !

CHAPITRE 9
OSER ÊTRE SEUL SUR SCÈNE

Je me tenais debout, au centre de cette scène qui ne m'était pas encore familière. Pas de décor, pas de costume, rien. Quelques projecteurs m'isolaient dans un halo de lumière blanche. Il s'agissait de la première répétition du spectacle à laquelle assistaient le metteur en scène, le directeur du théâtre et cinq acteurs qui, comme moi, avaient été choisis lors d'une audition qui s'était déroulée une semaine plus tôt.

UNE RÉPÉTITION POUR FAIRE CONNAISSANCE

Concernant cette improvisation, les indications du metteur en scène étaient claires : « Tu n'as rien à faire. Contente-toi d'être toi. Je veux savoir quel type d'acteur tu es. Pour cela, je veux t'observer lorsque tu ne fais rien, lorsque tu es sans artifice. »

Perdu sur cette scène immense, j'ai paniqué. L'indication était à la fois tellement floue et si précise qu'elle ouvrait toutes les portes du possible. Pas de partenaire sur qui m'appuyer, pas de situation, pas de texte à interpréter. Pas de scénographie à respecter ni de musique avec laquelle j'aurais pu m'amuser. Pas de limites, non, rien. Le metteur en scène ne me demandait rien. Juste d'être présent. D'être moi-même mon premier partenaire. Étape préliminaire à la rencontre avec l'autre : la rencontre avec soi.

Accepter d'être seul, oser regarder sa nudité, sans jugement, en silence. Accepter d'avoir peur, d'avoir envie de fuir, accepter sa révolte, ses contradictions, sa colère, son impuissance, puis accueillir sa résignation. Oser la sobriété pour voir naître du vide un premier mouvement, épuré, simplifié, célébré.

J'ai eu plus le trac au cours de cette expérience que lorsque j'ai joué des textes complexes devant des salles pleines. Être moi-même, seul et en silence : sans aucun doute, il s'agissait de mon rôle le plus difficile. Les paroles de Yoshi Oida, acteur et metteur en scène japonais, me revinrent à ce moment-là : « Tout être capable de créer en lui-même un vide, où chacun peut librement pénétrer, peut devenir le maître de toute situation. »

LA SOLITUDE, UNE PUNITION ?

La solitude fait peur à celui qui n'est pas allé à sa rencontre. Lorsqu'un parent réprimande son enfant, il lui demande d'aller dans sa chambre. Lorsqu'un enseignant punit un élève, il le met au coin. Ce faisant, parent et enseignant condamnent l'enfant à tourner son regard vers lui-même. Dans certaines classes, les punis sont mis « au piquet » face au mur. Il n'y a plus de bonnet d'âne comme voilà cinquante ans, mais la solitude demeure la punition. C'est en isolant, par la prison, que l'on fait payer sa faute au condamné. Plus la faute est lourde, plus l'isolement est long. Les personnes isolées, surtout si elles sont âgées, sont fréquemment considérées comme des victimes.

Au moment des vacances, de grands panneaux publicitaires affichent les visages de personnes âgées abandonnées et victimes de la solitude : « Elles passeront le mois d'août seules ! » lit-on. Et l'on félicite les courageux bénévoles qui iront leur rendre visite.

La solitude fait peur

Les voitures sont familiales. Les réductions sont accordées aux couples, aux familles, aux groupes. Être seul prive de bien des privilèges. Des slogans s'affichent sur les murs : « Ne soyez plus seul pour le réveillon. » Des amis croient faire une bonne action en dénichant « leur » célibataire : « Ne reste pas seul, c'est triste, viens nous voir ! » Être seul devient un échec, une faiblesse. Certains célibataires vivent tellement mal leur solitude qu'ils n'osent plus poser une banane seule sur la balance du supermarché de peur d'être montrés du doigt comme des individualistes ne vivant que pour eux et ne prenant soin que d'eux. La solitude n'est pourtant pas un reflet de l'égoïsme.

Lorsqu'un moine veut rencontrer Dieu, il commence par s'isoler. La rencontre avec soi est la plus intime des aventures. Tout cheminement spirituel passe par la solitude. Lorsqu'un yogi veut connaître la nature de son esprit, il médite dans une grotte, à l'abri de l'agitation. Lorsque le Bouddha a atteint l'éveil, il était seul au pied de l'arbre de la Bodhi (ou arbre de la connaissance).

En traversant l'Atlantique, en gravissant les montagnes, en naviguant en mer, en terrain inconnu, les explorateurs en tous genres cherchent avant tout à défier, pour mieux les connaître, leurs propres limites. Pour cela, ils partent seuls, sachant que la solitude sera leur premier adversaire dans l'épreuve. Pour écrire, peindre, composer de la musique, les artistes aussi s'isolent. À travers leur expérience intime, ils découvrent toutes les possibilités de l'être humain. Ensuite, seulement, ils peuvent transmettre cette expérience par leurs œuvres.

La solitude, dès qu'elle est consciente, forme la base de l'introspection, de l'épanouissement, de la création. On ne peut développer charisme, intuition et confiance en soi qu'en traversant le miroir de la connaissance de soi. Cette expérience est solitaire. En prenant plaisir à nous découvrir dans un espace de solitude, nous apaisons le manque que nous éprouvons de l'autre. Enfin réconciliés avec nous-mêmes, nous demandons et revendiquons moins. L'autre peut nous faire du bien, mais seulement en surface. La paix profonde ne vient que de la rencontre avec soi.

Lorsque nous cherchons en l'autre ce qui est en nous

Nous rendons souvent l'autre responsable de notre mal-être, de notre souffrance : « Je serais tellement mieux s'il n'était pas là ! » C'est flagrant dans le couple. En comptant sur notre compagne ou sur notre compagnon pour nous apaiser, nous distraire, nous sortir de la routine, nous lui transmettons la responsabilité de notre manque affectif. Au point que nous en devenons dépendants. Or, cette dépendance à l'autre, si elle peut nous apaiser un temps, ne peut nous permettre de nous épanouir profondément, car la relation reste conditionnelle: «Je t'aime tant que tu me rassures, tant que tu m'amuses.»

S'écouter soi-même avant de s'adresser à l'autre

Nous communiquons mieux lorsque nous savons écouter nos besoins et exprimer nos demandes. Cette introspection demande de s'isoler. Cet isolement n'a rien à voir avec la fermeture ou l'indifférence. Au contraire, l'isolement est la clé d'une véritable rencontre avec soi.

Pour comprendre l'autre, connais-toi toi-même, dit l'adage. Cette connaissance de soi passe par le silence et l'introspection. Il n'y a pas de communication avec l'autre sans communication avec soi. Avant de «réagir», de «rebondir», ressentez, soyez vous-même ancré dans votre silence intérieur. Sans isolement, notre communication est tout aussi aléatoire que le sont les émotions qui l'animent. Nos décisions seront un jour guidées par la colère, le lendemain par la peur, un troisième jour par la jalousie. Plus l'enjeu est important, plus les émotions sont intenses. L'isolement nous permet de communiquer non pas à partir de nos émotions, mais à partir de notre centre vital. L'isolement permet de revenir à la source de celui-ci. Car avant d'être le mot, notre présence est d'abord le silence qui l'inspire.

« Je m'emmène avec moi ! » : l'expérience d'une retraite silencieuse

De nombreux hommes et femmes sont séduits par l'expérience de la rencontre avec soi. Beaucoup s'inscrivent, chaque année, à des retraites silencieuses dans un monastère, un centre de méditation, le désert même. Cette expérience attire autant qu'elle effraie. La première inquiétude de celui qui prépare une retraite silencieuse est: «Vais-je réussir à me supporter? Vais-je me supporter sans personne pour contredire ni confirmer mes points de vue? Vais-je supporter mes humeurs, mes états d'âme, mes colères ? Vais-je supporter de ne rien attendre, de ne rien espérer d'un autre ? »

On peut se jeter d'un pont au bout d'un élastique ou sauter en parachute pour prouver son courage. On peut, pour dépasser ses complexes, aller vers les autres par la parole, la danse ou le combat. Au-delà de ces rencontres avec l'autre, l'expérience de la solitude est sûrement celle qui nous confronte le plus à nous-mêmes, car elle est l'expérience la plus intime. Des ashrams, des centres de méditation, des monastères, beaucoup reviennent au bout de quelques jours parce qu'ils ne supportent pas le silence et la rencontre avec eux-mêmes. Ils réalisent qu'ils ne se connaissaient qu'à peine et ne se tolèrent pas.

Jusqu'à présent, nous pouvions rendre les autres responsables de notre mal-être : « Mes enfants me fatiguent », « Mon mari me tue », « Mes collègues me harcèlent », « Ah ! Si je pouvais partir seul sur une île déserte ! » Mais pourquoi ce vœu si souvent formulé est-il si rarement réalisé ? C'est pourtant une expérience envisageable à moindres frais. L'île déserte n'est pas forcément située dans le Pacifique ! Une retraite est l'occasion d'établir la plus belle rencontre de sa vie, la rencontre avec soi. Soi dans toute sa complexité, dans tous ses paradoxes, dans toutes ses contradictions. Encore faut-il s'en donner les moyens. Vivre enfin seul avec tous les personnages intérieurs qui habitent en soi – quel bonheur ! Mais quelle terreur…

Depuis plusieurs années, je me rends régulièrement à des retraites silencieuses, seul ou en groupe. Ces retraites sont pour moi des moments très enrichissants. Si les premières expériences ont été difficiles, celles d'aujourd'hui me sont précieuses pour revenir à l'essentiel. Les premiers jours d'une retraite, chacun s'observe, chacun, aussi, se sait observé. Surtout ceux qui inaugurent leur premier séjour. Une retraite met en valeur à quel point nous sommes sensibles au regard de l'autre, à l'envie de plaire, à l'image que nous voulons donner.

La retraite silencieuse permet de dépasser cette première couche de la relation pour accéder à l'essentiel de l'être. Dans le centre d'Arnaud Desjardins, comme dans la plupart des centres spirituels, les repas, par exemple, se prennent en silence. Chacun se concentre sur l'acte de manger. Le côté superficiel ou mondain du repas n'a pas de raison d'être. Dans un réfectoire où siègent cent personnes, aucune conversation n'est échangée. Chacun mange à son rythme. Les novices, qui effectuent leur première retraite silencieuse, ont besoin d'un certain temps pour s'adapter à cette consigne. Ils sont souvent nerveux et cherchent à entrer en contact malgré la consigne. Ils guettent un regard, une approbation, le moindre signe de l'autre. La retraite silencieuse permet l'introspection, car elle confronte au groupe. Au bout de quelques jours, les obstacles relationnels disparaissent et chacun trouve son rythme naturellement.

En Occident, beaucoup de gens sont gênés par le silence. Ils se sentent obligés de parler, de ponctuer, de commenter, de raconter une histoire, de confronter leurs points de vue, autant d'interventions orales justifiées simplement par leur difficulté d'être seuls avec eux et avec le silence. Au bout de quelques jours silencieux, le retour au silence devient naturel, les bavardages s'atténuent, les jugements s'estompent, une communication plus authentique peut s'établir avec soi-même et avec l'autre.

Se sent-on moins seul en groupe ?

Il est enrichissant, à mes yeux, d'alterner les retraites collectives et les retraites individuelles. Chacune prépare à l'autre et la complète.

Le groupe a l'avantage de nous renvoyer en miroir autant de facettes de nous-mêmes qu'il comporte d'individus. Mais pour commencer, il est aussi possible de faire l'expérience d'une retraite individuelle, ce qui ne signifie pas forcément partir seul. Certains veulent absolument vivre une retraite solitaire, mais comme ils n'y sont pas préparés, ils emmènent leur ordinateur portable et leur téléphone cellulaire ou passent leur journée devant une télévision, une pile de journaux sur les genoux – tout pour ne pas aller à la rencontre d'eux-mêmes ! Ces séjours n'ont rien à voir avec une retraite solitaire.

Si la solitude vous attire autant qu'elle vous effraie, il est préférable que vous commenciez par consacrer chaque jour un moment à une méditation courte et silencieuse, soit en demeurant immobile, soit en marchant, dans le cadre de vacances en famille, par exemple. Juste quelques instants seul avec vous-même. Le bénéfice de ces moments de retour à soi sera renforcé s'ils sont programmés, si vous honorez une rencontre quotidienne avec vous, en fait, si vous vous choisissez. Car jouer le rôle de sa vie, c'est déjà pleinement se choisir pour interpréter le personnage principal. Prenez le temps, alors, de vous découvrir, comme si vous faisiez la connaissance d'une personne nouvelle. Observez vos réactions, identifiez vos peurs, prenez contact avec votre vocation.

Qu'elles soient individuelles ou collectives, les retraites seront toujours des expériences qui augmenteront votre force intérieure, votre charisme et votre authenticité.

SILENCE, ON TOURNE !

Il y a quelques années, un metteur en scène écossais assez audacieux a tenté une expérience scénographique originale. Il a placé une dizaine de comédiens, en cercle, sur l'une des places principales de Grenoble. Les comédiens étaient assis en tailleur. Certains portaient un costume, d'autres étaient en jean ; tous les âges étaient représentés. La seule consigne que le metteur en scène leur a donnée était de rester silencieux et immobiles pendant deux heures d'affilée. Après quoi, les comédiens se sont levés et sont partis chacun dans une direction différente. Puis, ils se sont retrouvés sur une autre place. Plusieurs scènes de silence ont ainsi eu lieu pendant toute la journée en divers endroits de la ville. Aucun affichage ne signalait qu'il s'agissait d'un spectacle ou d'une opération culturelle. Rien ne distinguait les comédiens des passants. Rien. Simplement dix personnes assises par terre, en cercle et en silence, au milieu de la ville.

La prestation était étonnante. Certains spectateurs s'apaisaient devant ce surprenant tableau vivant. D'autres riaient ou étaient très émus. Mais cet *event* (nom donné aux mises en scène spontanées) a provoqué beaucoup de réactions très violentes. Des passants s'adressaient aux comédiens, puis s'énervaient de ce que ces derniers ne leur répondaient pas. Ce silence leur était insupportable. Des commerçants sont sortis en demandant aux acteurs de déguerpir. La police est intervenue pour connaître le motif de ce rassemblement. Des passants ont pris parti, certains en injuriant les comédiens, d'autres en les encourageant. Beaucoup détournaient le regard, comme s'ils étaient témoins d'un phénomène qu'ils avaient du mal à identifier. Les hommes et femmes, assis en tailleur, eux, gardaient le silence, rien de plus.

En fait, il n'y avait rien à voir. Chaque spectateur était renvoyé à son propre rapport au silence comme à un mur. Ici, les spectateurs faisaient le spectacle. Plus on a du mal à se supporter soi-même, plus le silence de l'autre met mal à l'aise.

La communication est avant tout une communion

Communier, c'est se relier à soi-même durant un instant pour l'être aux autres. Ce lien, pour exister, doit passer par le silence.

J'ai assisté récemment à une remise de médailles dans le cadre d'une cérémonie sportive. Avant que le discours ne commence, avant que les récompenses qui allaient départager gagnants et perdants ne soient attribuées, avant que le « mot qui sépare » ne soit prononcé, il y eut le silence. L'un de ces silences d'entre-deux. Le silence qui précède une décision importante, un silence d'attente, l'attente du rien. Ce silence était en lui-même une communion.

Le silence que l'on peut goûter dans une église, dans un monastère, dans un temple, relie les hommes. Dans le silence, nous nous reconnaissons tous comme faisant partie de la même famille, la grande famille des êtres humains. Le silence, surtout s'il est collectif, nous apaise car il nous éloigne de notre « petit moi », pour nous relier à une dimension collective bien plus vaste. C'est le rôle de la fameuse minute de silence. Alors que nous croyions en notre individualité, nous réalisons que nous sommes unis, unis comme ***les piliers d'un temple réalisent enfin qu'ils sont le temple,*** ainsi que le dit l'adage tantrique.

Un silence martial

Dans les arts martiaux traditionnels, le combat commence par un silence. Les pratiquants observent le silence quelques secondes, puis ils se saluent en signe de respect. Ce qu'ils mettent en commun n'est pas qu'une absence de mots, c'est une volonté de s'entendre, de s'harmoniser à travers le geste et les arts de combat. Même lorsque sont mises en œuvre les plus guerrières des techniques, le respect de l'autre est marqué par le silence.

La méditation, une voie vers la compréhension du silence

J'ai remarqué que les personnes qui pratiquent la méditation sont généralement moins gênées par le silence. Elles accordent plus de place à cette dimension d'elles-mêmes. Dans la méditation, la source de l'information est introspective, comparativement à ce qu'elle est dans d'autres formes d'apprentissage: la lecture, l'écoute, la vue. Le sujet ne tourne pas son attention vers l'extérieur - les relations, la radio, la télévision -, mais vers l'intérieur - ce qu'il ressent, ses émotions, ses mouvements de pensée. Au cours d'une méditation, les réponses à nos questions sont silencieuses, car elles émanent de notre source intérieure. C'est ce qui les rend apaisantes.

On cherche souvent à définir ce qu'est la méditation. Selon moi, la méditation est une façon d'orienter son attention vers le monde intérieur. Rien de plus. En cela, la méditation n'est rien. L'important, c'est l'entraînement à la méditation. La méditation est une observation. Une observation sans jugement, une observation sans sujet qui observe ni sujet observé. C'est cela qui nous apaise. En méditant, l'individu se familiarise avec tous les mouvements qui opèrent à l'intérieur de lui. Faisant connaissance avec les strates de sa vie intérieure, il apprend à en avoir moins peur. C'est de cet apaisement que naissent son silence intérieur et sa capacité à demeurer en paix, seul avec lui-même.

« Silence, je médite ! »

Il existe de nombreuses façons de méditer. On peut prendre appui sur un mantra, sur une bougie, sur une musique ; on peut méditer sur l'amour, sur la joie. Beaucoup n'osent pas méditer, car ils se disent: «Je ne pourrai jamais rester longtemps sans bouger», ou «Je ne sais pas du tout comment m'y prendre». Mais nombre d'écoles accompagnent celui qui veut apprendre à méditer. Quelle que soit la qualité de ce support, la méditation reste d'une simplicité enfantine: méditer, c'est poser son esprit quelque part et l'observer. C'est tout.

L'une des premières observations de celui qui, immobile, se prête à la discipline de l'attention vigilante est que, justement, toute la vie est mouvement! Notre respiration est mouvement, nos pensées sont mouvement, notre circulation sanguine est mouvement, chacune de nos cellules est mouvement. L'observation qu'il fait ensuite est que chaque mouvement suit le processus invariable de la naissance, de la croissance et de la mort. Les pensées surgissent, évoluent et disparaissent. Le printemps renaît, fleurit et se transforme. Nos émotions se manifestent, se propagent et se dissolvent. Notre propre corps est sujet à ce processus inexorable de la naissance, de la croissance et de la mort. Comme cette observation est intime, les fruits de la méditation seront peu complaisants, réalistes; les observations tirées de la méditation ont quelque chose d'implacable. C'est peut-être pourquoi méditer fait peur!

S'APAISER FACE À LA MORT

La seule méditation ne suffit pas pour apaiser notre peur de la mort. Celui qui veut dépasser son angoisse du «grand saut vers l'inconnu», s'impliquera dans un travail exigeant. La méditation constitue toutefois un premier pas qui nous éclaire sur les suivants.

Au cours de notre existence, il est deux moments durant lesquels nous sommes vraiment seuls avec nous-mêmes: la naissance et la mort. Une enquête récente interrogeait des personnes sur leur rapport à la mort d'un proche. Entre la colère, la peur, la fascination, l'impuissance et le respect, c'est cette dernière attitude qui arrivait en tête des réactions spontanées face à un défunt. La mort inspire le respect, et la première expression du respect, c'est le silence.

Au théâtre, le spectacle nous fascine car il est limité dans le temps. Les acteurs s'animent pendant une à deux heures, puis, invariablement, le rideau tombe et les acteurs saluent. Ce salut est une véritable ode à la vie et appelle au baisser de rideau final. La pièce perdrait de son intensité si le salut n'était pas célébré ainsi. Les metteurs en scène le savent et consacrent souvent un temps de répétition important pour mettre en scène la dernière image.

Je me suis toujours demandé comment une civilisation si avancée que la nôtre pouvait s'intéresser aussi peu à la mort. Nous investissons une énergie considérable pour comprendre le fonctionnement de machines bien inutiles, nous sommes capables d'entretenir des conversations superficielles pendant des heures; pourtant, parallèlement, nous sommes peu curieux des phénomènes de la naissance (si ce n'est d'un point de vue anatomique) et de la mort.

Beaucoup d'entre nous se croient impuissants à trouver des réponses à ces interrogations existentielles. Ils baissent les bras face à ce mystère, en se disant que, de toute façon, ils verront bien le moment venu. Ils ne pensent pas que leur connaissance puisse beaucoup évoluer ni même leur servir à quelque chose dans la vie de tous les jours. Si l'on aborde ce sujet en société, on nous reproche d'être morbides, tristes. On nous fera remarquer qu'il y a des sujets bien plus gais que la mort! Beaucoup préfèrent changer de conversation, s'en tenir à des anecdotes. Pourtant, quel sujet peut nous passionner autant que celui de notre vie et de ses limites? Méditer sur la mort est un moyen de mieux ressentir ce qu'est la vie.

À un moment ou à un autre, nous nous posons tous la question de la vie après la mort. Qu'en est-il de la réincarnation? Qu'advient-il de notre corps? Beaucoup n'osent, de leur vivant, organiser les obsèques qu'ils souhaiteraient avoir compte tenu de leurs croyances. Les héritiers se retrouvent alors démunis pour organiser la cérémonie, car les croyances sont multiples et elles se contredisent. Souvent même, il n'y a aucune croyance, juste une interrogation. Si les croyances divergent tant sur le sujet, c'est justement que les réponses à ces questions fondamentales se trouvent dans le silence et la méditation plus que dans la parole et la conversation.

Dans la plupart des cultures dites primitives que j'ai côtoyées, les représentations de la mort sont beaucoup plus riches et abouties que dans la nôtre, plus sereines aussi ! Chacun est à même de parler librement de la mort et de vivre avec une représentation paisible de celle-ci. La mort est moins taboue que dans les cultures modernes.

Un ascenseur vers les étoiles

Je me souviens d'un groupe de gamins me guidant à travers la forêt, à Bornéo, pour me faire visiter le Cimetière des enfants. Ils m'indiquaient des arbres immenses en me montrant leurs cimes du doigt. Dans un anglais approximatif, ils m'expliquaient que chez eux, on n'enterre pas les enfants. Les parents confient aux arbres le petit corps de leur enfant parti trop tôt en creusant dans la profondeur du tronc un écrin pour l'y accueillir. L'énergie de la sève porte ensuite son âme vers le ciel. Ces enfants me décrivaient leur coutume avec beaucoup de liberté, de respect, de tendresse, beaucoup de fierté aussi. Je me souviens de ce garçon de 10 ans déambulant à travers ce cimetière végétal en me montrant les arbres qu'il préférait, puis, sans prévenir, il a enlacé un tronc immense. Le regard fixé vers le ciel, il m'a confié alors : « Tu vois, mon petit frère est parti il y a six ans. Regarde, il est déjà monté très haut ! Bientôt, il dépassera les nuages ! »

En Occident, les représentations funéraires sont occultées et les moments de deuil, réduits à leur plus simple expression. On évite d'en parler, et beaucoup de gens cachent les obsèques aux enfants. Même les traditionnelles veillées mortuaires qui avaient lieu dans les villages voilà encore quelques décennies ont tendance à disparaître ; on les juge encombrantes et peu « pratiques ». Pour le dalaï-lama, les hommes vivent comme s'ils n'allaient jamais mourir, puis meurent comme s'ils n'avaient jamais vécu. Il n'est donc pas question ici de savoir s'il y a une vie après la mort, mais de savoir si nous voulons être un mort vivant ou si nous sommes prêts à entrer vivant dans la mort.

Entendons-nous bien : si j'évoque, dans ce chapitre, la nécessité de nous détendre face à la mort, c'est qu'à mes yeux, celui qui ne craint pas la mort est également plus serein avec la vie. Il se sent davantage en paix face aux obstacles de l'existence. Nous mourons plusieurs fois à nous-mêmes dans cette existence. L'enfant meurt pour que naisse l'adolescent, qui doit mourir lui-même pour que naisse l'adulte. Dans notre vie d'adulte, les séparations, les déménagements, les ruptures symbolisent autant d'achèvements, de morts.

Nos derniers mots sur Terre

En accompagnant des personnes vers le silence éternel, notamment dans des services de soins palliatifs, j'ai observé à quel point la peur du silence est liée à la peur de la mort.

Durant les derniers jours, les dernières heures, lorsque des membres de la famille sont là, il arrive souvent qu'ils se sentent obligés de parler : de la pluie ou du beau temps, des progrès du petit à l'école, d'une émission qu'ils ont vue à la télévision, de l'actualité – tout pour ne pas être confrontés au silence éternel qui attend le moribond. Alors que l'issue est inéluctable, tous les mots font office de prétexte pour dévier de l'essentiel. En revanche, lorsque le mourant passe sur l'« autre rive », il semble emporter tous ces mots avec lui, tandis que sa famille, silencieuse, est souvent incapable de prononcer la moindre syllabe pendant plusieurs heures.

Oser quitter seul la scène

L'expérience de la mort est tellement intime qu'il n'est pas rare que celui qui part attende le moment précis durant lequel son « accompagnateur » s'absente pour quitter lui-même la scène à jamais. J'ai plusieurs fois accompagné des personnes en fin de vie. Sentant la fin proche, les infirmières et la famille se relayaient pour leur tenir compagnie. Pourtant, c'était fréquemment à l'instant où ces personnes se retrouvaient seules quelques minutes qu'elles choisissaient de mourir. J'ai l'intime sensation que, de même que l'enfant choisit le moment précis où il doit naître, celui qui part choisit l'instant de son dernier souffle. L'intimité de notre naissance et celle de notre mort nous appartiennent – comme si ces passages étaient si personnels qu'ils ne pouvaient se faire que sans témoin. Je tiens à partager cette observation de façon que familles et accompagnateurs ne se sentent pas coupables si, un jour, ils devaient vivre cette expérience.

J'ai également remarqué que celles et ceux qui ont approché la mort, ne serait-ce qu'en accompagnant un proche, étaient ensuite moins gênés par le silence. Enfin, c'est sûrement auprès d'amis bénévoles dans l'accompagnement de fin de vie, que j'ai rencontré les êtres qui avaient le mieux apprivoisé la solitude. Des êtres silencieux, dont la seule présence bienveillante apaise et nourrit.

« Silence, je t'écoute »

Dans les cours d'art dramatique, la première chose que l'on enseigne aux élèves est de se taire, d'écouter, d'être présents en silence. Les jeunes acteurs sont pressés de dire leur texte, ils sont impatients de montrer avec quel talent ils récitent leur monologue. Ils ont peur du silence et cherchent à le meubler coûte que coûte. Avec l'expérience et au fur et à mesure qu'ils font une place au silence, leur présence se renforce et leur agitation se calme. La parole s'impose souvent lorsque nous sommes agités. Le silence est lié au calme, c'est pourquoi le calme dérange : on cherche alors à le rompre. Les grands acteurs se reconnaissent à la facilité avec laquelle ils peuvent demeurer en silence sur une scène de théâtre ou devant une caméra.

Notre société est coupée du silence. Il nous faut du bruit partout, tout le temps, de la musique, des mots, dans l'ascenseur, dans la voiture, au restaurant, dans les toilettes désertes des autoroutes, dans les tribunes d'un terrain de football et partout où il est besoin d'un gagnant et d'un perdant. S'il convient de se contredire, alors il faut l'agitation des mots : les « Pour » font du bruit que les « Contre » renvoient en écho. S'il faut marquer sa différence, alors il faut des chansons partisanes, des slogans. Ce sont les manifestants dans les rues. Crier pour affirmer son désaccord, crier pour dire son mal-être. Crier notre souffrance de n'être pas unis, pas en harmonie avec le silence. Le bruit sépare, le silence rapproche. Notre silence est intimité.

Rions en silence

Nous avons habituellement beaucoup de mal à concevoir que la joie puisse se manifester autrement que par le bruit et les éclats de rire. Pour beaucoup, une fête réussie est une fête bruyante. Pourtant, la joie de surface est très fragile. Elle s'apparente à une forme de revendication. Elle a plus de mal à s'inscrire dans le temps. Quand les fous rires sont proches de l'hystérie, ils s'effondrent à la moindre contrariété. Lorsque notre joie se dissout de cette façon, c'est qu'elle prend sa source dans la partie superficielle de notre être, la partie anecdotique, la partie bruyante. La joie profonde, qui est la joie du cœur, est silencieuse. Cette joie-ci, parce qu'elle est profondément ancrée en nous, se communique tout autour de nous, quelles que soient les circonstances extérieures. Même quand nous sommes silencieux ou seuls sur scène.

Lors des séminaires que j'anime, j'intègre des pauses de silence, des exercices de respiration et des périodes de relaxation. Ces moments contribuent à l'ouverture des stagiaires entre eux. Le silence est un retour à la présence essentielle, à la communion. Il n'y a pas de spiritualité sans silence. Il n'y a pas de sacré sans silence. Il n'y a pas de communion, pas d'amour, pas de mots, pas de musique, pas d'émerveillement sans silence.

LE SILENCE EST L'AMI DU MOT

Les professionnels de la communication le savent : on ne peut transmettre un message avec efficacité que si l'on sait aussi se taire. Lors d'un débat contradictoire, d'une conférence ou d'une négociation, celui qui a peur du silence part avec un sacré handicap. Les plus grands réalisateurs de cinéma ont su donner de l'intensité à leurs scènes d'anthologie lorsqu'ils maîtrisaient le silence. L'extrait qui suit, tiré de ***Drôle de drame*** de Marcel Carné, le dit bien. Les deux personnages sont à table. Le personnage joué par Louis Jouvet soupçonne son cousin joué par Michel Simon d'avoir tué sa femme :

« Bizarre, bizarre… (silence).

– Qu'est-ce qu'il a ?

– Qui ?

– (silence) Votre couteau ! (silence).

– Comment ?

– Vous regardez votre couteau et vous dites "bizarre, bizarre" alors je croyais que…

(silence).

– Moi j'ai dit "bizarre, bizarre" (silence). Comme c'est étrange ! »

Dans la vie aussi, le silence est un allié précieux pour influencer l'interlocuteur. Intégrer le silence dans votre communication, c'est prendre la responsabilité de rythmer votre verbe, vos propos, votre vie.

Silence et présence

Entraînez-vous à intégrer le silence dans vos échanges quotidiens. Pour appuyer une idée forte ou un argument clé, utilisez le silence. Il donnera du relief à votre argument, le mettra en valeur. ***Les secondes qui suivent du Mozart sont encore du Mozart,*** dit-on. Le verbe relève de la partition musicale avec ses crescendos et ses ponctuations. N'ayez pas peur du silence. Au milieu d'une phrase, un blanc n'a pas de vie puisqu'il n'est pas choisi. Votre silence, lui, peut être choisi. Pour cela, assumez-le. Appuyez-vous sur votre respiration. Un silence suit une expiration jamais une inspiration, d'où la nécessité de ponctuer votre discours à l'oral. Laissez s'étendre votre silence et il coloriera votre propos. À la fin d'une phrase catégorique, il accentuera votre détermination. Après une suggestion, il nourrira l'imagination de votre interlocuteur. Le silence est l'ami du mot. Chérissez-le et il deviendra votre allié !

CHAPITRE 10

NAVIGUER DANS LA TEMPÊTE

LE GOUFFRE DE PYLADE

Pylade : « Je craignais que le ciel, par un cruel secours,
Ne vous offrît la mort que vous cherchiez toujours.
Mais je vous vois, Seigneur, et, si j'ose le dire,
Un destin plus heureux… »

Et puis ce fut le blanc… Deux secondes, trois secondes de silence, le trou noir… Francis, qui jouait Pylade, avait perdu le fil de sa réplique. Un trou de mémoire. La hantise des comédiens. Perdu dans le monologue de Pylade, il venait de tomber dans un gouffre intérieur dont lui seul pouvait s'extraire. « Un destin plus heureux… Vous disais-je encore… » reprit-il. La rime était pauvre, Oreste, Pyrrhus et Andromaque fixaient les lèvres de l'acteur. Francis cherchait dans sa mémoire comment s'en sortir. Il improvisa, à sa façon, un vers dont la rime finissait en « ire ». « Un destin plus heureux… Je ne sais plus quoi dire… » La phrase était absurde, mais l'acteur pouvait, comme on dit dans le jargon du métier, « passer le relais aux copains » et reprendre ses esprits.

Au bar du théâtre, le soir, il ne fut plus question que du trou de mémoire de Francis. Un « gouffre » aux yeux de certains, une « hésitation à peine perceptible » pour d'autres. À l'issue de cet incident, chaque acteur eut une réaction très différente. Pour Bertrand, un trou de mémoire est un épisode anodin qui ne mérite même pas qu'on s'y attarde. Pour Jacques, sorti du conservatoire, Francis n'était qu'un amateur, un fainéant incapable d'apprendre un texte correctement, un comédien irrespectueux et trop immature pour jouer du Racine. Mireille, pour sa part, avait presque pouffé de rire au moment du « trou » tellement elle avait été surprise. Elle trouvait, au contraire, que les impondérables mettent de la vie sur scène. Quant à Joseph, il n'avait tout simplement pas remarqué que Francis avait changé le texte ! Les uns et les autres ne réussirent bien sûr pas à s'accorder.

La conversation prit l'allure d'une joute : « Un texte n'est pas fait pour être dit à la lettre » s'opposait à « Si les vers de Racine ont traversé les siècles, c'est pour qu'on les respecte ! » Elle dévia bientôt vers des reproches : « Avec tes erreurs, le public va houspiller notre amateurisme », « Peut-être, mais toi, ton jeu est tellement figé que les critiques vont nous comparer à un musée ». Les reproches se transformèrent ensuite en jugements : « Tu n'y connais rien » contre « Toi, tu te prends trop au sérieux ». Les jugements devinrent affaire de personne : « Tu n'es qu'un amateur », « Toi, un psychorigide du théâtre ». Les affaires de personne se transformèrent en menaces : « Je ne veux plus partager ma loge avec toi », « Si je te dérange, trouvez un autre comédien ».

Chacun partit, fâché. Fâché de n'avoir pas été entendu, fâché que son point de vue n'ait pas été reconnu comme « le » bon point de vue. Ce genre d'incident se produit régulièrement. Nos discussions tournent en rond lorsque, comme Mireille, Joseph, Jacques et Bertrand, nous estimons que nous avons raison et que les autres ont tort. Chacun se fige dans ses certitudes, persuadé que son point de vue vaut mieux que celui de l'autre.

NOTRE CARTE DU MONDE NOUS ÉGARE

En cas de désaccord, nous développons une énergie considérable pour raisonner les autres. À cela près que par « raisonner l'autre » nous entendons généralement le ramener à notre raison à nous, pas à la sienne !

Nos a priori alimentent notre jugement, notre jugement déforme notre vision, notre vision inspire nos actes, nos actes renforcent notre expérience, notre expérience justifie notre jugement, notre jugement confirme nos a priori. La boucle est bouclée, et c'est à partir de cette pensée fermée que nous construisons notre carte du monde. Les conflits naissent du fait que chacun se repère à partir de sa carte, persuadé qu'elle est plus fiable que celle de son voisin. Or, notre regard sur le monde n'est pas le monde. Ce que nous prenons pour la réalité n'est qu'une interprétation influencée par nos croyances, nos habitudes, notre culture et nos origines.

Revenons à l'exemple de Francis jouant Pylade: Jacques a appris son métier au conservatoire. Ses professeurs lui ont asséné pendant des années que chaque virgule d'un texte classique doit être respectée. Il accorde beaucoup plus d'importance à cet incident que Mireille, sortie de l'école du cirque; pour elle, au contraire, une trop grande crispation autour des mots produit des acteurs «coincés», scolaires. Chacun a sa carte du monde, les deux sont légitimes.

« Vas-tu m'écouter ? ! »

Le conflit résulte généralement d'une interaction entre deux cartes du monde représentant deux univers. En ce sens, lorsque nous évitons systématiquement les conflits, nous nous privons des richesses de l'autre. Nous faisons de même lorsque nous nous fermons parce que nous avons reçu le désaccord de plein fouet. Nous perdons, là aussi, le suc de la rencontre.

Un conflit ne s'apaise que si chaque protagoniste prend le temps nécessaire de décrypter l'univers de son interlocuteur, le temps de comprendre les valeurs et le raisonnement de celui-ci, et d'être curieux de la façon dont il s'est formé. Ce n'est qu'une fois cette étape accomplie que peuvent se dérouler les deux phases suivantes de la négociation: identifier les besoins de chacun en fonction de ses valeurs, puis formuler ses demandes en fonction de ses besoins. Nous confondons souvent besoins et valeurs. Il n'est pas utile de changer les valeurs de l'autre pour arriver à négocier avec lui. En revanche, clarifier nos besoins respectifs permet de négocier harmonieusement concernant des demandes précises.

Si nous sommes convaincus que la carte de l'autre est fausse, nous refusons d'apprendre à naviguer en tenant compte de sa carte comme de la nôtre, et nous aboutissons à des compromis hybrides qui ne satisfont personne. Au contraire, lorsque votre interlocuteur sent qu'il est reconnu, il s'apaise. Nous l'avons vu : isoler quelqu'un en ne tenant pas compte de lui est la pire façon de le sanctionner. Lorsque nous sommes nous-mêmes agacés par une dispute, nous n'avons que faire des arguments de l'autre ; ils nous apaisent rarement, au contraire. Ce qui nous calme, c'est de sentir que nous sommes entendus, reconnus et respectés. L'approche du conflit qui consiste à découvrir l'autre est plus silencieuse qu'argumentée. Pour cette raison, dans une négociation, il est toujours bon d'écouter en silence avant de discuter.

Détaillons les formes que peut prendre cette écoute. Avant tout, l'écoute doit s'accompagner d'une intention sincère d'entendre l'autre, ce qui est rarement le cas dans les conflits. C'est pourquoi on parle alors d'écoute active, une technique dont Carl Rogers est considéré comme le père.

LA PLACE DU NARRATEUR

La place à partir de laquelle le narrateur entreprend la lecture des faits influence son interprétation. Quatre positions distinguent les différents narrateurs.

Le point de vue du balcon

Il arrive que le narrateur soit dans la salle, confortablement installé au balcon. Il relate alors la scène comme s'il en était le spectateur : « J'ai vu, dans le métro, un jeune se faire agresser par deux autres, j'étais choqué. De tous les passagers, aucun n'est intervenu. Quel monde d'indifférents ! » À la place, il aurait pu dire : « J'ai assisté à une agression, et comme les autres voyageurs, je me suis senti impuissant à intervenir. » Lorsque nous parlons à partir du balcon, nous nous excluons de la situation. Nous ne sommes pas conscients de toutes les interactions relationnelles qui, de toute façon, agissent et colorent les liens que nous avons avec nos partenaires. Même lorsque nous ne sommes que deux, il peut nous arriver de voir la scène du balcon, à l'image de cet homme qui, subissant la situation en victime, était venu me dire : « Ma femme m'a quitté, du jour au lendemain, sans aucune explication ; elle ne m'a même pas laissé m'exprimer. »

Un point de vue central

D'autres fois, le narrateur est seul au centre de la scène et exagère son influence : « Je leur ai dit en réunion ma façon de penser, j'ai tapé du poing sur la table et, crois-moi, depuis, tout le monde marche droit et l'entreprise va mieux ! » Ce point de vue peut parfois virer à la paranoïa. Celui qui conserve ce point de vue est persuadé que les faits et actes de ses proches sont toujours animés à partir de lui.

Un point de vue irresponsable

Dans ce cas-ci, le narrateur se place au centre de l'histoire, mais dans une position d'impuissance, comme s'il était victime de la situation. Il imagine que tout ce que fait l'autre est par rapport à lui et dans l'intention de lui nuire : « Tu me surveilles toujours, tu es un véritable indic », « Romain m'agresse régulièrement », « Tu m'ignores », « Simone me prend de haut », « Les impôts me poursuivent », etc.

Un point de vue responsable

Dans ce cas, le narrateur ne prend pas la responsabilité du conflit : « J'ai du mal à assumer mes faits et gestes », « Il m'est difficile de ne pas me laisser envahir par Romain », « Je peine à m'affirmer devant toi », « Je ne me sens jamais digne devant Simone », « Je ne sais pas comment je vais payer mes impôts ».

Le narrateur irresponsable est passif, au centre de l'histoire mais passif. Le narrateur responsable, lui, est au contraire acteur d'une amélioration. Lorsque vous négociez avec une personne

« difficile » qui se positionne au centre de l'histoire ou, au contraire, totalement en périphérie, aidez-la à changer de point de vue ; vous lui permettrez ainsi de trouver sa place sur la scène. Aidez-la notamment à formuler ce qu'elle a senti, ce qu'elle aurait aimé faire ou dire. Aidez-la à identifier les ressources internes qui lui ont manqué pour prendre la situation en mains.

Et vous-même ? Quelle position prenez-vous le plus souvent ? Prenez le temps d'identifier à partir de quelle place vous racontez et vous vous racontez. Prenez-vous votre place ? Vous sentez-vous acteur de ce qui vous arrive ? de ce qui arrive aux autres ?

DISSOCIER L'OBSERVATION DES FAITS DE LEUR INTERPRÉTATION

Dès que les faits nous concernent, nous nous investissons émotionnellement dans l'interprétation que nous en faisons. C'est souvent cette dimension affective qui crée le conflit plus que les motifs du désaccord eux-mêmes. Dans l'exemple du gouffre de Pylade, quels sont les faits ? Objectivement, l'anecdote retient que « Ce soir, Francis a eu un trou de mémoire. Au lieu de dire : "Un destin plus heureux vous conduit en Épire", il a dit : "Un destin plus heureux… Je ne sais plus quoi dire" ». Voilà pour l'observation des faits.

Dans son interprétation, Jacques dit : « Il a complètement perdu pied, il avait l'air ridicule, le public a dû vraiment nous prendre pour des amateurs. » Bertrand, au contraire : « Francis a fait une légère erreur, mais le public ne s'en est sûrement pas rendu compte. » Pour Mireille : « Francis nous a bien fait rire en improvisant sur Racine, le public a dû s'amuser. » Et Joseph ne dit rien car il n'a rien vu !

Toutes ces affirmations ne sont pas des ***observations*** de la réalité, mais des ***interprétations*** colorées en fonction des pastels que chacun utilise pour dessiner son monde. Le conflit naît de ce malentendu et de notre confusion entre observation des faits et interprétation des faits. « Philippe est arrivé à 8 h 15 », « Il porte un pantalon beige », « Françoise marche devant Julien », « Paul se tient devant la porte » sont des observations. Nous sommes tous d'accord sur la posture. En revanche, « Il me regarde de travers », « Il fait tout pour m'empêcher de parler », « Il ne me respecte pas », « Il cherche à me dévaloriser » sont des interprétations. Dès lors que nous interprétons un geste, une posture, une parole, nous sommes dans l'interprétation. C'est la confusion entre interprétation et observation des faits qui est à la source de la confusion au moment de la résolution des conflits. L'agressivité vient de notre obstination à convaincre l'autre que notre interprétation est plus légitime que la sienne et plus proche de la réalité – mais une réalité appréhendée à partir de notre point de vue !

Dans un conflit, la colère se réveille lorsque nous avons le sentiment que notre interprétation n'est pas prise en compte. Au theâtre, l'interprétation est le premier pas du metteur en scène comme de l'acteur. On parle d'ailleurs d'interprète. Lorsque l'acteur ou le metteur en scène ne font que relayer une situation sans l'interpréter, la pièce est terriblement ennuyeuse. Pour être vivante, il faut des prises de partie, des émotions fortes ; même la mauvaise foi ou l'aveuglement sont de bons ingrédients pour relever le rythme d'une dramaturgie. Et nous pouvons parfois, dans notre vie quotidienne en rajouter un peu pour mettre en valeur notre rôle. En revanche, lorsque nous ne réussissons pas à nous mettre d'accord, lorsqu'un conflit éclate dans notre maison, notre bureau, avec nos amis, c'est un bon réflexe que de revenir à l'interprétation de chacun, aux besoins de chacun tout en restant nous-mêmes le plus objectif possible, en différenciant l'observation factuelle des faits de leur interprétation pour adoucir la relation et apaiser le conflit.

LA MANIPULATION DE L'INFORMATION

Dans le grand théâtre de la vie, la manipulation est très présente. Il suffit de regarder le journal de 20 heures qui, sous couvert d'une information officielle neutre et objective, privilégie de mettre en avant tel événement au lieu de tel autre et de choisir un ton volontairement grave, dramatique et, reconnaissons-le, absolument pas objectif. Dans notre quotidien, les manipulateurs sont experts dans l'art de nous convaincre, arguments à l'appui, que leur vision du monde est plus pertinente que la nôtre. Ils utilisent pour cela plusieurs stratégies : l'intimidation, la flatterie, la peur et le sous-entendu, la plus efficace étant probablement ce que j'appellerai le ***lien subjectif de causalité***.

Le manipulateur qui recourt à cette approche nous relate deux événements qui se sont effectivement déroulés comme il le précise. La manipulation repose dans son parti pris de lier ces événements entre eux. Il dira par exemple : « Je ne veux plus que tu prennes ma voiture. Hier, tu me l'as empruntée, et curieusement, cette nuit, on m'a volé l'autoradio », ou : « Notre fils n'est pas bien avec toi, vous avez passé le week-end ensemble et, depuis ce matin, comme par hasard, il est malade ! », ou encore : « Je ne veux pas médire, mais depuis que ton mari a engagé cette nouvelle secrétaire, il ne t'offre plus de fleurs... », ou enfin : « C'est étonnant quand même, quelqu'un a volé mon mp3, justement le jour où tu es resté seul dans mon bureau ! » En fait, le manipulateur utilise la culpabilité pour faire douter son interlocuteur. Son récit fait abstraction de l'ensemble des autres paramètres de la situation. Il ne dit pas, par exemple, que l'enfant est sujet aux gastroentérites, que la voiture est garée dans une ruelle sensible, que le mari a offert autre chose que des fleurs, qu'en ce qui le concerne, il laisse toujours traîner ses affaires dans son bureau.

La manœuvre du manipulateur est aisément repérable aux termes ironiques que celui-ci utilise : « Je ne veux pas dire, mais... », ou « Et comme par hasard... », « Quelle coïncidence ! » Cette stratégie est perturbante pour la relation que le manipulateur a avec nous, car elle nous donne à penser qu'il en sait plus que nous sur la situation, ce qui a pour effet de nous rendre moins vigilants ; progressivement, nous nous en remettons à lui pour interpréter les faits.

Si vous négociez avec de tels interlocuteurs, restez attentif pour ne pas vous laisser entraîner par ce lien subjectif de causalité. Revenez à l'observation des faits. Dans une négociation conflictuelle, plusieurs balises vous permettront de vous protéger des agressions du manipulateur :

- évitez absolument d'établir des conclusions à la place du manipulateur, car c'est justement ce qu'il attend. Si vous dites, par exemple : « Quoi ? Tu insinues que je serais capable de voler ton mp3 ? », le manipulateur risque fort de vous répondre : « Moi ? J'ai juste constaté une coïncidence » ;
- ne suivez pas le chemin de pensée qu'utilise votre manipulateur, restez centré sur vous et sur les faits ;
- précisez au manipulateur qu'il n'existe objectivement aucun lien entre les faits qu'il relie : « C'est toi qui décides de faire le lien entre ces deux éléments », ou « Oui, j'ai été seul dans ton bureau, et oui ton mp3 a été volé mercredi, mais sur quoi t'appuies-tu pour lier ces deux faits entre eux ? » ;
- mettez le manipulateur face à son accusation. Une simple phrase de trois mots suffit à dissiper le malentendu : « Oui ? Et alors ? » Ainsi, le manipulateur qui vous accoste par un : « Je ne veux pas dire, mais depuis que tu partages le bureau avec Pierre, on te voit beaucoup moins au tennis », s'entendra répondre : « Oui ? Et alors ? » ;
- ne faites pas ce qu'attend le manipulateur : ne dites pas que vous vous sentez coupable, ne vous justifiez pas, ne vous excusez pas ;
- sachez mettre un terme à ses propos : « Il y a d'autres inquiétudes que tu veux partager ? Non ? Très bien », et clôturez la discussion ;
- n'oubliez pas que, dans un conflit, votre « agresseur » va s'appuyer sur votre faiblesse : votre manque de clarté, votre fragilité émotionnelle, votre doute, les informations que vous ne maîtrisez pas (et qu'il détient), le double langage.

Pour toutes ces raisons, vous aurez besoin, pour affronter le manipulateur, d'être acteur d'un nouveau personnage : celui du journaliste.

DANS VOTRE RÔLE DE JOURNALISTE

Ce personnage permet de réorienter le récit à partir des faits indiscutables parce qu'il dissocie observation et interprétation. Au fil de l'entretien, il amène son interlocuteur à passer d'un point de vue subjectif à un point de vue objectif de façon à négocier le différend avec moins d'émotion. Plus la charge émotionnelle est importante, plus le récit se teinte de subjectivité. Pour interpréter votre rôle, vous pouvez adopter diverses attitudes.

1. Centrez-vous sur vous

Si votre personnage navigue dans les eaux troubles des tempêtes émotionnelles, il perdra toute objectivité. D'où la nécessité de vous centrer, de maintenir la stabilité de votre bateau pour ne pas vous faire renverser à la première vague. Se centrer signifie notamment être à l'écoute de ses besoins, de ses sensations physiques, de ses émotions et de ses sentiments, et rester confiant pour exprimer ses demandes en toutes circonstances ; il faut éviter d'être seulement en réaction ou en revendication.

Pour vous centrer, isolez-vous de la charge émotionnelle générée par le conflit. Cet isolement n'est pas une coupure, mais une écoute de vous-même. Vous êtes présent à l'autre, tout en vous sentant comme enrobé par une sphère de protection. Deux fils électriques dénudés font des étincelles lorsqu'ils se touchent, c'est pourquoi ils sont recouverts d'une gaine en plastique. Vous devez vous-même vous protéger en maintenant une bulle autour de vous.

Pour vous assurer que votre centrage est efficace, soyez présent à votre corps, maintenez la colonne vertébrale droite, les épaules et le visage détendus, le regard direct. Assurez-vous que vous êtes conscient de votre respiration. Le scan corporel est un outil merveilleux pour rester en lien avec soi. C'est un outil qu'utilisent les acteurs pour éviter les trous noirs et les moments de panique. Soyez présent à votre corps, à vos muscles, à vos ligaments, à toutes les sensations corporelles qui se manifestent en vous. Scannez intérieurement toutes vos sensations physiques. Accordez en permanence une partie de votre attention au maintien d'une respiration profonde et consacrez le reste à la situation en elle-même. Évoquez la situation de votre point de vue. Ne dites pas: « Tu ne m'as pas respecté », car vous n'êtes pas dans la peau de l'autre, dites plutôt: « Je me suis senti abandonné », car de ce que vous ressentez vous pouvez témoigner.

Le centrage permet d'être à l'écoute de soi pour mieux entendre l'autre. Ce positionnement apaise l'interlocuteur. Il s'établit à partir de trois éléments fondamentaux:

- l'attitude physique: pieds posés au sol, colonne vertébrale droite, regard tourné vers la personne;
- l'attitude émotionnelle: respiration par le bas-ventre;
- l'attitude mentale: évoquer une pensée ou une phrase positive: « J'ai confiance, je suis calme. »

Par ce centrage, le médiateur est aussi vigilant par rapport à lui qu'il l'est par rapport à l'autre. Il est attentif à l'angle de vue qu'il adopte pour regarder le conflit. Il s'apparente au témoin dans l'œil du cyclone.

2. Trouvez un canal de communication

Le canal de communication est le chemin énergétique qui relie celui qui parle à celui qui écoute. On pourrait le comparer au canal hertzien qu'utilisent les téléphones portables pour établir une communication. Lorsque la connexion téléphonique n'est pas bonne, même les meilleurs arguments ne peuvent être captés par votre interlocuteur qui n'entend que des grésillements. Au cours d'une négociation délicate, lorsque le canal de communication est brouillé, le conflit devient inévitable. Les protagonistes parlent, leurs arguments se succèdent, mais le courant ne passe pas. Chacun reste dans sa bulle. La discussion tourne en rond. Le sentiment de n'être pas entendu provoque colère, mépris, et agressivité mutuelle.

Établir le canal de communication, c'est établir un lien visuel. Ce lien passe par un regard franc et bienveillant, un silence plein, un geste attentif, un sourire sincère, quelques mots d'introduction.

Dans certaines circonstances, si cela est approprié, le fait de prendre la main d'une personne, de lui toucher l'épaule ou d'établir un contact physique peut rétablir immédiatement le lien. C'est à vous de sentir si le geste est approprié pour que le contact ne provoque pas l'effet inverse, à savoir la rupture. Pour y parvenir, concentrez-vous en disant: «Je veille à ce que nos divergences d'opinions ne m'éloignent pas de mon interlocuteur.» Au cours de cette prise de contact, votre rôle de journaliste dissocie la personne et les arguments. Vous êtes attentif et bienveillant avec la personne, et exigeant avec les demandes qu'elle formule; cela vous permet de maintenir un lien humain de qualité, sans pour autant perdre de vue vos intérêts. Ce n'est pas contradictoire.

Cette attitude s'impose, notamment lorsque vous négociez avec des personnes dont la carte du monde est en opposition avec la vôtre. Il vous sera difficile de maintenir un contact humain de qualité avec un chasseur ou un adepte de la tauromachie si vous êtes un amoureux des animaux, avec un fumeur si vous ne l'êtes pas, avec un militant anti-OGM si vous en produisez. Votre regard sera lourd de jugements sur l'autre: «Un adepte de la tauromachie n'est qu'un barbare», «Un fumeur est irrespectueux», «Un militant anti-OGM est un naïf». Dans ce cas, faites un effort d'empathie pour maintenir un lien de qualité avec votre interlocuteur même si vous ne partagez pas ses points de vue. Adressez-vous à l'acteur et accordez moins d'importance aux personnages que la situation l'oblige à jouer.

3. Soyez attentif visuellement

Lorsque vous quittez la salle sombre d'un cinéma, votre regard a besoin d'un certain temps pour s'adapter à la lumière du jour. C'est l'effet «focus». Dans une négociation, ces quelques secondes sont indispensables pour créer le lien et établir notre position face à l'autre. Cette consigne semble évidente. Dans de nombreux conflits, pourtant, les interlocuteurs se tournent le dos, ne se voient pas ou adoptent des positions d'affrontement. La position juste se prend dès les premières secondes d'une rencontre. Les quatre premières secondes de la rencontre sont souvent décisives. Quatre secondes, c'est le temps qu'il nous faut pour « jauger » notre interlocuteur et estimer notre degré de confiance en lui. C'est la première image.

Une fois qu'elle est établie, il faut beaucoup d'énergie pour modifier cette première image. Lorsque vous établissez le canal de communication, soyez attentif visuellement : regardez l'autre dans les yeux et laissez-le vous regarder pendant quelques secondes, puis prenez le temps de lui sourire avant de passer à l'étape suivante.

4. Offrez un contact physique

Cette consigne est à adapter en fonction de ce que vous ressentez. Dans certaines situations, en effet, un contact physique peut être vécu comme un envahissement par votre interlocuteur. En revanche, si vous sentez qu'un tel contact est approprié, n'hésitez pas à y donner suite en tendant la main ou en prenant l'autre par les épaules ou dans vos bras. Adaptez votre attitude en fonction de votre lien à la personne (collègue, famille, ami). Ne freinez pas un élan qui vous semble juste.

5. Soyez présent

Pour que votre attention soit efficiente, soyez présent à votre interlocuteur. Très concrètement, cela suppose que vous interrompiez le cours de vos activités pour établir le contact ; cela suppose également que vous syntonisiez votre corps, vos paroles et votre esprit.

Imaginons, par exemple, que votre conjoint vous sollicite alors que vous travaillez à votre ordinateur et n'êtes pas disponible : il vous pose des questions, vous demande si vous avez passé une bonne journée, si vous savez où se trouvent les clés du garage, ce que vous pensez de ses nouvelles chaussures… Il se peut que cette sollicitation vous agace. Si vous répondez à chacune de ses demandes en étant intérieurement préoccupé par votre travail, vous ne lui donnerez pas la qualité de présence qu'il attend. Votre corps sera peut-être avec lui, mais votre esprit sera occupé par l'activité que vous voulez terminer. Or, tant que votre conjoint n'aura pas eu ce qu'il attend, il insistera et formulera de nouvelles demandes. Ce qu'il attend de vous, en fait, ce n'est peut-être pas des réponses. Ce qu'il attend, c'est un contact avec vous, de vous sentir totalement présent à lui de façon qu'il ait lui-même le sentiment d'exister pleinement. Cette présence peut ne durer que quelques minutes, mais elle doit être une vraie présence pendant laquelle vous cessez sur-le-champ toutes vos activités pour offrir une écoute sincère.

Quelques minutes d'une réelle présence apaisent bien plus que deux heures pendant lesquelles vous n'êtes pas réellement disponible. Dans une journée, assurez-vous que vous donnez au moins dix minutes de présence aux personnes avec qui vous vivez. Ce temps peut sembler dérisoire, pourtant, si votre présence est de qualité, ce temps est en lui-même un engagement.

6. Montrez-vous empathique

L'étape suivante consiste à nourrir votre présence d'une qualité affective en fonction du rapport que vous avez avec votre interlocuteur. L'empathie peut se comprendre comme une ouverture dépourvue de jugement. Elle est une forme active de l'écoute. Vous écoutez l'autre avec tout votre être, y compris votre corps, pas seulement votre esprit. Si votre enfant vous raconte sa journée, écoutez-le de toute votre personne, écoutez par les oreilles, par les yeux, par le cœur, par les pores de votre peau. Laissez ses mots résonner en vous. Soyez silencieux, ouvert et présent à lui. Soyez pour lui un réceptacle capable de l'accueillir. Ne lui coupez pas la parole, mettez-vous à sa hauteur, regardez-le dans les yeux et soyez empathique. Quoi qu'il vous dise, disposez-vous à l'accueillir. S'il est en colère, accueillez sa colère; s'il est inquiet, accueillez son inquiétude. Ne cherchez ni à le rassurer, ni à le consoler, ni à le calmer, ni à lui apporter quelque solution. Contrairement à nos idées reçues, une grande partie des réactions dites «consolatrices» que nous avons face à une personne qui se plaint, minimisent le sentiment qu'elle a d'être écoutée. Souvent, nos attitudes habituelles brouillent l'écoute, elles diminuent notre présence et affaiblissent notre empathie. En voici des exemples:

Compatir: «Oh, mon pauvre!»

Conclure: «Sèche tes larmes, c'est terminé maintenant.»

Conseiller: «Je crois que tu aurais dû… »

Consoler: «Allez, tu n'y es pour rien.»

Corriger: «Ce n'est pas comme ça que c'est vraiment arrivé.»

Dévier: «C'est comme la dernière fois où…»

Douter: «Je crois que tu inventes un peu…»

Ironiser ou se montrer cynique: «C'est très intéressant ton histoire!»

Minimiser: «Ce n'est rien, tu pleures pour ça?!»

Moraliser: «Chaque épreuve a un sens. Peut-être que…»

Nier les effets: «Tout ça n'est pas très grave!»

Pardonner: «Allez, je passe l'éponge, j'oublie tout.»

Philosopher: «C'est la vie! On n'y peut rien.»

Ramener à soi: «Je comprends ta douleur. Moi-même…»

Solutionner: «À l'avenir, pense plutôt à…»

Surenchérir: «Il aurait pu t'arriver pire. Tu imagines si…»

Tolérer: «Accepte-le, tu en sortiras enrichi…»

Zapper: «À part ça, tu vas bien?»

Aucune de ces interventions ne résout le conflit ni n'apaise votre interlocuteur. De plus, toutes sous-estiment les capacités de ce dernier à trouver seul une issue. La personne qui vient chercher de l'écoute vient rarement chercher une solution. Elle a juste besoin d'être accueillie et reconnue pour ce qu'elle est à ce moment-là.

Rechercher la solution à la place de votre interlocuteur amoindrit votre qualité de présence et d'empathie. Pour que votre écoute soit active, laissez-vous porter par le fil du courant. Ne cherchez ni à contrarier, ni à freiner, ni à accélérer votre élan, contentez-vous d'être dans le courant – vous deviendrez le courant! Une seule exception: les cas où la personne vous demande explicitement de la conseiller, de la consoler, de la prendre dans vos bras ou de lui exposer votre point de vue. Vous pouvez vous en assurer en lui demandant : « Attends-tu de moi que je te donne mon avis ? » Dans ce cas, offrez-lui, si vous le pouvez, ce qu'elle vous demande. Ne lui offrez pas moins, ne lui offrez pas plus, soyez « juste ».

7. Reformulez

La reformulation fait partie des outils pratiques de la communication. Elle est un des plus utiles pour apaiser tensions et conflits. Reformuler, c'est signifier à l'interlocuteur ce que vous avez entendu de son propos. L'histoire qui suit vous donnera un exemple concret de reformulation. Je venais de réveiller ma fille. Ce jour-là, elle était de mauvaise humeur et se plaignait d'être trop fatiguée pour aller à l'école. Je me doutais que sa plainte cachait autre chose que de la fatigue et que c'était cette « autre chose » qu'il nous fallait débusquer pour qu'elle se lève. En même temps, je surveillais la pendule pour ne pas rater mon train. À court d'inspiration, je me suis contenté de pratiquer l'écoute active :

« Ainsi, tu ne veux pas te lever parce que tu te sens fatiguée ?

— Oui, je n'irai pas à l'école, je n'en ai pas envie.

— Tu ne ressens pas l'élan pour aller à l'école ce matin ?

— Non, je ne veux pas retrouver mes copains aujourd'hui.

— Tu ne veux retrouver aucun de tes copains, c'est ça ? Tu ne veux pas retrouver Cédric, Philomène, Johanne ?

— Si, eux, je veux bien, mais pas Marcellin.

— Si je comprends bien, tu ne veux pas voir Marcellin aujourd'hui.

— Non, hier, je me suis disputée avec lui.

— Je comprends, tu es fâchée avec lui et tu appréhendes de le revoir. C'est ça ?

— Oui, nous nous sommes disputés et je ne sais pas comment il va m'accueillir.

— Tu te sens impuissante, car tu n'as pas encore trouvé comment tu allais réagir quand tu le reverras. »

L'utilisation du « encore », dans la dernière phrase, rappelle à l'autre qu'une situation momentanément fermée peut s'ouvrir, et que s'il connaît un problème, il en a aussi la solution. En reformulant ses propos, je n'ai suggéré aucune solution à ma fille, je n'ai pas non plus entravé son élan personnel. En quelques minutes, elle s'apaisait, puis trouvait elle-même l'attitude qu'elle souhaitait adopter envers Marcellin: «Ce matin, je lui dirai que je ne veux plus qu'il me pousse dans le dos.» Cela dit, elle s'habilla en un clin d'œil, déjeuna et, déjà, était prête à partir. L'échange n'avait pas duré plus de trois minutes. Si en revanche, je m'étais opposé à son mouvement avec des théories comme: «Il faut bien que tu apprennes à lire, si tu veux plus tard trouver un métier», «Que vont penser tes copines si elles ne te voient pas!», ou «La maîtresse va te gronder», j'aurais déplacé son attention vers une préoccupation secondaire et provoqué une discussion stérile sans rien résoudre pour autant. J'ai remarqué que chaque fois que je faisais l'effort d'écouter activement l'autre, les conflits s'apaisaient plus rapidement.

Face à une épreuve, nous raisonnons généralement en termes analytiques: «Il y a un problème, il faut apporter une solution.» Ce faisant, nous n'entrons pas en contact avec nos émotions. Par souci d'efficacité, nous négligeons une étape fondamentale: celle qui consiste à partager silencieusement avec notre interlocuteur ce que nous éprouvons tous deux. À long terme, cette attitude est un mauvais calcul, car elle n'apaise pas l'autre. Par l'écoute active, au contraire, nous contribuons à le calmer; il peut alors trouver seul une solution adaptée.

Reformuler, c'est développer l'écoute du cœur. Cela suppose que l'on écoute sans couper la parole. En reformulant, vous découvrirez les demandes cachées de l'autre.

8. Agissez en miroir

À ce stade, il se pourrait que certains lecteurs s'interrogent: «Ces techniques ne s'apparentent-elles pas à de la manipulation? N'est-il pas immoral de modifier consciemment son comportement pour obtenir ce que l'on veut?» Le terme «manipulateur» nous gêne beaucoup. Il est très connoté et vient titiller notre éthique. Ma réponse sera très claire: oui, ces techniques de communication sont des formes de manipulation. Les manipulateurs professionnels utilisent le miroir, la reformulation, l'enquête positive, etc. La question n'est pas de savoir si la manipulation est morale, la question est de clarifier l'intention qui nous anime lorsque nous utilisons ces outils.

La communication est un outil pour transmettre un message. Cet outil comprend des techniques et de la psychologie. On peut utiliser les outils de communication pour faire douter nos proches ou, au contraire, pour les aider à renforcer leur confiance en eux. Ce n'est donc pas tant l'outil qui est à surveiller, mais la motivation qui nous fait l'utiliser. Si votre message est « éthiquement correct », tous les moyens sont bons pour le transmettre, y compris la manipulation. C'est à tout le moins ma position.

Voyons à présent l'***effet miroir.*** Cette approche est beaucoup utilisée en scénographie. Dans certaines tragédies par exemple, le chœur va reprendre en miroir, en écho, ce que dit le héros. Dans ce cas, le chœur est souvent habillé dans des tons qui rappellent celui du héros et reprend sa gestuelle. Dans notre vie de tous les jours aussi, nous mettons en scène, consciemment ou non, l'effet miroir. La technique du miroir est l'une des plus « manipulatrices » qui soit. Je la décris simplement : lorsque deux personnes parlent en étant sur la « même longueur d'onde », elles ont sensiblement la même position. Deux personnes s'affrontent, debout, bras croisés ; deux amis conversent accoudés au comptoir ; deux amoureux se regardent dans les yeux avec le même sourire ; tout cela, c'est l'effet miroir. Lorsque vous vous adressez à quelqu'un, votre message le touchera davantage s'il se reconnaît à travers vous. Plus vous lui ressemblerez, plus il vous écoutera et se sentira en confiance pour vous parler. C'est le phénomène de l'identification. Cette identification passe par divers éléments, notamment :

- des traits de ***reconnaissance visuelle:*** habits, bijoux, maquillage, coiffure, grains de beauté, rides, expression du visage, couleur des yeux, pilosité, etc. ; des repères sur lesquels il est difficile d'agir ;
- la similitude de vos ***postures ou attitudes*** respectives ; un aspect sur lequel, au contraire, vous pouvez agir à loisir.

Autrement dit : si vous voulez faire adhérer votre interlocuteur à votre propos, commencez par l'observer. Observez sa posture. Est-il assis ou debout ? Ses bras et ses jambes sont-ils croisés ? Que fait-il de ses mains ? Tient-il un objet ? Quel est le rythme de sa respiration, de son débit ? Son regard est-il fixe ou agité ? Sourit-il ?

Votre observation terminée, adoptez une attitude similaire à la sienne. Pour que l'effet miroir fonctionne, accompagnez votre « imitation » d'une qualité fondamentale : l'empathie. Si vous singez votre interlocuteur en gardant le cœur fermé, il s'en rendra compte et réagira sûrement mal ; en revanche, si vous êtes empathique avec lui, il se sentira reconnu et se détendra.

Le but de cette technique, une fois que vous êtes en phase, est d'amener votre interlocuteur à ce que lui vous « imite » à son tour sans s'en rendre compte. Parvenu à ce stade, détendez-vous physiquement, ne restez pas bras ou jambes croisés, décontractez votre visage, respirez profondément. Progressivement, vous verrez votre interlocuteur se détendre lui-même, décroiser ses jambes, s'apaiser et être bien à votre contact. Un moyen très efficace d'apaiser une personne en colère consiste à respirer plus profondément qu'elle. Par l'effet miroir, vous invitez votre interlocuteur, grâce à votre calme, à retrouver le sien.

Illustrons ce qu'est l'effet miroir avec un exemple concret. Un ami me relatait une situation professionnelle dans laquelle son patron le harcelait. Il se sentait impuissant à échapper à ce harcèlement. Il me racontait son anecdote d'un ton soumis ; il parlait doucement, en articulant à peine et en regardant le sol. J'ai pris le parti de l'écouter en miroir. J'ai reformulé ce qu'il me disait sans forcer moi non plus mon articulation ; j'ai adopté le même ton faible que lui, je ne l'ai regardé que peu dans les yeux. En quelques minutes, mon attitude ressemblant à la sienne, il s'est senti suffisamment entendu et en confiance pour me livrer la source de son malaise. Je suis resté empathique, continuant de parler doucement et de regarder au sol comme lui. Puis, progressivement, je me suis redressé sur ma chaise tout en l'observant et en le regardant plus longtemps dans les yeux.

J'ai alors vu mon interlocuteur se redresser à son tour et gagner en assurance. Au fur et à mesure, il me parlait plus clairement, devenait plus détendu, plus souriant, plus confiant. Pendant toute cette progression, je suis resté attentif à ce qu'il n'y ait pas de décalage entre nos attitudes. Quand j'ai vu qu'il avait atteint un degré suffisant de confiance en lui, je lui ai demandé comment il comptait agir pour affirmer ses besoins avec son patron. Les idées lui sont venues d'elles-mêmes et, seul, il a trouvé la solution.

C'est un exemple d'effet miroir amélioré dans lequel les rôles s'intervertissent en cours de discussion. Vous pouvez également alterner les rôles du miroir (mimer et laisser l'autre mimer) pour renforcer la complicité avec votre interlocuteur. J'insiste beaucoup sur le fait que cette technique, très utilisée par certains négociateurs habiles, n'est qu'un jeu de « singeries » si elle n'est pas animée par une véritable ouverture du cœur.

Le phénomène du miroir fonctionne tant en face-à-face que devant une assemblée : une femme sensuelle qui chante réveille notre sensualité ; un dictateur, notre violence ; quelqu'un qui polémique, notre esprit de polémique ; un orateur calme, souriant et chaleureux, notre paix intérieure.

Il appartient à chacun de faire le meilleur usage possible de cette technique de communication. Un dernier mot sur l'effet miroir : bien qu'il s'agisse d'une technique, la qualité du miroir repose sur notre intention sincère de créer un lien et sur notre aptitude à rester authentique tout en étant en miroir. Si vous êtes dans cette intention sincère, le miroir s'établira naturellement, presque malgré vous. Progressivement, vous ne vous rendrez même plus compte que vous vous mettez en miroir. Vous conserverez votre authenticité ; celle-ci sera simplement renforcée par une nouvelle qualité, l'empathie.

9. Menez l'enquête

Lorsqu'une personne en agresse une autre, instinctivement, l'agressé se protège. Plusieurs stratégies de défense sont bien connues, notamment la fuite, le déni et la contre-attaque.

Un enfant pris sur le fait tandis qu'il renverse de la peinture sur le canapé va, afin d'éviter la réprimande, se retrancher derrière l'une de ces trois attitudes protectrices. La fuite: « Ce n'est pas moi » ; le déni : « Ce n'est pas grave » ; la contre-attaque : « Le chien m'a poussé, c'est lui le fautif. En plus, il a failli me faire mal ! » Or, ces trois comportements enveniment les conflits, car la personne concernée n'assume pas la responsabilité de ses actes.

Dans l'univers des adultes, ces attitudes sont fréquentes. Combien de fois a-t-on entendu, après une catastrophe écologique, les responsables interviewés adopter l'un ou l'autre des trois comportements évoqués. ***La fuite:*** « Notre société ne peut être directement rendue responsable compte tenu du fait que notre cahier des charges est établi en conformité avec la législation en vigueur » ; ***le déni:*** « Nous ferons état des conséquences réelles de l'accident dès que possible, mais à présent nous ne pouvons que mettre en garde les journalistes contre toute interprétation exagérée de façon à ne pas provoquer une panique injustifiée de l'opinion publique » ; ***la contre-attaque:*** « Une fois de plus, les écologistes tentent de limiter le débat à ce seul événement déplorable pour diaboliser notre compagnie, alors que nous sommes nous-mêmes les premiers à exiger depuis plusieurs années, auprès des pouvoirs publics, une adaptation des règlements en vigueur. »

Ces justifications sont dans une langue de bois qui, en langage enfantin, signifient : « Ce n'est pas ma faute », ou « Ce n'est pas grave » et « Le vrai problème, c'est l'autre ». Nier les faits, nier sa responsabilité, se défendre, agresser à son tour, ou au contraire s'excuser et demander pardon, sont des réflexes davantage liés à la protection émotionnelle qu'à une résolution sereine de la situation. Dans l'exemple de la catastrophe écologique, comme dans celui de la peinture renversée sur le canapé, c'est la peur qui provoque ce réflexe d'évitement : peur des représailles, peur de l'opinion publique, peur de ne pas pouvoir assumer les conséquences de ses erreurs.

Dans les conflits quotidiens et familiaux, ce qui nous est reproché est souvent provoqué par une surcharge émotionnelle.

La peur du conflit, qui est une réaction très répandue, nous empêche d'adopter l'attitude la plus saine lorsqu'une personne nous manifeste la colère qu'elle éprouve à notre endroit : mener l'enquête sur les raisons de sa colère. Prendre du recul par rapport à la situation permet de transformer les critiques et les reproches qui nous sont adressés en une observation des faits. Lorsqu'un interlocuteur vous interpelle en vous disant : « Tu ne me respectes pas », « Tu es un menteur », « Tu ne t'occupes jamais des autres », « Tu n'as aucune rigueur dans ton travail », ne tentez pas de vous justifier, de l'éviter ni de suggérer une solution. Une fois le lien établi, recentrez sa critique en la reformulant à partir de son point de vue à lui et en remplaçant les généralités par des indices factuels : « Tu me dis que lors de mon intervention, tu ne t'es pas senti pris en considération ? », « Tu ne crois pas ce que je t'ai dit à midi ? », « Tu as la sensation que je ne m'occupe pas de toi comme tu aimerais que je le fasse ? », « Tu estimes que mon travail pourrait être amélioré ? »

Dans un second temps, utilisez le questionnement précis pour réunir des informations : « Serais-tu d'accord pour me préciser les points qui t'ont déplu dans mon intervention ? », « J'aimerais que tu me dises à quel moment de notre conversation tu as eu le sentiment de ne pas être respecté comme tu aurais aimé l'être ? », « Veux-tu bien me signaler quelle phrase t'a marqué ou t'a déplu dans ce que je t'ai dit ce matin ? », « Quel élément a provoqué chez toi ce changement de regard ? »

De cette façon, non seulement vous réorientez la discussion à partir du point de vue subjectif de votre interlocuteur, mais vous menez votre enquête sur vos actions, non sur votre personne. Cette différence est très importante car lorsque la discussion porte sur la personne, elle conduit nécessairement à l'impasse. Des arguments comme : « Tu es maniaque », « Tu es un menteur », « Tu es un vrai égoïste », « Tu ne penses qu'à toi », « Tu es méchant », ne peuvent provoquer que du ressentiment, de la colère, ou au contraire un sentiment d'impuissance et de la culpabilité.

10. Recadrez

Lorsque l'autre s'adresse à vous sur le ton du reproche ou du dénigrement, il a tendance, sous l'effet de la colère, à exagérer vos faits et vos actes. La technique du recadrage permet d'éviter les débordements. En voici quelques exemples.

Reproche : « Je t'ai attendu tout l'après-midi, tu ne t'es pas inquiété de moi ! » ; recadrage : « Tu as attendu une heure devant le métro et tu aurais aimé recevoir un appel de ma part. C'est ça ? »

Reproche : « Ils me fichent à la porte du jour au lendemain » ; recadrage : « Tu me dis que ton patron te licencie sans préavis ? »

Reproche : « J'aurais pu mourir sans que tu ne lèves le petit doigt ! » ; recadrage : « J'entends que tu étais inquiet parce que je n'ai pas cru utile d'appeler le médecin. »

Reproche : « Tu te crois seul au monde, tu veux tout gérer tout seul ! » ; recadrage : « Je comprends que tu aurais préféré être consulté avant cette dépense. »

Reproche : « Dis tout de suite que je suis un voleur ! » ; recadrage : « C'est toi qui utilises ce mot. Ce que je dis, moi, c'est que je t'ai prêté ce document et que tu ne me l'as pas rendu. »

11. Lisez la carte de l'autre avec lui

L'attitude d'écoute active ne veut pas dire que vous partagez le point de vue de votre interlocuteur. Elle signifie simplement que vous acceptez le fait qu'une personne puisse avoir une vision différente de la vôtre. Vous gagnerez à traduire la carte du monde de votre interlocuteur en aidant ce dernier à formuler ses besoins et ses demandes. Si la divergence d'opinions est forte, maintenez votre présence en ponctuant votre écoute avec des phrases telles que : « C'est ton opinion », « Je comprends que tu es sensible à cette notion », « Je vois que ces paroles t'ont marqué », « J'ai compris que tu n'étais pas du tout d'accord ». Ces phrases montrent à votre interlocuteur que vous êtes présent à lui, tout en lui laissant la responsabilité de ses opinions.

12. Tournez-vous vers l'avenir

Au théâtre, lorsque le rythme ralentit, certains personnages viennent remettre de l'huile sur le feu… Ils attisent la colère, la jalousie ou le doute pour renforcer les rebondissements et la dramaturgie. Dans notre vie de tous les jours, nous avons souvent ces mauvais réflexes… En cas de conflit, il est une erreur fréquente : raviver les émotions du passé qui s'étaient apaisées. Ainsi, des tiers interviennent auprès de personnes qui se sont disputées en disant : « Vous vous êtes disputées, quel est le problème ? » Dans ce cas, le médiateur fait replonger les protagonistes dans le passé et chacun retrouve la colère qu'il éprouvait alors. Il est plus profitable d'aborder la réunion ou la médiation en disant : « J'observe que vous n'avez pas réussi à vous mettre d'accord, cela m'ennuie, car je tiens à préserver l'harmonie dans cette équipe ; envisagez-vous une façon d'améliorer la situation ? » Cette manière de faire oriente chacun, non pas vers le conflit, mais vers sa résolution.

Se tourner vers l'avenir ne veut toutefois pas dire occulter le passé. Certains préfèrent « passer l'éponge » sur un sujet gênant, mais, ce faisant, ils entretiennent un malaise dans la relation. Aussi, si vous et votre interlocuteur vous sentez tous deux réellement disponibles, n'hésitez pas à revenir sur une situation passée, mais non pour critiquer l'autre ou lui faire des reproches, plutôt pour analyser les attitudes qui ont conduit au conflit et la façon de les éviter à l'avenir.

13. Ayez le souci du détail

Dans la reformulation, nous demandons à notre interlocuteur de nous préciser son point de vue en détail de façon à passer d'une interprétation de la réalité telle qu'il la voit à une observation de la réalité telle qu'elle est. Dans ce contexte, ne laissez jamais votre interlocuteur employer des termes imprécis comme « Un gros problème », « Une sale affaire », « Une attitude pas claire ». Remplacez ces impressions subjectives par une description des faits. À des repères vagues comme « C'est trop long », « Il sera trop tard », « C'est trop cher », préférez des mesures quantifiables : « Que serait, à tes yeux, un temps suffisant ? », « Quel est un prix raisonnable pour toi ? », « De combien de temps as-tu besoin ? » Remplacez « toujours », « jamais », « tout le temps », « partout », « une fois de plus », « en général », par des indications calendaires concrètes : « vendredi dernier », « la première semaine des vacances », « depuis le 10 janvier ». Soyez aussi intransigeant avec les termes quantitatifs : « trop », « un maximum », « bien plus que prévu », « pas assez » ; remplacez-les par : « 25 % », « 14 personnes de plus », « 20 $ de moins », « cela fait douze jours ». Menez votre enquête en posant des questions simples. La précision atténue la charge émotionnelle.

14. Déterminez la responsabilité de chacun

Lorsque vous reformulez, transformez les phrases imprécises de votre interlocuteur : « Jérôme ne me respecte pas », « Ils font toujours tout pour me démotiver », « Les impôts me poursuivent encore, ils veulent ma peau », par des termes précis qui fixent les faits et la responsabilité de leurs auteurs dans le temps et dans l'espace : « Ainsi, tu es en colère depuis que tu as entendu Jérôme dire qu'il ne viendrait pas avec toi », « Tu es démotivée depuis le jour où tu as perdu cette mission », « Tu te sens impuissant à régler tes dettes auprès des impôts ».

15. Faites valider vos interprétations

Ponctuez votre écoute de phrases simples vous permettant de savoir si vous avez compris : « C'est bien ça ? », « Est-ce que je traduis bien ce que tu m'as dit ? », « Si je comprends bien, tu es en colère parce que François n'est pas venu ? », « Tu es d'accord avec moi ? » Faites confirmer vos interprétations en maintenant un contact visuel de qualité. Cette attitude vous permet de progresser en douceur en évaluant au fur et à mesure ce que vous comprenez. La résolution d'un conflit se fait point par point ; elle ressemble au parcours de l'alpiniste qui plante un piton chaque fois qu'il progresse d'un pas.

16. Identifiez la demande cachée

L'empathie, l'écoute active, la reformulation et l'enquête méthodique, lorsqu'elles sont menées avec sincérité, vous en apprendront beaucoup sur les attentes et les besoins de votre interlocuteur. Ses besoins cachés ne sont souvent ni formulés, ni même identifiés par lui. Il n'est pas rare qu'une personne qui vous reproche d'avoir mal rangé le document qu'elle vous avait prêté, ait des besoins profonds tout à fait différents ; besoin, par exemple, que sa générosité soit reconnue.

Un enfant vous demandera de lui raconter une histoire, alors que c'est un câlin qu'il aimerait mais n'osera pas vous le dire. Un collaborateur exigera une augmentation alors que son besoin primordial est avant tout un besoin de valorisation. Un adolescent insistera pour avoir la permission de sortir jusqu'à 3 heures du matin, alors que ce qu'il souhaite, c'est sentir que vous avez confiance en lui ; il existe d'autres moyens qu'une autorisation de sortie tardive.

L'écoute active permet de déceler quels sont les besoins cachés de votre interlocuteur qu'il n'a pas réussi à formuler.

17. Éteignez la lumière !

Un exemple de besoin caché : chaque soir, cet enfant de quatre ans, une fois couché, appelait maintes fois sa mère sous un prétexte différent : « J'ai soif », « Mon pyjama est trop serré », « Il y a du sable dans le lit », « J'ai mon nez qui sent pas bon », « Je crois que j'ai mal au ventre », « Il y a un bruit dans la salle de bains », « Mon drap glisse », « J'ai trop froid », « Où est mon nounours ? » Chaque fois, la mère remontait, apportait un verre d'eau, allumait la lumière du couloir, éteignait celle de la chambre, nettoyait le fond du lit, rebordait la couverture, etc. Mais ce faisant, elle ne faisait que répondre aux demandes de surface et ignorait la demande profonde. Cette demande profonde est généralement de nature affective et correspond à un besoin fondamental qui n'est pas satisfait : « J'ai besoin d'être rassuré sur le fait que tu m'aimes », « J'ai besoin de sentir que je suis accueilli ». Si l'enfant n'a pas été encouragé à formuler ses demandes affectives, il va, de peur d'être rejeté, formuler des demandes superficielles. D'où la nécessité de prendre contact avec la demande profonde avant d'éteindre la lumière…

CHAPITRE 11

NÉGOCIER SON CONTRAT

À l'heure où j'écris ce chapitre, l'éditeur m'envoie sa proposition du contrat qui va officiellement associer nos intérêts autour de la parution de cet ouvrage. Dix pages de clauses, de conditions, qu'il m'invite à regarder de près de façon que nous puissions négocier. Je dois ensuite appeler un hôtel dans lequel j'ai programmé un séminaire. La salle qu'ils me proposent n'est pas celle que j'avais réservée, elle est plus petite, moins aérée, elle ne me convient pas. Nous allons également négocier. Enfin, j'irai chercher ma fille à l'école. Il fait un beau soleil, elle voudra sûrement aller jouer en forêt et me demandera de l'accompagner. J'ai d'autres projets, nous négocierons.

Toutes ces transactions avec l'autre réveillent le même sentiment, celui de la nécessité du partage, et la même inquiétude, celle de notre bien-être : « Je tiens à ce que mes avantages soient préservés. Qu'en sera-t-il si j'accepte les propositions de l'autre ? » Dès que notre confort est remis en question, une voix, au plus profond de nous, s'inquiète. Cette voix est souvent celle de notre enfant intérieur, car c'est lui qui défend les intérêts du négociateur que nous sommes.

La négociation est un échange. Un subtil jeu d'équilibre dont l'essentiel se joue dans l'invisible, entre les lignes des contrats. Si vous avez pris le temps d'observer des enfants dans un square, vous avez sûrement été sensible à ces jeux d'influence : « Tu veux bien me prêter ta pelle ? », « Lâche-moi ou je te mords ! », « Tu échanges ton camion contre mon mouchoir ? », « Rends-moi mon seau, sinon, je le dis », « Tu veux jouer avec moi ? J'ai des petites voitures ». Les enfants sont prêts à toutes les initiatives pour prendre l'ascendant sur l'autre : chantage, menaces, intimidation ! Il arrive aussi que, paisiblement, deux enfants construisent un château de sable. Ils se fondent naturellement au décor.

Nos mots ont changé car nos personnages ont grandi. Pourtant, quand j'accompagne des négociateurs en vue d'une transaction, je vois souvent dépasser de leur mallette la pelle en plastique de leur enfance avec laquelle ils sont prêts à taper sur la tête du client récalcitrant ! Qu'elle se déroule en famille ou au bureau, qu'il s'agisse de choisir un film au cinéma ou de négocier une augmentation, la négociation est une danse, un subtil duo d'équilibre fondé sur la confiance, les intérêts et le partage. Parfois, cette danse est harmonieuse comme un ***slow*** langoureux ; parfois, elle est tumultueuse comme un tango argentin.

IL EXISTE À MES YEUX TROIS STYLES DE NÉGOCIATEUR

Le dominant : il s'efforce de faire plier la nature

Ce négociateur considère l'enjeu de la négociation comme un gros gâteau dont chacun veut s'octroyer la plus grosse part au détriment des autres. Ruse, tricherie, influence, chantage, tout est bon pour manipuler l'autre de façon qu'il accepte la plus petite part. Pour ce type de négociateur, l'objectif de la transaction est de « faire plier » le partenaire, de lui imposer un maximum de pression pour qu'il cède à moindres frais. Inutile de dire que cette stratégie a ses limites. Elle ne repose que sur le déséquilibre de l'offre et de la demande.

L'acteur de cette négociation est un dominant. Pour lui, les autres négociateurs sont des ennemis. Son objectif est de gagner, de ne pas faire de concessions, de maintenir ses positions et d'exercer des pressions. Le dominant joue de sa supériorité :

— supériorité *hiérarchique* : un patron envers son employé, un parent envers son enfant ;

— supériorité *stratégique*: l'enfant à qui appartiennent les jouets use de ce privilège; le négociateur conscient d'être le plus gros client abuse de son poids;

— supériorité *émotionnelle*: ce dominant ne séduit pas l'autre par un objet ou une position, il le tient par des sentiments tels que la culpabilité ou la peur; un peu comme au poker un joueur remporte la mise parce que son assurance lui a permis de bluffer ses partenaires.

Le dominé : surtout ne pas rompre le lien

C'est sûrement à ce personnage que le cri d'appel de l'enfant intérieur fait le plus mal. Ce négociateur est tiraillé par une peur lancinante: celle d'être abandonné. Cette peur archétypale n'est pas rationnelle, elle jaillit des abysses, à l'improviste. Elle perturbe insidieusement les fondations de ce diplomate.

Tiraillé par une inépuisable soif d'être apprécié, ce négociateur accepte toutes les concessions pour obtenir un sourire ou un mot d'encouragement: «Je te prête mes jouets, mais tu restes ma copine», devient «J'accepte vos conditions pourvu que vous restiez notre acheteur». Il est prêt à céder sur ses intérêts les plus précieux pour recevoir l'approbation de celui qu'il admire ou qu'il craint.

Ce soumis de nature fera tout ce qui est en son pouvoir pour que les parties restent des alliés, pour que le conflit ne perturbe pas l'apparente sérénité de la relation. Il est habitué à courber l'échine, à faire tête basse en négociant. Pour lui, il est essentiel de ne pas contrarier ses partenaires, de ne pas faire de scandale, d'accepter des concessions, voire de changer d'objectif si cela peut permettre de garder le contact. Tout pour ne pas interrompre la danse. Le vocabulaire de ce négociateur est amputé d'un précieux mot de trois lettres: «Non.»

Le négociateur du cœur : il s'intègre à la nature

Il existe un troisième style pour jouer sa négociation. Il est placé sous le signe de l'harmonie. Thomas Gordon a innové une nouvelle stratégie en proposant la *négociation gagnant-gagnant*. Roger Fisher et William Ury ont eux aussi apporté un éclairage constructif à partir de la *négociation raisonnée.* Françoise Dolto et Maria Montessori ont identifié les clefs d'une *négociation ouverte aux enfants.* Dans ces différentes approches, il n'y a plus ni gagnant ni perdant. Il y a des partenaires qui tentent d'harmoniser les besoins de chacun en se concertant. C'est ce que j'appelle la *négociation du cœur.*

Portrait d'un négociateur du cœur

Pour ce négociateur, les participants ne sont ni amis, ni ennemis; ils sont là afin d'atteindre un objectif. Ensemble, ils négocient de la façon la plus intelligente possible. Il n'y a ni à faire confiance, ni à se méfier, mais à s'appuyer sur des critères objectifs. Ces critères doivent pouvoir être étudiés, comparés, validés et ne pas dépendre des émotions.

Ce pragmatisme n'empêche pas le négociateur du cœur d'être profondément humain. Il aime le contact, il prend plaisir à découvrir l'autre, à s'enquérir de ses besoins. Ce négociateur développe une vraie empathie avec chacun. Il maîtrise l'écoute active et s'applique à reformuler ce que dit chacun. Au-delà des enjeux de la négociation, il entretient un rapport humain authentique, car le négociateur du cœur sait distinguer la personne du différend.

Ce négociateur du cœur ne s'appuie pas sur les positions de chacun, mais sur les objectifs communs aux différentes parties. Il sait prendre du recul par rapport au grand théâtre de la vie. Il ne s'identifie pas à son personnage, pas plus qu'il n'identifie ses partenaires à leur fonction ou à leur personnalité. Il sait regarder de l'autre côté du rideau. Il s'intéresse aux autres comme à autant de personnages qu'il serait susceptible d'être amené à jouer dans une autre représentation. Pour cette raison, il n'hésite pas à questionner ses interlocuteurs. Il va même jusqu'à les aider à définir leurs besoins et à dévoiler les siens avec autant de transparence. Comme il est tourné vers le futur et la recherche de solutions, peu lui importe de changer de position si cela sert l'objectif: parvenir à un accord efficace et profitable pour les différents négociateurs. Le négociateur du cœur cède facilement aux principes, mais jamais aux pressions. Il est ouvert, recourt à sa créativité et accepte les propositions de l'autre dès qu'elles lui conviennent.

20 ÉTAPES POUR CHEMINER VERS LA NÉGOCIATION DU CŒUR

1. Jouer la transparence

Affichez clairement vos objectifs. Ne camouflez ni vos intérêts propres ni les moyens dont vous disposez. Évoquez, au contraire, avec la plus grande clarté possible :

- les objectifs que vous souhaitez atteindre ;
- les moyens que vous êtes prêt à mettre en œuvre pour y parvenir ;
- ce que vous attendez de vos partenaires.

Invitez sincèrement ces derniers à étudier avec vous les différentes façons d'atteindre vos objectifs.

2. Traiter séparément les personnes et le différend

Prenez du recul par rapport au grand théâtre de la vie. Ne vous limitez pas à votre rôle. Soyez aussi bienveillant avec vous qu'avec l'autre, quels que soient les rôles, les fonctions et les grades hiérarchiques. Entrez en contact avec l'acteur au-delà des personnages qui viennent vous voir. Restez souple avec la personne et intransigeant envers le différend. Même si les points de vue de vos partenaires sont opposés aux vôtres, maintenez le contact. Sachez rester empathique et acceptez que vos intérêts ne soient peut-être pas actuellement compatibles avec ceux de votre interlocuteur. Les divergences d'intérêts ne vous éloignent pas de l'autre. De cette façon, vous vous autorisez à dire oui à la personne, sans accepter pour autant l'ensemble de ses demandes.

3. Éviter la ligne droite

Souvent, nous négocions à trop court terme. Obsédé par l'atteinte de nos objectifs, nous traçons une ligne droite et ne sortons pas des rails. Nous créons alors souvent beaucoup de dégâts. Cette façon d'entreprendre n'est pas bonne, car nous sommes tous liés les uns aux autres à différents niveaux. Récoltants, fabricants et diffuseurs sont nécessaires à la confection et à la vente d'un pull-over. Si l'un de ces maillons est mal en point, les autres en pâtiront. Nous jouons tous dans la même pièce et si un rôle est mal en point, c'est toute la pièce qui est fragilisée.

4. Distinguer position et objectif

De nombreuses négociations échouent parce que les partenaires n'ont pas voulu changer de position. Or, ce n'est pas la position qui prime dans la négociation, mais l'objectif à atteindre. Partez à la découverte de la partie immergée de l'iceberg, de ce que votre interlocuteur ne vous a pas dit et n'a peut-être lui-même pas identifié. Un bon négociateur sait changer de position sans forcément changer d'objectif. Un bon négociateur est souple. Comme l'eau contourne le roseau dans le lit de la rivière, le négociateur du cœur est fort, mais jamais dur. Il sait éviter les obstacles. Il se détache du passé et de ses positions de départ pour se tourner vers l'avenir et les objectifs à atteindre.

5. Permettre à son partenaire d'exprimer complètement ses attentes

Utilisez les outils de l'écoute active, la reformulation et le questionnaire objectif. Écoutez attentivement et donnez des signes indiquant que vous avez compris. Lorsque votre partenaire énonce une exigence, ne vous précipitez pas pour répondre que c'est possible ou impossible ; employez-vous d'abord à lui faire préciser l'ensemble de ses objectifs. Lorsqu'il formule des critiques, ne vous justifiez pas. Concentrez-vous et ressentez. Demandez-vous sincèrement : « À sa place, accepterais-je ? »

6. Utiliser des critères objectifs

Ne laissez pas des critères émotionnels et subjectifs polluer la communication : « Je vous propose 500 €, si vous vous décidez dans les 24 heures ! À votre place j'accepterais, car je fais un gros effort pour arriver à ce prix. » L'argument est subjectif et affectif. Allez-y de vos questions objectives : « Quel est le tarif habituel pour un service similaire ? », « Quels sont les antécédents en la matière ? », « Quels éléments motivent l'échéance de 24 heures ? »

7. Développer son imagination

Lorsque vous négociez, invitez votre partenaire à réfléchir de façon créative avec vous. Envisagez avec lui toutes les solutions, les plus raisonnables comme les plus inaccessibles. Imaginez différents points de vue pour situer le vôtre. Parcourez cette étape en vous libérant de l'enjeu et sans chercher à parvenir à une solution cohérente. À ce stade, il s'agit surtout de vous rapprocher de votre partenaire, de partager avec lui un moment de créativité.

8. Clarifier ses intentions

N'accomplissez pas un acte en espérant secrètement un retour : offrir en guettant un signe de reconnaissance, s'éloigner dans l'attente que l'autre se rapproche. Exposez clairement votre intention. Si vous dites « Merci », dites-le avec cœur et regardez la personne dans les yeux.

9. Ne pas s'attarder aux agissements d'autrui

Évitez de communiquer sur le mode de la critique, du dénigrement et des reproches. Cette forme de communication soulage à court terme, mais accable à long terme. L'autre est un autre. Ce qu'il a fait, il l'a réalisé car cela lui convenait. Peu importe que vous partagiez ou non ses valeurs. S'il a fait preuve, à vos yeux, d'égoïsme, votre esprit ne doit pas se concentrer sur cette dimension de lui qui vous échappe, mais sur la situation telle qu'elle est désormais.

10. Ne pas agir par comparaison

Les manipulateurs sont très forts pour nous faire dévier de nos propos en utilisant la comparaison : « Tu as refusé ? Pourtant Jérôme, lui, a accepté. » Sachez revenir à vous, à ce que vous ressentez et à vos besoins. Affirmez vos choix, sans agir par comparaison. Pour cela, centrez-vous !

Dans les stages que j'anime, je vois régulièrement des personnes témoigner de leur histoire, une belle histoire. Puis, lorsqu'ils entendent l'histoire d'autres participants, ils se dévalorisent, trouvent leur vie moins intéressante. Dès lors que nous sommes dans la comparaison, nous perdons le fil de notre histoire. Ce qui rend une histoire belle, ce n'est pas l'originalité de ses rebondissements, c'est l'intimité que vous avez pu établir avec ce qui vous arrive. Plus vous serez aligné et en lien avec votre histoire, plus elle sera lumineuse.

11. Identifier ses émotions

Concentrez-vous plutôt sur les émotions que la situation éveille en vous, et sur vos besoins. Ne craignez pas de verbaliser ce que vous ressentez: « Lorsque tu me parles ainsi, j'ai peur », « Je suis très jaloux d'apprendre ta nouvelle promotion », « Je me sens abandonné à l'idée de ton départ ». Loin de vous fragiliser, la formulation de vos émotions vous donne de la force, car elle montre votre lucidité. On ne peut agir sur ses émotions qu'en étant conscient de leur influence.

12. Assumer ses besoins

Après avoir identifié vos émotions, identifiez les besoins qui y sont associés: besoin d'être reconnu, besoin d'être entendu, besoin d'être pris dans les bras, besoin d'être accompagné ou, au contraire, besoin d'être seul.

13. Exprimer ses demandes

Exprimez vos demandes de la façon la plus claire possible à partir de vos besoins. Laissez toujours à votre interlocuteur le choix d'accepter ou de refuser. Évitez absolument les demandes déguisées. Préférez la clarté d'une demande telle que: « J'ai besoin de parler des difficultés que je ressens. Accepterais-tu de venir dans l'après-midi pour m'écouter et éventuellement me conseiller ? », à l'opacité de: « Viens à la maison si ça te fait plaisir ! », sans dire ce que vous souhaitez vraiment.

Préférez: « La télévision me gêne pour maintenir la conversation durant le dîner. Êtes-vous d'accord pour l'éteindre ? » à: « Vous regardez la télévision tous les soirs chez vous ! » L'ironie cache ici une demande déguisée.

14. Accepter ou refuser, puis assumer sa décision

Lorsqu'une proposition vous est faite, deux possibilités s'offrent à vous : l'accepter ou la refuser. Vous avez toujours la possibilité d'émettre des conditions, de faire entendre vos exigences, mais une fois la négociation établie, acceptez la situation. Prenez le temps qu'il vous faut pour choisir en fonction de vos besoins, de vos capacités et de la situation, avant. Ensuite, prenez le temps requis pour négocier et vous mettre d'accord. Mais une fois l'entente conclue, détendez-vous, et acceptez la situation totalement !

15. Éviter les « Non » qui n'en sont pas

Identifiez toutes les fois où vous avez réalisé une action à laquelle vous étiez profondément opposé telle que :

- accepter à contrecœur de partir en vacances dans votre belle-famille pour ne pas créer de scandale ;
- manger une viande insuffisamment cuite afin de ne pas vexer la cuisinière ;
- entretenir une conversation ennuyeuse pour rester poli ;
- vous installer au restaurant à une place qui ne vous convient pas afin de ne pas contrarier le serveur ;
- remplir une mission qui vous déplaît pour ne pas décevoir.

En disant « Non » à une proposition inadaptée, vous dites « Oui » à votre intégrité. N'acceptez pas une situation qui vous déplaît par peur de blesser votre interlocuteur. Sachez dire « Oui » à la personne et « Non » à sa proposition. Ce n'est pas incompatible. « Oui, je t'aime, mais non, je ne souhaite pas partager cette choucroute avec toi, car je crains qu'elle ne me reste sur l'estomac ! » « Oui, j'ai moi aussi besoin d'avoir des loisirs avec toi, mais non, ce besoin ne passe pas par une sortie au cinéma ce soir. » « Oui, j'apprécie ta compagnie, mais non, le fait de partager un troisième apéritif ne renforcera pas notre amitié. »

16. Imaginer des solutions procurant un bénéfice mutuel

Plus votre partenaire sentira que vos propositions prennent en compte ses besoins, plus il se détendra et aura envie de négocier avec vous. L'autre partie doit réaliser que vous prenez soin des besoins de chacun. Si c'est un prix que vous négociez, tenez compte tant du budget de votre partenaire que du vôtre. Si c'est un délai, intégrez les impératifs des deux parties. S'il s'agit d'organiser une soirée en famille, écoutez sincèrement les besoins de chacun et assurez-vous que vos propositions les respectent.

17. Lancer des hypothèses

Avant de vous précipiter sur une proposition, avancez doucement, partez en repérage et lancez des hypothèses : « Comment réagirais-tu si je te proposais l'accord suivant ? », « Comment te sens-tu depuis que je t'ai dit que je pouvais accepter ce délai ? », « Serais-tu satisfait si je m'en occupais la première semaine et toi la deuxième ? » Ces échanges, qui ne sont pas encore des propositions, n'engagent personne. Ils sont une manière de tester les réactions de votre partenaire en jouant cartes sur table. De cette façon, un refus de sa part ne coupe pas la négociation, car vous n'avez encore rien proposé de solide.

18. Être exemplaire dans l'attitude

Le négociateur ne doit pas exiger des conditions de rigueur ou de souplesse qu'il n'est pas lui-même prêt à tenir. Il sera d'autant plus influent qu'il donnera lui-même l'exemple. Difficile d'être crédible si vous vantez les restrictions budgétaires en menant un train de vie qui suscite de la jalousie. Difficile d'être crédible si vous demandez à votre enfant de décrocher de sa PlayStation, alors que vous avez du mal vous-même à décrocher de vos propres écrans…

19. Accepter sincèrement que la proposition de l'autre soit meilleure que la sienne

« Je sais mieux que quiconque ce qui est bon pour moi. » Ce point de vue conduit beaucoup de négociations à l'échec. Ce que vous ressentez, vraisemblablement mieux que l'autre, ce sont vos besoins : besoin de reconnaissance, besoin de sécurité, besoin de confort, besoin de changement. En revanche, vous n'êtes peut-être pas la personne la plus à même d'imaginer les solutions les mieux adaptées pour satisfaire ces besoins. Votre partenaire dispose parfois d'un registre de propositions plus large que le vôtre !

20. Apprendre à conclure

Pour conclure une négociation, sachez distinguer un accord total, un accord partiel et un refus. Dans tous les cas, officialisez, éventuellement par écrit, la conclusion de la négociation. Si votre partenaire s'en offusque : « Comment ? Tu n'as pas confiance en moi ? Tu as besoin d'un contrat ? », ne vous justifiez pas. Contentez-vous de répondre : « Oui, je suis plus à l'aise lorsque les contrats qui me concernent sont écrits, cela donne du poids à mon engagement », ou « Serais-tu gêné de me confirmer toi-même cet accord par écrit ? »

LES 8 PHASES D'UNE NÉGOCIATION

Au théâtre, lorsqu'un auteur écrit un dialogue, il est sensible à l'équilibre des rôles, au rythme, à l'intensité et à la construction des dialogues. Il est vigilant à ce que chacun apporte sa pierre à l'édifice. Nous pouvons conserver ce regard de l'auteur lorsque nous dialoguons avec nos partenaires. Dans notre quotidien, ces dialogues prennent souvent des formes de négociation. On négocie en famille l'émission télé, on négocie avec sa compagne la destination des prochaines vacances, on négocie professionnellement en permanence. Pour vous y aider, voici les 8 phases d'une négociation du cœur :

1. La qualité du lien

La qualité d'une écoute commence par la qualité d'un lien. Au théâtre, l'auteur écrit une scène d'exposition pendant laquelle le spectateur fait connaissance avec les personnages. Cela permet au spectateur d'établir le lien avec les personnages avant que ne commence l'intrigue. Écrivez votre scène d'exposition. Prenez le temps d'établir un lien chaleureux et authentique avec votre interlocuteur avant de rentrer dans le vif du sujet. Qu'il s'agisse du garagiste, de l'institutrice de votre enfant, du service d'urbanisme auprès de qui vous déposez une demande de permis, prenez le temps d'établir le lien. Ne vous précipitez pas sur le contenu de l'intrigue. Au-delà des personnages que chacun joue, prenez le temps d'établir le lien avec les acteurs de la scène. La qualité de ce lien passe par la qualité du regard que vous établissez.

2. L'écoute

En fonction de la situation, soit vous commencez la scène en prenant les devants pour exposer votre situation, soit vous laissez votre partenaire donner son point de vue et débuterez alors par l'écoute. Appuyez-vous sur l'écoute active et sur l'empathie. Ne coupez pas la parole, ne donnez pas votre opinion à cette étape ; c'est trop tôt ! Permettez à votre interlocuteur d'exposer son point de vue et ses besoins. Dans le cas d'une négociation conflictuelle, cette phase est essentielle car elle permet à votre partenaire de « vider son sac ». Soyez bien certain d'avoir compris ses attentes pour contribuer à les réaliser.

3. La reformulation

En reformulant les propos de votre partenaire, vous lui confirmez qu'il a été entendu. Manifester le fait que l'on a compris ne veut pas dire que l'on valide ou accepte. Reformuler permet de resituer un point de vue dans le cadre global de la négociation. Par exemple, s'il vous dit : « De toute façon, il faudra que ça se passe comme ça, sinon je ne marcherai pas », sachez reformuler par quelque chose comme : « J'ai bien compris que vous teniez à ce point. » Ainsi, vous adoucissez le rapport de force, en lui faisant entendre, sans agressivité, qu'il devra vous écouter aussi. Vous replacez ses exigences au même niveau que les vôtres.

4. L'exposé de votre point de vue

En fonction des circonstances, la négociation peut commencer par l'exposé de votre point de vue ou par celui de votre interlocuteur. Il n'y a pas de règle en la matière. Sachez sentir ce qui est préférable pour détendre le climat. Évitez le « On » impersonnel : « On sait bien que ça marche mieux de cette façon », et privilégiez votre point de vue à vous : « Je préfère utiliser cette méthode. »

5. Les besoins de chacun

Au fil de la conversation, identifiez les besoins de chacun. Distinguez les besoins incontournables : « Je veux absolument passer du temps avec mes enfants cet été », des besoins négociables : « J'envisageais de partir trois semaines faire du canoë avec eux à partir du 10 juillet. » Prenez le temps nécessaire pour reformuler avec attention tant les besoins de votre interlocuteur que les vôtres.

6. La « négo-créativité »

C'est la phase de rencontre avec votre interlocuteur. Vous évoquez en vrac toutes les solutions possibles. Cette étape permet de développer la créativité. Partagez un moment de liberté, de complicité avec votre interlocuteur, laissez la place à de nouveaux points de vue. N'hésitez pas à passer du coq à l'âne. Élargissez l'éventail des options possibles en faisant preuve d'imagination. Dissociez cette période de créativité de la prise de décision.

7. Les demandes

Une fois les besoins formulés, clarifiez les demandes de chacun : « Tu me demandes si je suis d'accord pour prendre mes vacances en juillet afin que tu puisses, toi, partir en août ? » La négociation part de demandes comme celles-là. Plus la prise en compte des besoins de chacun a été objective, plus rapide sera la phase de négociation.

8. La conclusion

C'est l'accord : soit il est total, soit il est partiel. Il peut aboutir à un autre rendez-vous, intégrer un nouveau partenaire ou un médiateur. Il peut être immédiat, ou différé si l'un des partenaires demande un délai de réflexion.

Avant de négocier, il est prudent de connaître votre « seuil minimum acceptable » et de toujours laisser une sortie honorable à votre interlocuteur. Une négociation peut aller très vite. Vous devez pouvoir déterminer si la proposition qui vous est faite est acceptable ou pas. Si vous n'avez pas établi votre seuil minimum à l'avance, vous risquez d'accepter une entente bien enrobée, mais sur des critères émotionnels plutôt qu'objectifs. Et vous retrouvant seul, vous manquerez peut-être de motivation pour la réaliser ! Enfin, soyez précis. Si votre interlocuteur utilise des arguments comme : « Ce n'est pas moi qui décide », ou « Les autres ne seront peut-être pas d'accord », demandez-lui de vous dire clairement quelle est sa marge de manœuvre et assurez-vous qu'il est déjà lui-même favorable à vos arguments et qu'il vous soutiendra.

LA NÉGOCIATION DU CŒUR

Terminons ce chapitre par l'exemple de ce qu'est à mes yeux une négociation du cœur. Elle met en scène Gurdjieff, le maître spirituel russe dont j'ai déjà parlé, et son assistant. Gurdjieff donnait une série de conférences dans divers pays du monde. Un jour, comme il se trouvait pour la première fois en Angleterre, il chargea son assistant de diverses missions : réserver un taxi, trouver une ou deux personnes pour l'aider à porter ses lourdes malles, prévoir les repas, etc. Il lui donna une poignée de pièces dans une petite bourse, en lui précisant que ces pièces devaient permettre de payer tous les services demandés. En quittant la chambre du maître, l'assistant ouvrit la bourse pour compter les pièces. Il fut très gêné de remarquer que son maître ne lui avait laissé qu'une somme dérisoire comparativement aux services demandés. Comme il nourrissait pour ce dernier un infini respect, il n'osa ni venir demander davantage, ni lui reprocher sa mesquinerie.

Au cours de la journée, l'assistant eut beaucoup de mal à troquer avec les uns et les autres les services attendus pour si peu d'argent. Le soir, il retrouva Gurdjieff qui préparait la salle dans laquelle il allait donner une conférence. L'assistant fut très surpris de voir tant d'inconnus affairés autour du maître en proposant spontanément leur aide. Lorsque la salle fut prête, l'élève vint voir le maître pour lui demander comment il s'y prenait pour si bien négocier avec des inconnus. Sur le ton de la confidence, Gurdjieff sortit de sa poche une poignée de bonbons : « Tu vois, mon secret est là. Je leur donne à chacun un bonbon. Ils se sentent valorisés et reconnus. C'est avec le cœur que j'en donne à chacun. Chacun, alors, est prêt à m'aider. C'est pourquoi je t'ai confié cette poignée de pièces. En as-tu fait bon usage ? »

Si vous intégrez les autres à votre univers, ils se sentiront valorisés, intéressés. Si votre attitude est transparente, ils n'auront pas le loisir de vous répondre « Ça ne me regarde pas ». Grâce à la transparence, l'intérêt de chacun devient votre propre intérêt. Cet élément est peut-être le plus grand secret des négociateurs du cœur…

CHAPITRE 12
LA COMMUNICATION DU CŒUR

PARLER VRAI EN TOUTE OCCASION

Communiquer est devenu une spécialité, une qualité d'expert. Le couple et la famille, aussi bien que l'entreprise, recourent désormais à des livres, à des stages, voire à des professionnels de la communication orale. Nous avons en effet perdu le sens de ce que signifie « communiquer ». Communiquer, c'est mettre en commun ce qu'individuellement nous sommes. Rien de plus.

Depuis quinze ans, j'anime des stages en entreprise, j'invente de nouvelles approches pour accompagner les managers. Je n'en finis pas d'expérimenter, d'examiner quels mots peuvent réunir, rassembler, de chercher comment réapprendre à parler, à négocier, dans l'entreprise et ailleurs. J'imagine des exercices, j'affine des techniques, je tente de surprendre et d'innover. Une conclusion s'impose à mon sens : les bonnes stratégies de communication s'épanouissent au mieux quand l'ouverture du cœur est là. Nous pouvons nous familiariser avec toutes les théories du monde et lire tous les livres consacrés à la communication, si nous gardons notre cœur fermé, nous ne vivrons que le simulacre d'une rencontre, que l'imitation d'une vraie communication.

La communication du cœur, déjà bien fragile dans notre sphère intime, peine à se faire une place dans le monde du travail. Pourtant, malgré nos idées reçues, si nombreuses, le cœur a sa place dans l'entreprise, car l'entreprise est composée d'hommes et de femmes qui ont besoin de la chaleur du lien humain. Notre humanité fragile est un atout propre à dynamiser notre communication. L'empathie et la douceur sont les bases d'une négociation réussie. La confiance en l'autre et l'estime de la nature humaine sont les clés du manager de demain. La communication du cœur devrait même fortifier nos sociétés si souvent fragilisées par le manque de tendresse !

À mes yeux, un bon manager, un bon leader est avant tout une personne profondément humaine, capable d'établir un contact authentique. En tant que metteur en scène, j'ai organisé un grand nombre d'auditions et de casting. Au-delà de leurs qualités techniques, les acteurs qui ont réussi à me séduire et qui ont pris une belle place sur la scène sont avant tout des acteurs généreux, attentifs à l'autre, profondément humains. Le charisme des grands acteurs s'appuie sur la congruence et l'authenticité avec laquelle ils interprètent leur rôle. Il en est de même dans notre vie de tous les jours. Les hommes et les femmes qui marquent leur siècle sont ceux qui sont avant tout authentiques, charismatiques et honnêtes. Ceux qui incarnent leurs valeurs.

COMMUNIQUER SANS ARTIFICE

Il y a quelques mois, j'animais à Strasbourg un stage de communication pour une équipe de managers aguerris. À la suite d'une série de circonstances malheureuses, j'ai laissé à mon bureau les documents sur lesquels je m'appuie habituellement pour animer mes stages. Oubliés les textes, les supports, les citations, les règles, les références ! J'étais comme un médecin sans stéthoscope, un mécanicien sans clé, un architecte sans mètre. Ainsi, malgré moi, je me suis retrouvé plongé au cœur de mon sujet, c'est-à-dire face au défi de communiquer sans artifice. J'ai décidé d'en faire un atout pour rencontrer les stagiaires.

J'ai commencé par introduire le programme en leur révélant mon oubli. J'ai rédigé sur le coin d'une feuille ce qui allait devenir la pierre angulaire de mon intervention : lorsque notre cœur est fermé, la communication s'avère difficile ; en revanche, lorsque nous allons vers l'autre avec la motivation sincère de construire avec lui, nos peurs s'amenuisent et nous prenons du plaisir à parler en public.

Nous avons ensuite, par une série de jeux simples, pris conscience des difficultés à ouvrir notre cœur à l'inconnu, puis nous avons progressivement abaissé les barrières comportementales qui nous protégeaient les uns des autres. À la fin de la journée, ces stagiaires m'ont dit à quel point ces outils fondamentaux allaient leur servir à parler avec plus de cœur et d'humanité, ce qui améliorerait les résultats de leurs transactions !

ON VOUS DEMANDE SUR SCÈNE !

Les circonstances nous projettent tous, à un moment ou à un autre, sur le devant de la scène. Les occasions sont diverses. Dans la vie professionnelle : nous présentons un nouveau protocole à nos collaborateurs, donnons notre avis lors d'une réunion ; dans la vie privée : nous prononçons un discours dans une fête de famille, faisons le point avec nos enfants ; dans notre vie quotidienne : nous décidons d'un itinéraire avec un groupe d'amis, nous rapportons un article défectueux dans un magasin.

La charge émotionnelle propre à chacun de ces moments de communication est proportionnelle à l'enjeu. C'est pourquoi nous devons nous entraîner à nous libérer de cet enjeu et nous concentrer sur le message lui-même. C'est la technique qui nous libère de l'enjeu. Un pianiste compose à partir d'une partition. L'orateur, lui, aussi naturel qu'il paraisse, s'aide d'outils précis.

Au fil de ce chapitre sont présentés les outils de communication que j'enseigne dans mes stages et que j'ai recensés dans la liste que j'appelle ***20 recommandations concrètes pour être Acteur de sa communication.*** Vous pourrez directement appliquer ces techniques de communication, ici synthétisées, dans vos prises de parole en public. Vous pourrez également les utiliser lorsque vous devez dire à une personne quelque chose de sensible ; à des moments où vous n'osez pas parler, des moments où vous avez peur de blesser… Bref, utilisez ces outils dans tous les moments où vous vous apprêtez à jouer pleinement le rôle de votre vie.

1. Clarifiez votre élocution

Les professeurs du Conservatoire s'inspirent d'une citation de Nicolas Boileau, « Ce que l'on conçoit bien s'énonce clairement et les mots pour le dire arrivent aisément », pour encourager leurs élèves à articuler, à projeter leur voix et à soigner leurs fins de phrases.

La forme de notre message est apparentée à son fond : si votre demande n'est pas claire, votre articulation sera inaudible ; si vous communiquez sous la forme du reproche, vos fins de phrases demeureront en suspens ; si vous êtes désabusé, votre diction sera lancinante et les toniques seront souvent mangées ; si, en revanche, vos propos sont transparents, votre articulation sera précise et soignée.

Deux façons de faire sont envisageables : vous pouvez choisir de clarifier vos pensées pour améliorer votre articulation, vous pouvez aussi vous entraîner à la diction pour clarifier vos pensées. Pour ce faire, articulez chaque consonne, respectez la ponctuation, adoptez un volume sonore qui ne soit ni trop élevé ni trop faible, et accompagnez chaque phrase jusqu'à la dernière syllabe. Bref, aimez chaque mot que vous prononcez. Appliquez cette consigne tant devant un auditoire que dans l'intimité.

Si ces efforts restent vains, si les difficultés persistent, si votre débit est trop rapide ou trop saccadé, si vos fins de phrases demeurent inaudibles et si l'on vous reproche de « parler dans votre barbe », entraînez-vous à articuler en tenant un stylo serré entre les dents. Répétez quelques phrases en faisant porter votre voix et en exagérant votre articulation. Cette technique est un classique de la diction auquel se prêtent tant les journalistes que les acteurs.

Une autre technique, celle de ***la bougie imperturbable,*** consiste à développer la régularité de votre respiration ; il s'agit de parler face à une bougie en vous mettant à une distance de 50 centimètres environ. À la fin de chaque phrase, vous soufflez sur la bougie en prononçant le mot « point ». La flamme doit vaciller mais ne doit pas s'éteindre.

2. Parlez de vous

Lorsque nous communiquons, et surtout lorsque le ton monte, nous préférons fréquemment parler de l'autre et lui dire ce qu'il devrait faire, plutôt que de parler de nous et de ce que nous ressentons ! Nous disons : « Tu ne m'écoutes jamais », plutôt que : « J'ai besoin d'être entendu », « Tu aurais pu rentrer plus tôt », et non : « J'ai eu peur lorsque j'ai vu qu'à minuit tu étais toujours dehors », « Tu n'as pas peur de te crever les tympans avec ta musique ? », au lieu de : « J'ai du mal à me concentrer ». C'est ce que Jacques Salomé appelle la ***communication klaxon,*** ou communication du « TUTUTU » ! Cela vient de ce que nous ne dialoguons pas assez avec nous-mêmes ; nous n'écoutons pas suffisamment ce que nous éprouvons. Aussi, nos demandes ne sont pas claires et nous les formulons sous forme de reproches. Utilisez le « Je » qui vous implique et non le « On » qui ne représente personne.

3. N'agissez pas de façon détournée

Ne créez pas de distance entre ce que vous avez envie de dire et la façon dont vous le dites. Une même phrase peut avoir des quantités de sens en fonction du ton utilisé. Imaginons Jacques qui rentre chez lui et dit à Martine :

« Ah ! Tu prépares des œufs maintenant ?

— Ça ne te convient pas ?

— Je n'ai pas dit ça ! »

En fait, Jacques n'a rien dit ! Sa phrase peut sous-entendre : « Tu ne sais pas préparer autre chose ? », ou « Je suis content que nous dînions ensemble », ou « J'avais envie de faire un gratin », ou « J'aurais aimé que nous allions au restaurant ». Si vous ne formulez pas vos besoins précisément dans l'immédiat, il y a peu de chances qu'ils soient entendus et accueillis. Une attitude floue contamine la communication.

4. Syntonisez votre corps, votre parole et votre esprit

Maintenez une attitude physique cohérente avec vos propos. N'entretenez pas le double langage du corps et de la parole: «Oui, je veux bien essayer», alors que tout votre corps indique l'inverse; «Je te remercie!» dit sous le ton de l'ironie, ou «Bon Dieu! Je te dis que je ne suis pas en colère», alors que toute votre attitude est crispation et colère. Lorsque vous vous exprimez, prenez le temps de vous assurer que votre propos est cohérent avec ce que vous ressentez.

5. Osez demander

Pour que votre demande soit entendue:

- décrivez la situation telle qu'elle est aujourd'hui;
- nommez ce que vous ressentez: frustration, sentiment d'abandon, peur;
- formulez votre demande en étant précis sur ce que vous attendez de l'autre;
- décrivez l'émotion souhaitée le cas échéant: sentiment d'être reconnu, entendu, apaisé.

Marshall Rosenberg a distingué les étapes d'une communication non violente en décomposant une phrase type telle que: «Tu ne préfères pas qu'on sorte, au lieu de rester encore planté devant ta télé?», qui devient: «Je vois que tu viens d'allumer la télévision (observation). Je suis inquiet, car j'ai besoin de passer un temps d'intimité avec toi (sentiment éprouvé). J'aimerais que nous nous retrouvions tous les deux pour un câlin. Le veux-tu? (demande précise). Cela me permettrait de me sentir proche de toi et de mieux sentir notre amour (émotion attendue).» Par cette forme de communication, non seulement vous vous respectez et vous respectez votre interlocuteur, mais les résultats sont probants!

6. Restez centré

La charge émotionnelle est proportionnelle à l'enjeu. Lorsque vous prenez la parole, que ce soit dans une réunion intime ou dans une assemblée, vérifiez que vous êtes centré, c'est-à-dire que:

- vous êtes conscient de votre respiration et en mesure de la ralentir et de l'apaiser ;
- votre colonne vertébrale est droite et vos épaules sont détendues ;
- vos pieds sont ancrés dans le sol ;
- votre visage est calme ;
- votre regard ne fuit pas.

Ces cinq éléments sont les bases d'une attitude stable et centrée.

7. Adressez-vous à chacun comme s'il était seul

Ne parlez jamais à un groupe. Un groupe n'a pas d'oreilles ! Lorsque vous prenez la parole dans une assemblée, parlez à chaque membre du groupe. Faites que chacun de vos interlocuteurs se sente concerné par ce que vous dites en allant à sa rencontre par un contact visuel de qualité. Une fois ce contact établi, soyez attentif aux signes que vous renvoient vos auditeurs. Sont-ils présents ? attentifs ? souriants ? Ou ont-ils l'air las ? fatigués ?

8. Mettez de côté les paroles blessantes

Les deux réflexes les plus communs dès que l'on reçoit un reproche sont l'évitement et la charge héroïque. Prenons un exemple : Pierre, Sandrine et François organisent chaque année des randonnées pour un groupe d'étudiants. L'été précédent, Pierre s'est chargé de l'intendance : réservation des gîtes, planification des étapes, commande des repas. Une fois sur place, il y a eu plusieurs problèmes : un gîte s'était avéré complet à leur arrivée, certaines étapes étaient très espacées, d'autres trop rapprochées. Plusieurs étudiants s'en sont plaints ouvertement lors de la réunion de bilan. Pierre n'a pas su échapper aux deux pièges inhérents à ce genre d'échanges.

L'évitement : avec l'évitement, vous niez votre responsabilité, vous la fuyez en trouvant un prétexte, une excuse, vous en niez la gravité. Pierre a minimisé la gravité de ses erreurs, en argumentant que rater un repas ou dormir à la belle étoile font partie des vacances. Il n'a pas voulu ou pu entendre que les participants ont été déçus de cette partie de l'organisation, il n'a donc pas assumé son erreur.

La charge héroïque consiste au contraire à renvoyer, à notre tour, une parole blessante, au lieu d'écouter la critique et de la recevoir comme un point de vue. Notre intention n'est pas toujours de blesser l'autre, mais de refuser sa façon de voir, et de nous justifier. Emportés par l'émotion, nous répondons à la critique par la critique. Nous coupons de cette façon toute possibilité constructive de communiquer. Après l'évitement, Pierre a chargé ! Chargé ses collègues, qui ne l'ont pas soutenu dans la préparation et l'ont laissé seul tout organiser ; chargé les étudiants, qui se plaignent alors que le prix des vacances, estime-t-il, était très abordable ; chargé « cette génération de randonneurs, qui voudrait ne rien payer et tout avoir ». Sa présentation publique fut un fiasco et le voyage n'a pas été renouvelé. Pierre s'est justifié, a agressé les participants et a nié ses responsabilités. S'il avait pris le temps, simplement, d'accueillir le fait que certains participants ont été déçus, la pression serait probablement retombée. Les étudiants auraient alors pu exprimer toutes les satisfactions qu'ils ont également retirées de ce voyage.

9. Parlez clairement, évitez les généralités

Utilisez des termes précis pour situer un événement dans le temps et dans l'espace : « Cela se sait dans tout Paris » devient : « Depuis deux mois, trois personnes m'ont signalé qu'elles l'avaient appris » ; « Tout le monde est contre », devient : « Six syndicats sur dix se sont opposés à la première lecture de l'entente patronat-syndicats ».

10. Privilégiez toujours l'expérience vécue

Évitez les interprétations et les affirmations catégoriques ; elles ont moins de poids que votre expérience qui, elle, est assimilée. Appuyez-vous sur des phrases comme : « Mon expérience me fait dire que », plutôt que sur une « vérité universelle » avec laquelle il se trouvera toujours quelqu'un pour être en désaccord. Ne parlez pas au nom des autres : « Tu dis que nous, les enseignants, on s'endort et on ne se remet jamais en question, mais c'est faux, on se remet en question », dites plutôt : « Je ne sais pas à quel enseignant tu fais référence. Pour ma part, je peux t'affirmer que chaque année, je recherche des documents originaux, j'utilise des versions exclusives, j'intègre de nouvelles chansons, et cela, en respectant le programme scolaire qui change tous les quatre ans. » Appuyez toujours votre récit sur votre expérience intime ; elle fait partie de vos souvenirs ; puisez-y détails, anecdotes et précisions. Ce genre de communication est bien plus influent que les grandes théories.

11. Soignez votre langage

Chaque mot a son importance et une influence. Soyez attentif aux pièges et aux faux amis, et aux éléments suivants :

- Évitez le « Oui mais » qui signifie « Non » ! Préférez le « Oui et » qui sous-entend que vous intégrez le point de vue de l'autre.
- Évitez les « Comme tout le monde le sait », « Inutile de rappeler que », qui diminuent ceux de vos interlocuteurs qui ignorent ce dont vous parlez ; dites plutôt : « Savez-vous que ? »
- Évitez les auto-estimations : « Je vais vous raconter une anecdote très drôle », car la suite fait rarement rire.
- Évitez la double négation : « Je ne peux pas ne pas le manquer » ; dites plutôt : « Je réussirai. »
- Abstenez-vous d'argumenter avec des réponses telles que « C'est comme ça », « Ça fait dix ans que c'est ainsi », « C'est la règle » ; considérez plutôt que chaque règle est modifiable.
- Ne vous alourdissez pas d'un « Il faut que… » ; préférez : « Je choisis… » ;
- N'abordez pas un différend par « Je voudrais parler d'un problème », car le seul fait de mentionner qu'il y a un « problème » fait entrer ce dernier dans la conversation ; concentrez-vous plutôt sur la solution.
- Parlez, de façon générale, de « challenge » ou de « défi », non de « problème », de « soucis », d'« impuissance ».
- Évitez les attributions exclusives : « Dans mon métier… », comme s'il n'était qu'à vous ; dites à la place : « La profession que j'exerce. »

12. Achetez un cochon !

Chaque fois que vous vous plaignez de votre sort, vous produisez des ondes alpha de basse fréquence. À la longue, vous fragilisez votre immunité naturelle, car vous développez autour de vous un climat de fatalité et de résignation.

Soyez acteur de votre vie. Pour vous sortir du rôle de victime, achetez une tirelire en forme de cochon. Si vous ne trouvez pas de cochon, un lapin ou une grenouille feront aussi bien faire l'affaire ! Et chaque fois que vous prononcerez une phrase du type « Dans la vie on ne fait pas ce qu'on veut », ou « La vie n'est pas facile », mettez une pièce dans le cochon. Vous n'êtes pas obligé d'expliquer votre geste à votre entourage ! Le cliquetis de la pièce vous rappellera qu'une vieille partie de vous-même (votre « râleur » intérieur) disparaît peu à peu. Lorsque le cochon sera plein, vous offrirez à l'être neuf né en vous le cadeau qu'il mérite !

13. Soyez attentif à la première impression que vous faites

Au théâtre, le metteur en scène soigne particulièrement l'entrée des personnages ; la première fois qu'ils apparaissent sur scène, les partenaires font silence, la lumière les met en valeur. Leur entrée est précise, car le metteur en scène sait que l'on retient fort les premières images d'un personnage et les dernières. Ainsi, passé quatre secondes, votre interlocuteur s'est déjà fait une idée sur vous, il a déjà globalement confiance en vous, ou pas. Soignez votre première image sur les plans visuel et langagier. Veillez également sur ce que vous éprouvez et sur l'intention qui vous anime ; ne vous dites pas « Je vais leur parler, j'ai peur de ne pas être à la hauteur », mais « Je démarre d'une voix assurée, je maintiens un regard direct, je désire susciter leur intérêt ». Il est possible, avant une intervention, de préparer quelques mots d'accroche, une anecdote, une citation, précisément pour capter l'attention de l'auditoire.

14. Donnez du relief à votre communication

L'œil a besoin de relief pour s'accrocher. Nous avons tous, naturellement, un certain relief comportemental. Pourtant, quand l'enjeu est important, nous perdons une partie de nos moyens et avons tendance à nous tenir immobiles et au garde-à-vous devant nos interlocuteurs. Choisir d'avoir du relief, c'est se détendre et laisser le corps s'exprimer naturellement.

15. Soignez votre apparence

Certains maîtrisent bien plus leur sujet que leur apparence. J'ai assisté à un colloque durant lequel un ingénieur a exposé durant plus d'une heure les rapports entre le monde de l'entreprise et l'organisation des fourmis. Sa démonstration était aussi intéressante que son pantalon était trop court ! Malheureusement, ce détail a marqué l'assemblée, qui n'a pas tardé à trouver un sobriquet à cet orateur : « Monsieur "Feu de plancher" ». Avant de parler en public, si vous doutez de vous, n'hésitez pas à vous faire conseiller par une personne de confiance pour le choix de votre costume, la couleur de votre cravate, une paire de lunettes ou une coupe de cheveux.

16. Utilisez les silences, la ponctuation, le relief sonore

Votre voix est une mélodie. Prenez conscience de toutes ses capacités. Intégrez le silence pour souligner une idée, baissez le ton pour renforcer l'atmosphère de confidence et d'intimité, faites porter votre voix pour affirmer votre détermination. Dans tous les cas, clarifiez votre articulation et faites en sorte que votre auditeur n'ait pas d'effort à faire pour vous entendre.

17. Placez votre regard

« Le regard est la fenêtre de l'âme », écrivait Victor Hugo. Il est aussi le premier contact avec votre interlocuteur. Votre plaisir de parler passe par votre regard. Adoptez un regard clair et direct. Ne le laissez pas se perdre sous le tapis ou glisser sur la moquette. Votre regard peut être direct ou indirect.

S'il est ***direct,*** vous regardez la personne en face. S'il s'agit d'un groupe, ne le fuyez pas des yeux ; au contraire, balayez ses membres du regard en vous arrêtant un petit moment à chacun pour vous assurer que le contact est établi. Acceptez de vous détendre dans le regard de l'autre. Trouvez le temps juste tout en évitant de fixer quelqu'un plus de 7 ou 8 secondes pour ne pas le gêner !

S'il est ***indirect,*** dans ce cas ne portez pas votre regard au sol mais dans le lointain. Attachez-vous à un point précis, un tableau, un bibelot. Et laissez-vous regarder ! Vous permettez ainsi à votre interlocuteur de s'échapper lui-même quelques secondes. C'est votre regard qui oriente le regard de l'autre.

Lors d'une communication, alternez le regard direct et le regard indirect dans une proportion d'environ 60 % direct et 40 % indirect.

18. Stabilisez votre assise

Deux types d'orateurs sont particulièrement fatigants pour le public. Le premier ne tient pas en place ; il fait les cent pas et parle en marchant. Ses arguments sont aussi imprécis que ses déplacements. Cet orateur nous donne le tournis. Le second type est paralysé par le trac ou la timidité, et demeure immobile et passif. Il n'ose ni bouger ni se livrer. Cette retenue nous endort ! Entre les deux attitudes, la stabilité consiste à rester en place pendant que vous parlez, tout en ancrant bien vos pieds dans le sol, et à vous déplacer en silence d'un point à un autre entre deux arguments. Prévoyez environ trois ou quatre déplacements pour une intervention de 15 minutes.

19. Affirmez-vous par vos gestes

En stage, un participant s'adressait au groupe en gardant ses mains dans le dos. Comme j'avais l'impression qu'il cachait quelque chose et que cela me gênait, je lui ai proposé d'utiliser ses mains :

« Je veux bien, ça me libérerait ! a-t-il dit.

— Qu'est-ce qui t'en empêchait ?

— J'ai suivi un stage de vente lorsque j'avais 22 ans; comme j'étais nerveux, le formateur m'avait conseillé de garder les mains dans le dos. Depuis, c'est un réflexe.»

Il existe de nombreux livres sur la symbolique des mouvements, qui parfois se contredisent, mais l'attitude de cet homme me semblait être un non-sens dans un exercice de communication. Les gestes sont le prolongement de notre pensée. Ce que nous n'exprimons pas avec la parole, nos gestes le disent. Je ne suis pas partisan d'une attitude comportementale faite de gestes calqués qui ne nous appartiennent pas. Notre communication doit rester naturelle, spontanée. Les gestes traduisent notre état intérieur. Je préfère encourager un état intérieur serein et positif, et laisser les gestes traduire cet état, plutôt que des gestes stéréotypés tentant de masquer un mal-être profond.

Des orateurs me demandent souvent ce qu'ils peuvent bien «faire de leurs mains» quand ils parlent en public. Pour ma part, je leur ai trouvé la meilleure place: je les laisse au bout de mes bras!

20. Concluez bien

Ce que votre interlocuteur retiendra de vous tient souvent aux premières et aux dernières minutes de votre intervention. Quels que soient le motif de votre communication et sa durée, soignez votre première image, et sachez conclure. J'ai souvent observé des orateurs qui faisaient de brillants exposés, aussi bien en public qu'en privé, mais qui s'enfonçaient dans des développements inutiles au cours des dernières minutes tout simplement parce qu'ils ne savaient pas conclure. N'oubliez pas que quel que soit le sujet de votre intervention, son dernier mot doit toujours tenir en trois lettres, ce sont les trois lettres qui composent le mot: Fin.

EN GUISE DE CONCLUSION…

SALUT !

Cher acteur, chère actrice,

J'apporte la touche finale à ce manuscrit. Je le relis une dernière fois, rectifie au passage un mot, une expression, puis je laisserai tomber le rideau sur la couverture. Jouer le rôle de sa vie pour ne plus être figurant dans celle des autres. Ce rôle, vous l'incarnez essentiellement à partir des actes que vous posez et des paroles que vous prononcez. Voilà pourquoi j'ai consacré une part importante de l'ouvrage à évoquer notre communication. Les actes que vous posez et votre parole sont complémentaires. Ils vous permettent de créer, de vous définir, d'entreprendre. La parole vous permet de demander, de refuser, de réunir, de motiver et de questionner.

Au théâtre, certaines œuvres majeures nous interrogent sur notre place d'êtres humains. Ainsi, certaines pièces ont modifié le regard que je portais sur l'amour, sur le pouvoir, sur l'enfance, sur le courage… Sur la vie… Une pièce peut nous inspirer, nous motiver. L'œuvre de votre vie a ce pouvoir. Et c'est pour transmettre au monde la vibration de votre âme que vous êtes sur cette scène.

Cher acteur, chère actrice de votre vie, vous êtes au milieu de la scène. Le public vous attend. Attentivement. Les projecteurs sont orientés sur vous, le rideau se lève… Vous voilà seul sur la scène, voici les premiers mots de votre histoire.

Puisque c'est vous qui allez à présent investir ce théâtre, il est temps de revêtir votre plus beau costume. Il est temps de crever l'écran, de prendre le devant de la scène, d'affirmer pleinement qui vous êtes. Le public attend de voir votre beauté rayonner à partir de vos actes et de vos paroles. Mettez-vous en valeur. Exprimez le meilleur de vous. C'est ce qu'attend le monde ! La meilleure façon de transmettre au monde vos valeurs, votre gentillesse, votre beauté, votre intelligence, c'est de l'incarner. Incarnez le meilleur de vous ; osez vivre et partager vos valeurs. Choisissez vos partenaires avec soin. Soyez exigeant dans la mise en scène, dans le choix des décors et des costumes. En choisissant le beau, le beau vibrera naturellement, et cela deviendra vite un réflexe… Soyez authentiquement chaque parcelle de l'être que vous êtes ! La situation sera parfaite comme l'est la nature.

L'auteur vous a concocté quelques situations dont le seul enjeu est d'éprouver votre pouvoir de transformation. Elles vous attendent derrière le rideau. À présent, posez ce texte, il ne vous est plus utile. Ce sont vos mots à vous que le public attend. Faites confiance à l'imagination de vos personnages. Chaque rebondissement, chaque scène fait partie de votre histoire. La pièce dont vous êtes le héros va commencer. Le public s'impatiente. C'est le moment ! Les projecteurs vont s'allumer. Silence… Lumière… Le rideau s'ouvre… Action !

ET MERCI

Écrire cet ouvrage fut une aventure intime : éprouvante par moments, stimulante à d'autres. Le livre est un aboutissement, la partie visible d'une histoire. Bien que l'auteur soit seul face à sa feuille blanche, dans les coulisses, beaucoup de proches, parfois même sans le savoir, m'ont inspiré, accompagné, encouragé à écrire ***Jouer le rôle de sa vie.***

Par ordre d'entrée en scène, mes parents ont guidé mes premiers pas. Ils m'ont donné la confiance et l'élan nécessaires pour monter sur scène.

Plus tard, par un geste solidaire, un professeur de français a accepté de falsifier ses relevés d'appel (quel courage !) pour me permettre de répéter mon premier spectacle au club théâtre du lycée Marcelin-Berthelot.

En tant que comédien, je remercie les metteurs en scène et les réalisateurs qui m'ont offert mes rôles. Chaque interprétation nouvelle m'a permis d'identifier progressivement toute une galerie de personnages que j'immergeais en moi sans le savoir.

Pour comprendre le fonctionnement de mon acteur et mieux appréhender la nature de mes émotions, la méditation m'a été d'une aide décisive. De nombreux maîtres m'ont accueilli, initié et m'ont transmis des enseignements précieux, aussi bien en France qu'en Inde et au Tibet. Je n'aurais sûrement pas pu rencontrer ces maîtres si je n'avais au préalable croisé la route de celui qui allait devenir mon ami spirituel, Bernard Ortega. Il m'a par ailleurs beaucoup encouragé lors de mes premiers séminaires en entreprise. Sur une autre scène, j'ai retrouvé, avec Catherine Bailly, les traces de mon enfant intérieur. Loin des projecteurs, je dois à Sudheer de m'être réconcilié avec mon ombre. Je remercie Arnaud Desjardins pour son accueil à Hauteville.

Ma reconnaissance est infinie pour celles et ceux qui m'ont offert les pages blanches de ce livre. En premier lieu Huguette Laurent, qui a cru à ce projet dès notre premier contact, Erwan Leseul, pour ses commentaires toujours encourageants, Pierre Bourdon, Hélène Murphy Aubry et Cécilia Castagné pour le bureau à Paris, et toute la troupe si attentive des Éditions de l'Homme. Je remercie Pierre d'avoir proposé la reprise de ce livre dans sa nouvelle édition. Maryse Barbance a contribué activement à la forme définitive de cet ouvrage par ses relectures et ses suggestions. Je remercie Liette Mercier à Montréal, qui m'a accompagné dans la remise à jour de ce manuscrit, et Sylvie Massariol, pour la correction du texte. Un merci sincère à Myriam Morisseau, qui m'a accompagné avec sa caméra pour réaliser le film original qui accompagne et illustre le livre. Je remercie enfin ceux et celles qui participent à la diffusion du livre au Canada et en Europe.

Toute ressemblance avec des personnages existants ou ayant existé n'est sûrement pas fortuite puisque j'ai puisé dans les formations que j'anime l'essentiel des anecdotes qui pimentent cet ouvrage. Je remercie les stagiaires qui me font confiance. Par souci de discrétion, j'ai changé leurs prénoms.

Dans la loge du souffleur, des anges malicieux m'ont inspiré certaines répliques lorsque mon imagination faiblissait. Je les remercie aussi.

Enfin, chère lectrice ou cher lecteur, grâce à toi le livre a non seulement été écrit, mais il est lu. Merci de ton regard. Salut! Rideau.

BIBLIOGRAPHIE

DESHIMARU, Taïsen. ***La Pratique du zen,*** Paris, Albin Michel, 1998.

DESJARDINS, Arnaud. ***Regards sages sur un monde fou,*** Paris, La Table ronde, 1997.

DOLTO, Françoise. ***Le Sentiment de soi,*** Paris, Gallimard, 1999.

FISHER, Roger, et William URY. ***Comment réussir une négociation,*** Paris, Seuil, 1982.

FREUD, Sigmund. « Au-delà du principe de plaisir », ***Essais de psychanalyse,*** Paris, Payot, 1983.

GORDON, Thomas. ***Leaders efficaces,*** Montréal, Le Jour éditeur, 1995.

GURDJIEFF, Georges Ivanovitch. ***Gurdjieff parle à ses élèves,*** Paris, Éditions du Rocher, 2003.

JOUVET, Louis. ***Le Comédien désincarné,*** Paris, Flammarion, 1954.

JUNG, Carl Gustav. ***Ma vie,*** Paris, Gallimard, 1966.

KUNLEY, Trungpa. ***Le Fou divin,*** Paris, Albin Michel, 1994.

MONTESSORI, Maria. ***Éduquer le potentiel humain,*** Paris, Desclée De Brouwer, 2003.

OIDA, Yoshi. ***L'Acteur flottant,*** Arles, Actes Sud, 1998.

RACINE. ***Andromaque,*** Paris, Classiques Larousse, 1970.

ROGERS, Carl. ***Le Développement de la personne,*** Paris, Dunod, 1998.

ROSENBERG, Marshall. ***Les Mots sont des fenêtres,*** Paris, Syros, 1999.

SALOMÉ, Jacques. ***T'es toi quand tu parles,*** Paris, Albin Michel, 1991.

SHAKESPEARE, William. ***Comme il vous plaira,*** Paris, Le Livre de poche, 2003.

TOHEI, Koichi. ***Le Livre du Ki,*** Paris, Trédaniel, 1982.

TRUNGPA, Chögyam. ***L'Entraînement de l'esprit,*** Paris, Seuil, 1992.

CARNÉ, Marcel. ***Drôle de drame,*** 1937.

FILMOGRAPHIE

CHABROL, Claude. ***Masques,*** 1987.
CHATILIEZ, Étienne. ***Tatie Danielle,*** 1995.
MOLINARO, Édouard. ***L'Emmerdeur,*** 1973.
MOORE, Michael. ***Fahrenheit 9/11,*** 2004.
SERREAU, Coline. ***La Crise,*** 1982.
TRUFFAUT, François. ***Les Quatre Cents Coups,*** 1959.

DU MÊME AUTEUR CHEZ LE MÊME ÉDITEUR

Au nom de l'Enfant – Parents conscients, enfants confiants, Montréal, Les Éditions de l'Homme, 2009.

Oser parler et savoir dire, Montréal, Les Éditions de l'Homme, 2012.

CHEZ UN AUTRE ÉDITEUR

Méditation au quotidien, coécrit avec Pomme Larmoyer, Paris, Hachette, 2010.

Réveillez le chaman qui est en vous, France : Paris, Solar ; Québec : Montréal, Le Jour éditeur, 2014.

5 étapes et je prends la parole en public, Paris, Solar, 2015.

TABLE DES MATIÈRES

Suivez-nous sur le Web

Consultez nos sites Internet et inscrivez-vous à l'infolettre pour rester informé en tout temps de nos publications et de nos concours en ligne. Et croisez aussi vos auteurs préférés et notre équipe sur nos blogues!

EDITIONS-HOMME.COM
EDITIONS-JOUR.COM
EDITIONS-PETITHOMME.COM
EDITIONS-LAGRIFFE.COM

Cet ouvrage a été achevé d'imprimer
sur les presses de Marquis Imprimeur inc.